一流本科专业一流本科课程建设系列教材
工程管理与工程造价专业新形态教材

安装工程计量与计价

主　编　李　杰　曾开发
副主编　戴一璟　苏俊华　王雅云
参　编　王晓敏　陈秀珍　张莲珠　郑丽君　王　晶
主　审　柯　洪

本书根据高等院校工程管理和工程造价专业教学指导分委会制定的本科专业教学规范及相关课程教学要求，并依据《通用安装工程工程量计算规范〉(GB 50856—2013)福建省实施细则》《福建省通用安装工程预算定额》(FJYD-301—2017~FJYD-311—2017)、《福建省建筑安装工程费用定额》(2017版)和《关于调整增值税税率的通知》等工程造价文件编写而成。

　　本书主要内容包括安装工程计量与计价基础、电气设备安装工程计量与计价、建筑给排水工程计量与计价、建筑消防工程计量与计价、通风空调工程计量与计价、建筑智能化系统工程计量与计价、工程计价软件的应用等。本书以建设工程工程量清单项目为主线，融合相关工程预算定额对安装工程的计量与计价进行详细讲述，有利于读者理解、学习和掌握两种计价模式及其应用。本书根据实际工程项目结合不同专业工程的理论知识给出大量例题，并在部分例题配置相应工程计量与计价的BIM应用解析视频，读者扫描二维码可观看BIM建模、二维图形安装算量和BIM计价软件应用等内容，可进一步深入学习并快速掌握相关重要知识点。

　　本书主要作为高等院校工程造价、工程管理及给排水科学与工程、建筑电气等相关专业的本科教材，也可以作为一级造价师和二级造价师的应试指导教材或业务培训教材，还可供工程造价管理和工程审计的专业人员学习参考。

图书在版编目（CIP）数据

安装工程计量与计价/李杰,曾开发主编. —北京：机械工业出版社，2024.3（2025.1重印）

一流本科专业一流本科课程建设系列教材　工程管理与工程造价专业新形态教材

ISBN 978-7-111-75416-9

Ⅰ. ①安⋯　Ⅱ. ①李⋯ ②曾⋯　Ⅲ. ①建筑安装–工程造价–高等学校–教材　Ⅳ. ①TU723.3

中国国家版本馆 CIP 数据核字（2024）第 058604 号

机械工业出版社（北京市百万庄大街22号　邮政编码100037）
策划编辑：冷　彬　　　　　　责任编辑：冷　彬　于伟蓉
责任校对：杨　霞　王　延　　封面设计：张　静
责任印制：张　博
北京华宇信诺印刷有限公司印刷
2025年1月第1版第2次印刷
184mm×260mm・16.75印张・412千字
标准书号：ISBN 978-7-111-75416-9
定价：53.80元

电话服务　　　　　　　　　网络服务
客服电话：010-88361066　　机　工　官　网：www.cmpbook.com
　　　　　010-88379833　　机　工　官　博：weibo.com/cmp1952
　　　　　010-68326294　　金　书　网：www.golden-book.com
封底无防伪标均为盗版　　　机工教育服务网：www.cmpedu.com

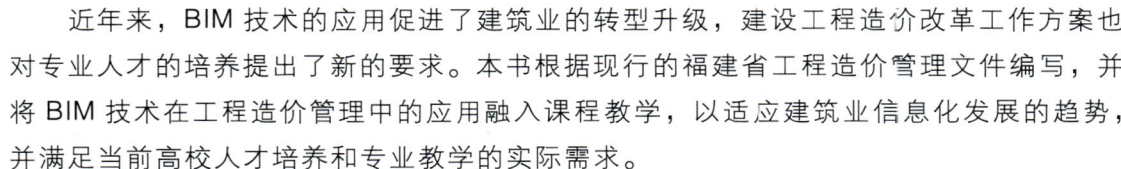

前　言

近年来，BIM 技术的应用促进了建筑业的转型升级，建设工程造价改革工作方案也对专业人才的培养提出了新的要求。本书根据现行的福建省工程造价管理文件编写，并将 BIM 技术在工程造价管理中的应用融入课程教学，以适应建筑业信息化发展的趋势，并满足当前高校人才培养和专业教学的实际需求。

本书主要特色体现在以下三个方面：

一是强化 BIM 技术在安装工程计量与计价中的应用。在课程教学中引入 BIM 技术既是课程教学改革的要求，也为进一步强化 BIM 技术的深度应用奠定了基础。

二是体现了产学合作。本书作者团队由高校专业教师和不同企业的专业人员组成。在编写过程中，福建晨曦信息科技集团股份有限公司给予了大力支持，该公司不仅提供了大量工程案例素材，还提供了利用 BIM 技术进行安装工程建模、算量和计价的操作演示视频，作为本书配套的辅助教学资源。

三是实现了"课证对接"。本书部分例题对接了福建省专项职业能力考核项目——BIM 工程造价的图例资源，可以为学生未来就业及考取相关职业资格证奠定基础。

本书由李杰（福建理工大学）、曾开发（福建晨曦信息科技集团股份有限公司）任主编并负责统稿。本书具体的编写分工为：第 1 章、第 2 章由李杰、曾开发及王晶（福州理工学院）共同编写，第 3 章由王晓敏（福建江夏学院）编写，第 4 章由戴一璟（福建理工大学）编写，第 5 章由陈秀珍（福建华南女子职业学院）编写，第 6 章由王雅云（福建信息职业技术学院）、郑丽君（福州闽川工程咨询有限公司）共同编写，第 7 章由苏俊华（福建晨曦信息科技集团股份有限公司）、张莲珠（福建晨曦信息科技集团股份有限公司）共同编写。

本书得到了教育部产学合作协同育人项目"基于 BIM 技术应用的'安装工程计量与计价'课程与教材建设""基于晨曦 BIM 算量和计价软件'安装工程计量与计价'案例库建设"及"基于晨曦 BIM 安装造价类软件的'安装工程计量与计价'课程建设项目"的支持，同时还得到了福建省教育科学"十四五"规划课题"1-X 证书制度下工程造价专业人才培养模式的探索"及福建理工大学课程改革与建设立项项目"安装工程计量与计价"等的支持与资助。

  本书在编写过程中得到了福建省土木建筑学会工程管理和工程造价专业产学合作教育委员会的大力支持。福建省建设工程造价总站吴克楚高级工程师、福建华夏工程造价咨询有限公司方金辉高级工程师对本书的编写提出了宝贵的意见,天津理工大学柯洪教授担任本书主审并提出了进一步完善的建议,对提升本书编写质量有很大帮助。在此向上述专家和单位表示衷心的感谢!

  本书在编写过程中汲取了工程造价管理相关理论研究和工程实践的成果,体现并彰显了先进性与实践性。但是受编写时间和编者能力所限,书中难免存在不足之处,有待进一步完善,欢迎各位读者提出宝贵意见和建议。

目　录

前言

第1章　安装工程计量与计价基础　/ 1

1.1　安装工程造价管理的基础　/ 1
1.2　安装工程预算定额　/ 3
1.3　安装工程工程量清单计价　/ 13
1.4　安装工程造价计价办法和程序　/ 21
1.5　BIM技术在安装工程计量与计价中的应用　/ 27
复习题　/ 30

第2章　电气设备安装工程计量与计价　/ 31

2.1　电气设备安装工程基础知识　/ 31
2.2　进户电缆计量与计价　/ 38
2.3　室内电气照明系统计量与计价　/ 46
2.4　建筑防雷接地保护装置计量与计价　/ 72
复习题　/ 82

第3章　建筑给排水工程计量与计价　/ 83

3.1　建筑给排水工程概述与识图　/ 83
3.2　建筑给排水工程计量与计价　/ 92
3.3　建筑给排水系统管道除锈与刷油计量与计价　/ 117
复习题　/ 122

第4章　建筑消防工程计量与计价　/ 124

4.1　建筑消防工程基础知识　/ 124
4.2　建筑消防工程施工图识读　/ 132

安装工程计量与计价

    4.3 建筑消防工程工程量清单的编制 / 134
    4.4 建筑消防工程相关定额计价说明 / 144
    复习题 / 148

第 5 章 通风空调工程计量与计价 / 149

    5.1 通风空调工程基础知识 / 149
    5.2 通风系统、空调风系统计量与计价 / 156
    5.3 空调水系统、冷媒系统计量与计价 / 174
    5.4 通风空调系统除锈、刷油、保温计量与计价 / 190
    5.5 通风空调系统检测与调试计量与计价 / 194
    复习题 / 196

第 6 章 建筑智能化系统工程计量与计价 / 197

    6.1 建筑智能化系统工程基础知识 / 197
    6.2 计算机及网络系统工程计量与计价 / 203
    6.3 综合布线系统工程计量与计价 / 208
    6.4 有线电视、卫星接收系统工程计量与计价 / 218
    6.5 火灾自动报警系统计量与计价 / 227
    复习题 / 240

第 7 章 工程计价软件的应用 / 244

    7.1 工程计价软件的功能特点 / 244
    7.2 工程计价软件的基本操作流程 / 245
    7.3 工程计价软件定额换算操作 / 249

参考文献 / 260

第 1 章 安装工程计量与计价基础

内容简介

本章主要介绍安装工程的项目划分，计量与计价的范围，安装工程造价的组成，安装工程预算定额的组成和使用方法，安装工程工程量清单计价，安装工程造价计价办法和程序及 BIM 技术在安装工程计量与计价中的应用等，为后续专业工程计量与计价的学习奠定基础。

1.1 安装工程造价管理的基础

1.1.1 安装工程的项目划分

建设项目的物质形态是一个完整配套由很多部分组成的复杂而又有机结合的综合性产品，要对一项拟建建设工程的资源消耗进行计量与计价，就必须对建设项目进行科学合理的分解，使之划分为若干简单、便于计算的部分或单元。按照建设项目分解管理的需要可以将建设项目分解为建设项目、单项工程、单位工程、分部工程、分项工程五个基本层次，从工程造价管理的角度来看分项工程还可以进一步细化为清单项目和定额项目。

1. 建设项目

建设项目是指在一个或几个场地上，按照一个总体设计或初步设计建设的一个或若干个互相有内在联系的单项工程所组成全部工程，如工业建筑中的一家机械厂或造船厂等，民用建筑中的一所大学或一所医院等。一个建设项目可以是一个独立的工程，也可以包括几个或更多个单项工程，建设项目在经济上实行统一核算、行政上具有独立的组织形式并实行统一的管理。

2. 单项工程

单项工程是建设项目的组成部分，是具有独立的设计文件，建成后能独立发挥生产能力或效益的工程综合体，如一座医院的门诊楼、住院楼、医技楼和锅炉房等，一个工厂的生产车间、办公楼和仓库等。

3. 单位工程

单位工程是指具有独立的设计文件，可以独立组织施工，但竣工后不能独立发挥生产能力和效益的工程，是工程投资、设计、施工管理、工程验收和工程造价计算的基本对象。如一栋教学楼（单项工程）是由房屋建筑工程、装饰与装修工程、水电安装工程等单位工程组成的。

4. 分部工程

分部工程是单位工程的组成部分，按通用安装工程专业及施工特点或施工任务将单位工程划分为若干分部的工程，如电气设备安装工程、给排水采暖燃气工程和建筑智能化工程等。

5. 分项工程

在分部工程中包括不同的施工内容，按照不同施工方法、工料消耗、材料品种等可将分部工程分解成更小的分项工程。分项工程可以采用适当的计量单位进行工程量的计算和估价，是确定安装工程造价的基本的工程单位。如电气设备安装工程中照明器具安装分部工程包括普通灯具安装、开关及按钮安装和插座安装等多个分项工程。

图 1-1 为某大学建设项目安装工程项目划分示意图，从中可以看出建设项目、单项工程、单位工程、分部工程和分项工程之间的关系。

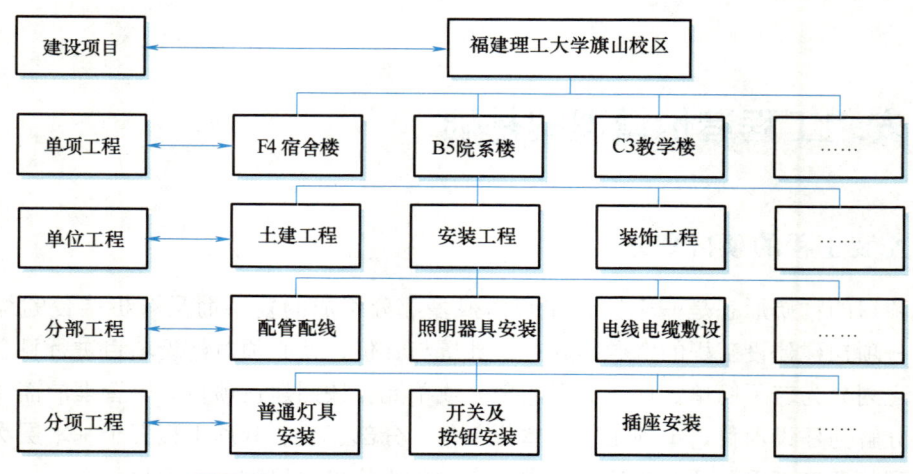

图 1-1　某大学建设项目安装工程项目划分示意图

6. 清单项目

清单项目是工程量清单计价的基本单元，一般以工程实体命名，按照项目特征进行分类，有些清单项目是可用适当的计量单位计算的简单完整的分部分项工程，也有些清单项目通过组合形成分部分项工程，在清单项目的工作内容中描述了完成该工程实体清单项目所要开展的施工作业。如普通灯具安装分项工程中可能会包括若干种不同规格和型号的灯具安装，其安装要求和采购价格会有所不同，因此应列入不同的清单项目。

7. 定额项目

定额项目是工程计价的依据，一般来说定额项目是按施工工序、工艺进行设置的。定额项目包括的工程内容是比较单一的,通过对比清单项目和相应定额项目的工作内容,可以分析出一个清单项目中可以由一个或多个定额项目进行组价。

1.1.2 建筑安装工程造价的组成

根据住房城乡建设部、财政部颁布的《关于印发〈建筑安装工程费用项目组成〉的通知》(建标〔2013〕44号),我国现行建筑安装工程费用项目按两种不同的方式划分,即按费用构成要素划分和按造价形成划分,其具体构成如图1-2所示。

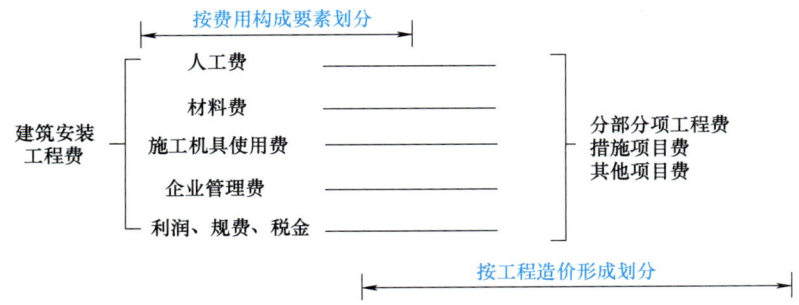

图 1-2　现行建筑安装工程费用项目两种不同的划分方式

根据《福建省建筑安装工程费用定额》(2017版)(简称《费用定额》)的规定,建筑安装工程费按照费用构成要素划分,包括人工费、材料费(包含工程设备)、施工机具使用费、企业管理费、利润、规费和税金;建筑安装工程费按照工程造价形成,由分部分项工程费、措施项目费、其他项目费组成。其中,分部分项工程费、措施项目费、其他项目费分别包含相应的人工费、材料费、施工机具使用费、企业管理费、利润、规费、税金。

1.1.3 安装工程计量与计价的范围

安装工程通常是指对机电设备、装置和配件进行安装及调试等工作,通常包括工业和民用机械设备、电气设备智能化控制设备、自动化控制仪表、通信设备、通风空调设备和管道、工业管道、消防管道及给排水和燃气管道等。就工程范围来看,一般包括机电安装工程和建筑安装工程两类,机电安装工程包括各种生产、动力、起重、运输、传动、医疗和科研等设备的装配、安置工程,与设备相连的工作台、梯子、栏杆的装设工程,被安装设备的绝缘、防腐、保温、油漆等工程,如汽车总装线生产设备的安装与调试等。与机电安装工程的范围相比,建筑安装工程的范围相对较窄,专指各类房屋建筑及其附属设施和与其配套的线路、管道、设备的安装工程,如电气设备安装工程、给排水采暖燃气工程、通风空调工程、消防工程、建筑智能化工程及设备与配件安装等。

1.2　安装工程预算定额

工程计价包括定额计价和工程量清单计价两种模式。定额计价依据国家的相关法律、法规,规定了以劳动定额、材料管理办法、机械台班定额、费用定额等为基础,形成了工程计价的编制理论、原理和体系。定额计价首先要根据设计文件、工程建设条件、施工技术方案和施工组织设计，在此基础上按照一定的规则计算相应的工程数量，套用现行计价定额并结合行业管理部门发布的信息价或市场价格，按照规定的程序计算出工程造价。

1.2.1 建设工程定额

1. 建设工程定额的概念

建设工程定额是指在正常的施工条件和合理劳动组织、合理使用材料及机械的条件下，预先规定完成单位合格产品所消耗的资源数量的标准，它反映一定时期的社会生产力水平的高低，其中的资源主要包括在建设生产过程中所投入的人工、机具、材料和资金等生产要素。建设工程定额反映了工程建设投入与产出的关系，在规定的工作内容、质量标准和安全要求下，通过一定的方法计算或测定相应的要素消耗量或相应的价格。

2. 建设工程定额的分类

建设工程定额是工程建设中各类定额的总称，各类定额所形成的定额体系及分类见表 1-1。

表 1-1 建设工程定额体系及分类

定额分类	定额名称	资源消耗量	表达方式
生产要素内容	人工定额（也称劳动定额）、材料消耗定额和施工机具台班使用定额	人工消耗量定额 材料消耗量定额 机具消耗量定额	人工时间定额 人工产量定额 材料消耗量定额 机具时间定额 机械产量定额
编制程序和用途	施工定额、预算定额、概算定额、概算指标和投资估算指标等		
编制单位和适用范围	全国统一定额、行业定额、地区定额和企业定额		
专业类别	房屋建筑与装饰工程定额、构筑物工程定额、装配式建筑定额、通用安装工程定额、市政工程定额、园林绿化工程定额		
费用类别	费用定额		以费率计算表达
其他类别	工期定额		某类工程的工期范围

2003 年 7 月，《建设工程工程量清单计价规范》（GB 50500—2003）正式施行，标志着我国进入了工程量清单计价改革的新时期。2008 年及 2013 年《建设工程工程量清单计价规范》先后进行了两次大的修订，在一定程度上完善了工程量清单计价规范的内容。但是通过近些年来清单计价的工程实践来看，单纯依靠清单计价模式组织工程计价活动的可操作性仍有待提高。实际应用时，清单计价在内容上保留了大量定额计价的元素，清单计价体系尚未完全建立，而在缺乏相应的计价理论、原理及计价基础情况下，清单计价不能独立运行，因此由定额计价的计价理论体系来充当清单计价的计价基础，实际形成了清单计价形式下的定额计价模式。建设工程项目概预算的编制还是要以计价定额为依据，工程预算阶段常见的计价定额主要有消耗量定额和预算定额。

3. 常用建设工程定额的特征与用途

目前在项目实施过程中常用的建设工程定额是各专业类别的预算定额。预算定额是指在合理的施工组织设计、正常的施工条件下，生产一个计量单位的合格构件、分项工程所必需的人工、材料、施工机具台班消耗的费用标准。预算定额是一种具有广泛用途的计价性定额，主要用于编制施工图预算。预算定额以施工定额为基础进行编制，通过对预算定额项目范围的综合扩大形成相应的概算定额、概算指标等。常用建设工程定额特征与用途的关系如图 1-3 所示。

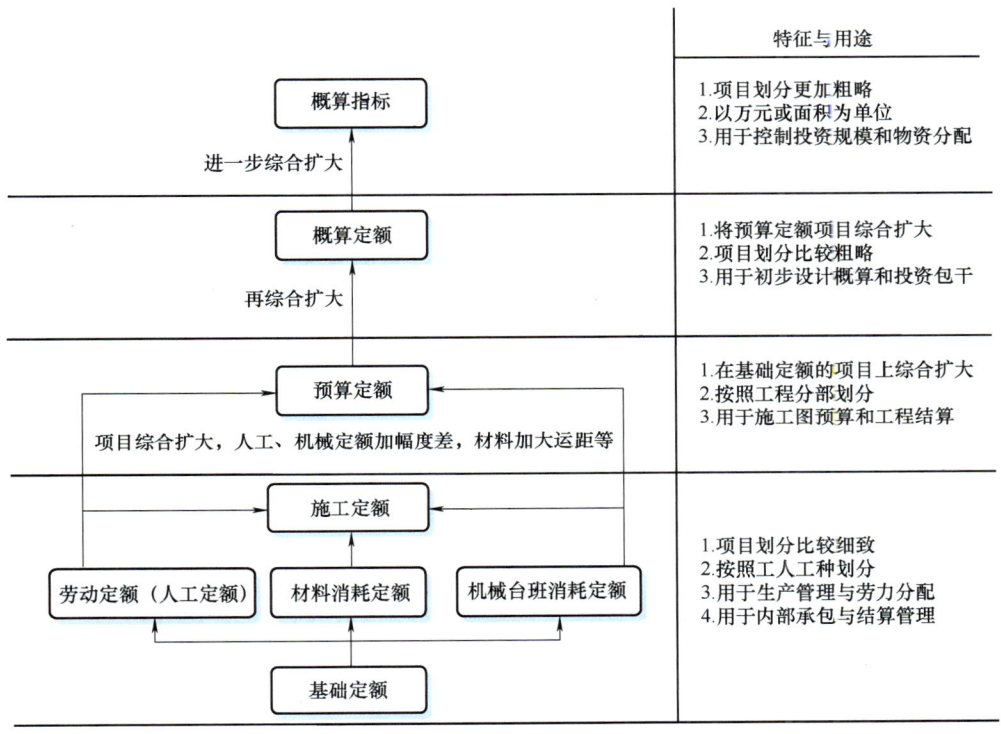

图 1-3　常用建设工程定额的特征与用途的关系

1.2.2　安装工程预算定额概况

本小节以《福建省通用安装工程预算定额》为例，介绍安装工程预算定额的概况及内容。

1. 适用范围与编制条件

2017 年 7 月福建省正式实施《福建省通用安装工程预算定额》（FJYD-301—2017～FJYD-311—2017）（以下简称《预算定额》），该预算定额适用于福建省行政区域范围内工业与民用建筑的新建、扩建和改建通用安装工程。按照国家和福建省现行有关设计规范和施工验收规范、质量评定标准、产品标准、安全与技术操作规程、标准图集进行编制，并参考了有代表性的工程设计、施工资料和其他资料，按照正常的施工条件、常用的施工方法和工艺、合理的施工工期及合格工程进行编制，这一正常的施工条件包括设备、材料、成品、半成品、构配件完整无损，符合质量标准和设计要求，附有合格证书和实验记录，安装工程和土建工程之间的交叉作业正常，并且具备正常的气候、地理条件和施工环境，安装地点、建筑物、设备基础、预留孔洞等均符合安装工程要求。

2.《预算定额》的作用

1）是完成规定计量单位安装分项工程所需的人工费及材料、施工机械台班的消耗量标准。

2）是编制和确定国有资金投资的安装工程施工图预算、工程量清单、招标控制价（最高投标限价）、施工合同价、工程结算、调解处理工程造价纠纷、鉴定工程造价的依据。

3）是编制项目建设设计概算、投资估算的基础。

4）是编制其他投资性质工程计价、企业定额和投标报价的参考。

3.《预算定额》的组成

《预算定额》以住房和城乡建设部发布的《通用安装工程消耗量定额》（TY02-31—2015）为基础，参照《福建省安装工程消耗量定额》（FJYD-301—2012～FJYD-312—2012），结合福建省地方的工程实际编制，分为《第一册　机械设备安装工程》《第二册　热力设备安装工程》《第三册　静置设备与工艺金属结构制作安装工程》《第四册　电气设备安装工程》《第五册　建筑智能化工程》《第六册　自动化控制仪表安装工程》《第七册　通风空调工程》《第八册　工业管道工程》《第九册　消防工程》《第十册　给排水、采暖、燃气工程》和《第十一册　刷油、防腐蚀、绝热工程》十一个专业册，共 16170 个定额子目，与《福建省建筑安装工程费用定额》（2017 版）配套使用。

4.《预算定额》总说明

1）《预算定额》没有编列的项目，可以参照福建省现行其他专业定额并执行其工程量计算规则，总价措施项目费、企业管理费、利润、规费、税金等各项费用仍按安装工程有关规定执行。

2）《预算定额》综合了被安装对象的操作高度，若实际操作高度超过规定高度的，应计算操作高度增加费；编制工程量清单时，应在项目特征中描述被安装对象的操作高度。其中：

① 以设计标高±0.00 为基准面计算操作高度的，包括《第一册　机械设备安装工程》《第三册　静置设备与工艺金属结构制作安装工程》《第八册　工业管道工程》《第十一册　刷油、防腐蚀、绝热工程》四册。

② 以楼地面为基准面计算操作高度的，包括《第四册　电气设备安装工程》《第五册　建筑智能化工程》《第六册　自动化控制仪表安装工程》《第七册　通风空调工程》《第九册　消防工程》《第十册　给排水、采暖、燃气工程》等六册。

③ 不计算操作高度增加费的有《第二册　热力设备安装工程》。

3）地下室施工增加费，在《福建省建筑安装工程费用定额》（2017 版）中已经综合考虑，不再另行计算。

4）安装工程计价时，应先确定主体工程专业类别，执行相应的费用定额及专业工程预算定额。除单独发包的安装工程，其他附属于房屋建筑与装饰工程、装配式建筑工程、构筑物工程、仿古建筑工程、单独发包的装饰工程、古建筑修复保护工程、抗震加固工程、园林绿化工程、城市轨道交通工程等的安装工程，其总价措施项目费、企业管理费、利润、规费、税金等按主体工程专业类别执行。

5）《预算定额》没有编列安装工程的拆除项目，拆除费按照实际发生的费用计取。

6）在有害身体健康环境中施工的，应结合实际情况增加相关费用。

7）设计要求刷油漆、防腐、绝热、衬里的，执行《第十一册　刷油、防腐蚀、绝热工程》相应定额。

8）在已封闭管道间（井）、管廊内、吊顶内、整体封闭（非盖板封闭）地沟内的管道及附件安装，执行相应定额时，定额人工费、机械费分别乘以系数1.2。

9）凡涉及管沟、基坑和井类的土方开挖、回填、运输、垫层、基础、砌筑、地沟盖板预制安装、路面开挖及修复、管道混凝土支墩等项目，除另有规定，均执行《第十册　给排水、采暖、燃气工程》相应的定额项目；仍然有缺项的，则根据项目的特征执行建筑、市政相应的定额项目。

10）《预算定额》涉及定额子目系数调整的，定额材料栏中未计价材料均不做调整。

1.2.3 《预算定额》的内容

《预算定额》每一册的主要内容包括册说明、目录、章说明、工程量计算规则和相应定额项目表等，其具体内容可以归纳为文字说明和定额项目表两大部分。

1. 文字说明

（1）册说明

册说明主要阐述本册专业工程《预算定额》的编制原则和依据、适用范围、界线划分、工程内容、编制依据、与其他各册预算定额之间的关系，定额的使用方法，使用中应注意的事项和有关问题的说明，有关费用（如脚手架搭拆费、高层建筑增加费、超高费等）的计取方法和定额系数的规定。

（2）章说明

阐述预算定额包括的主要工作内容和不包括的工作内容，适用的工程范围、工程内容，使用定额的一些基本规定和有关问题的说明，例如专业工程界限的划分和适用范围等。

（3）工程量计算规则

说明各类定额项目工程量计算的有关规定和计量单位等内容。

上述的说明和规则是正确使用预算定额的重要依据和原则，应熟练掌握定额内容、工程量计算规则和使用有关规定，否则在套用定额时会造成错套、漏套或重复套用。

2. 定额项目表

定额项目是安装工程中分项工程中的基本计量单元，也是工程预算中的基本计价单元，由各专业工程定额项目组成的定额项目表是《预算定额》的主体内容。以表1-2为例，其是《预算定额》中《第四册　电气设备安装工程》第十三章第一节中管内穿线（穿照明线）部分的（铜芯）定额项目表。

表 1-2 穿照明线定额项目表

工作内容：扫管、涂滑石粉、穿线、编号、焊接包头　　　　　　　　　计量单位：单线

定额编号				30413005	30413006	30413007
项目名称				铜芯		
				导线截面面积/mm^2		
				≤2.5	≤4	≤6
工料机基价（元）				0.98	0.70	0.75
其中	人工费基价（元）			0.82	0.54	0.54
	材料费基价（元）			0.16	0.16	0.21
	施工机具使用费基价（元）			—	—	—
	名称	单位	单价（元）	数量		
材料	绝缘电线	m	—	(1.1600)	(1.1000)	(1.1000)
	电气绝缘胶带 18mm×10m×0.13mm	卷	3.00	0.0030	0.0020	0.0030
	棉纱	kg	7.04	0.0020	0.0020	0.0020
	汽油 92 号	kg	8.45	0.0050	0.0050	0.0060
	锡基钎料	kg	48.00	0.0020	0.0020	0.0030
	其他材料费	%	1.00	1.8000	1.8000	1.8000

（1）工作内容

定额项目的工作内容主要阐述本定额项目安装施工工艺所包括的工序，这同定额项目表中的材料与机械的特征、信息和参数一起构成正确套用定额项目的依据。

（2）计量单位

计量单位主要是根据工程的形体和结构构件特征及其变化确定，包括物理计量单位（m、m^2、kg 等）和自然计量单位（台、件、套、个、组等）。

（3）定额项目表主体

列有该定额项目的定额编号、项目名称，完成该定额项目工程内容所需要各种材料、机械的消耗数量与单价，人工费、材料费、施工机具使用费基价，其中人工费、材料费、施工机具使用费基价均为预算定额编制的基期价格。在表 1-2 中，定额子目 30413006 的材料费基价 =（0.002×3+0.002×7.04+0.005×8.45+0.002×48）×（1+1.8%）元 = 0.16 元，在 0.16 元的材料费中没有包括导线截面面积≤4mm^2 绝缘电线这种主要材料的材料费，定额项目表中该绝缘电线的价格用"—"表示，即没有给出这种材料的单价，因此，截面面积≤4mm^2 绝缘电线为该定额项目的未计价主材。未计价主材的表达方式是在材料消耗标准量上用括号标注，提示后期在计价的过程中要根据信息价或市场价计入主材价格。此外，由于该定额项目没有消耗相应的施工机具，因此施工机具使用费基价用"—"表示。

3. 工料机基价的确定

从工程造价费用构成要素组成的角度来看，工料机基价是完成预算定额项目工程内容所需人工、材料和机械费基价之和，即

工料机基价 = 人工费基价 + 材料费基价 + 机械费基价

工料机基价是一定使用期限范围内建筑安装单位产品的不完全价格，没有包括费用构成要素中的企业管理费、利润、规费和税金等，这几项费用要以工料机基价为基础计算。

（1）人工费基价

预算定额项目表中直接列出人工费，没有体现人工消耗量，在后期运用预算定额进行工程计价时人工费一般采用指数法进行动态调整。

（2）材料费基价

1）材料消耗量。材料消耗量包括直接消耗在安装工作内容中的主要材料、辅助材料和零星材料等，并计入了相应损耗，即

$$材料消耗量 = 材料净用量 + 损耗量$$

或

$$材料消耗量 = 材料净用量 \times (1 + 损耗率)$$

2）材料单价。材料单价是指材料从来源地或交货地点到达工地仓库后，全过程所发生的一系列费用之和，即

$$材料单价 = (材料原价 + 运杂费) \times (1 + 运输损耗率) \times (1 + 采购及保管费率)$$

3）材料设备费。材料设备费包括材料费和设备费两部分，是指完成预算定额项目工作内容所消耗的各种材料、构件、零件、半成品、设备和周转性材料摊销量的费用，其中，定额材料费包括计价材料费和未计价材料费，即

$$材料设备费 = \sum(材料消耗量 \times 材料单价 + 工程设备数量 \times 工程设备单价)$$

$$定额材料费 = 计价材料费 + 未计价材料费$$

在预算定额项目表中的材料消耗部分，分别列出了不同规格的辅助材料和零星材料等的名称、消耗数量、材料单价，这些形成了材料费中的计价材料费。在预算定额项目表中的未计价材料，括号内数值为该材料的消耗量，这一类材料一般为构成工程实体的主要材料，其价值没有包括在预算定额项目材料费基价中。

（3）施工机具使用费基价（机械费基价）

施工机具使用费包括施工机械使用费和施工仪器仪表使用费两个部分，是安装工程施工生产过程中，使用或租赁各种机械、仪器仪表所支付或耗费的费用。

$$施工机具使用费基价 = \sum[(机械台班消耗量 \times 机械台班单价) + 仪器仪表使用费]$$

机械台班消耗量是按照正常合理的机械配备和机械施工工效测算确定的，仪器仪表使用费是工程施工所需使用的仪器仪表的摊销及维修费用。

$$机械台班单价 = 折旧费 + 检修费 + 维护费 + 安拆费及场外运费 + 人工费 + 燃料动力费 + 其他费$$

4. 未计价材料费的计算

未计价材料是指定额项目中只规定了材料的名称、规格、品种和消耗数量，但是未注明单价，并在定额基价中没有计入材料价值的这部分材料，必须另行确定材料单价后再计入预算的费用项目。通用安装工程预算定额中的主材大部分是未计价材料，在定额项目表中它的表达方式是在材料消耗标准量上用括号（ ）标注。未计价材料既包括主要材料，也包括半成品构件、成套设备（如配电箱是控制设备、消火栓是消防设备）等。表1-2中各种截面的绝缘电线就是未计价材料，在编制预算时其价值应另行计算。未计价材料单价可按照定额执行地区的材料信息价格确定，如果当地的材料信息价格查不到，可以调查当时当地市场价格进行计价。

施工单位负责采购的材料设备在编制预算时要计入工程造价,建设单位自行组织招标采购的设备包括需要安装和不需要安装的设备,需要安装的设备应将设备安装费计入工程预算。在预算定额表中通常设置有设备安装的项目,如《第四册 电气设备安装工程》中各种设备防雷装置的安装在项目表中没有包含设备本体的数量和价格,仅包括安装一个某种类型设备防雷装置所发生的人工费和材料费。由甲方自行采购提供,且不计入拨付给施工单位工程款的材料设备,在预算编制时可以不予考虑。

【例 1-1】 现有某老年活动中心项目的配电系统图和电气平面图。从相关电气设计说明及计算要求可知:"导线 BYJ3×6-SC25"表示 3 根截面面积为 $6mm^2$ 的铜芯交联聚乙烯绝缘导线,穿钢管敷设,钢管的公称直径为 25mm。根据题意,分析该导线及管道的清单定额子目。

解:根据相关编制条件,确定"导线 BYJ3×6-SC25"应套用的清单及定额子目,见表 1-3。

新建工程

表 1-3 穿照明线清单及定额子目表

序号	项目编码	换	项目名称	单位
1	030411001001		配管(SC25)	m
1.1	30412036		钢管敷设(砖、混凝土结构暗配 公称直径≤25mm)	
2	030411004001		配线	m
2.1	30413026		穿动力线(铜芯 导线截面面积≤6mm²)	

其中,"30413026 穿动力线(铜芯 导线截面面积≤$6mm^2$)"的消耗量见表 1-4。

表 1-4 定额消耗量

序号	材料编号	材料名称	规格	品牌	单位	数量	单价	小计	类别	供应方式
1	28000010	绝缘电线			m	1.1			主材	
2	00010040	定额人工费			元	0.54		0.54000	人工	
3	27170180	电气绝缘胶带	18mm×10m×0.13mm		卷	0.003	4.310	0.01293	材料	
4	02270260	棉纱			kg	0.002	5.300	0.01060	材料	
5	14030060	汽油	92#		kg	0.006	9.160	0.05496	材料	
6	03131890	锡基钎料			kg	0.003	41.380	0.12414	材料	
7	49010030	其他材料费			%	1.8	1.000	0.00365	材料	

分析"30413026 穿动力线(铜芯导线截面面积≤$6mm^2$)"的消耗量可知,其主材"绝缘电线"的定额消耗数量为 1.1m/m,单价为空,表示在实际套价过程中需要建设方提供对应主材铜芯交联聚乙烯绝缘导线的价格,或者要求造价人员经过严谨的市场询价后,将价格填入清单中,这样才算完成此项清单定额子目的完全应用。如经过当时当地市场询价,绝缘电线为 1.82 元/m,则调整后的定额消耗量见表 1-5。

表 1-5 调整后定额消耗量

序号	材料编号	材料名称	规格	品牌	单位	数量	单价	小计	类别	供应方式
1	28000010-44	绝缘电线	BYJ-6		m	1.1	1.820	2.00200	主材	
2	00010040	定额人工费			元	0.54		0.54000	人工	
3	27170180	电气绝缘胶带	18mm×10m×0.13mm		卷	0.003	2.560	0.00768	材料	
4	02270260	棉纱			kg	0.002	6.020	0.01204	材料	
5	14030060	汽油	92#		kg	0.006	7.540	0.04524	材料	
6	03131890	锡基钎料			kg	0.003	41.030	0.12309	材料	
7	49010030	其他材料费			%	1.8	1.000	0.00338	材料	

1.2.4 安装工程预算定额系数

1. 定额系数含义

预算定额是按照正常的施工条件进行编制的,但安装工程实际的施工条件差异较大,为了满足工程计价的需要,在安装工程计价过程中需要引入相应的定额系数。定额系数是预算定额的重要组成部分。

2. 定额系数的种类

定额系数按照实质内容可以分为子目系数、工程系数和综合系数三类。

(1) 子目系数

子目系数主要是指按照定额各章、节规定,当分项工程内容与定额子目考虑的编制环境(如施工内容、施工条件)不完全相同时所需进行的定额调整内容,包括换算系数和超高系数等。子目系数一般都标注在《预算定额》各册的章节说明或工程量计算规则中。定额涉及定额子目系数调整的,定额材料栏中未计价材料均不做调整。

1) 换算系数。换算系数大部分是由于安装工作对像的材质、几何尺寸或施工方法与定额子目规定不一致,需进行调整的换算系数,如《预算定额》中各册定额的换算系数(管道间、管道井内的管道阀门、法兰、支架、安装,多联插座安装等);《第十一册 刷油、防腐蚀、绝热工程》规定除锈工程一章不包括除微锈(标准:氧化皮完全紧附,仅有少量锈点),发生时按照除轻锈定额乘以系数 0.2。

2) 操作高度增加费系数。操作高度是指安装对像设计高度离操作地面的垂直距离。《预算定额》各册已综合了被安装对象的操作高度,定额中的超高费是指操作物高度超出定额子目计算范围而需增加的人工费用。若实际操作高度超过规定高度的,应通过系数计算操作高度增加费,有楼层的按楼地面标高为基准计算,无楼层的按设计地坪标高为基准计算。关于操作高度增加费,《预算定额》各册规定的计算范围有所不同,如《第四册 电气设备安装工程》规定安装高度距离楼面或地面大于 5m 时,超过部分工程量按照定额人工费乘以系数 1.1 计取;《第七册 通风空调工程》规定超过 6m 时,超过部分工程量按照定额人工费乘以系数 1.2 计取;《第九册 消防工程》规定安装高度超过 5m 时,超过部分工程量按照定额人工费乘以相应系数计取；《第十册 给排水、采暖、燃气工程》规定操作物高度以距楼地面 3.6m 为限，超过 3.6m 时，超过部分工程量按照定额人工费乘以相应系数计取。

例如某建筑实际层高为 5.5m，需要在顶棚上安装吸顶灯，安装高度超过了定额规定的高度，因此应该以超过 5.0m 高度以上部分的安装人工费为基数，乘以规定的超高系数计取超高增加费。而同一建筑物内，安装在墙上离地面的 5.0m 以下的壁灯和开关、插座、线管等，因为其安装高度没有超过定额的规定高度，则不能计取超高增加费。

（2）工程系数

工程系数主要是指各册定额分章说明中规定的，所需增加的人工降效、材料和工具垂直运输增加的机械台班、工人上下所乘坐的升降设备台班费等与工程形态直接相关的系数。如《预算定额》中《第四册 电气设备安装工程》中关于建筑物超高增加费的规定，在建筑物层数大于 6 层或建筑物高度大于 20m 的工业与民用建筑上进行电气设备安装时，需要按照人工费的百分比（表 1-6）计取建筑物超高增加的费用，其费用中人工费占 65%。建筑物高度是指室外地坪至檐口滴水的垂直高度，不包括屋顶水箱间、楼梯间和女儿墙高度。

表 1-6 建筑物超高增加费的系数

建筑物高度/m	≤40	≤60	≤80	≤100	≤120	≤140	≤160	≤180	≤200
建筑层数/层	≤12	≤18	≤24	≤30	≤36	≤42	≤48	≤54	≤60
按人工费的百分比（%）	2	5	9	14	20	26	32	38	44

计算建筑物超高增加费时，应以全部工程的人工费为计算基数，含 6 层与 20m 及以下的地下室工程；费率按建筑物总高度或层数确定，不能分段计算。《预算定额》各分册规定的建筑物超高增加费系数有所不相同，一般来说都是以建筑的层数和高度为指标设置的，选择系数时，应在层数和高度两者中取大值进行确定。

（3）综合系数

综合系数是各册说明规定的，与工程本体形态无直接关系的系数，如脚手架搭拆系数、系统调整系数、安装与生产同时进行增加系数和有害环境影响增加的系数等，与之相关的费用如下：

1）脚手架费用。脚手架搭拆系数属于综合取定的系数。除定额中规定不计取脚手架费用外，不论工程实际是否搭拆脚手架，或搭拆数量多少，均应按规定系数计取脚手架费用，包干使用。同一单项工程有多个专业施工，凡是符合计算脚手架规定的，应按各册规定分别计取脚手架费用。脚手架费用的计算按定额人工费的 5% 计算，其费用中人工费占 35%。

2）系统调整费。由于安装工程专业施工作业的特点，需要对其安装系统进行调整测试后才能交工或使用，而定额中没有设置相应的子项，一般规定用系数进行计算，如采暖系统调整费和通风空调系统调整费等。系统调整费的计算除定额另有规定外，均按系统全部工程人工费乘以相应系数计算，全部工程人工费包括附属的分部分项工程项目（如除锈、刷油、保温等）。如采暖工程和空调水系统工程的系统调整费按系统全部工程人工费的 10% 计算，其费用中人工费占 35%。

3）安装与生产同时进行增加费。安装与生产同时进行增加费是指施工中因生产操作或生产条件限制（如不准动火）干扰了安装工作正常进行而增加的降效费用，不包括为保证安全生产和施工所采取的措施费用。如果安装工作不受干扰的，不应计取此项费用。

4）有害身体健康环境中施工降效增加费。有害身体健康的环境中施工降效增加费是指施工中由于有害气体粉尘或高分贝的噪声等，超过国家标准以至影响身体健康而增加的降效费用，该费用不包括按照劳保条例规定工人应享受的工种保健费。

3. 主要系数的使用

在各项定额系数的计算过程中，一般按照先计算子目系数，再计算工程系数，最后计算综合系数的顺序依次进行。子目系数构成工程系数的计算基础，上述两类系数又构成综合系数的计算基础。子目系数、综合系数发生多项可多项取，一般不可在同级系数之间进行连乘。各项系数的计算，应根据项目的具体情况，严格按照定额的规定计取，不可重复计算或疏漏计算。

在应用计价软件进行计价时，一般是通过在计价软件中根据现行预算定额的规定设置相应的条件，自动计算出相应的各项系数增加费。

【例 1-2】 某商业住宅楼工程共 13 层，檐口高度 42.5m，其中底层层高 6.5m，其余层高均为 3m，经计算该商住楼电气设备安装工程费用（不含各项调整系数）为 150000 元（其中人工费为 12812 元），底层电气设备安装工程费用 40000 元，底层安装高度超过 5.0m 的分部分项工程费用 15000 元，其中人工费 4000 元（不包括装饰灯具安装的分部分项工程费用和人工费）。试计算各项系数增加费。

解：（1）操作高度增加费

根据《第四册　电气设备安装工程》"册说明有关操作高度增加费的具体规定：安装高度距离楼面或地面大于 5m 时，超过部分工程量按定额人工费乘以系数 1.1 计取（已经考虑了超高因素的定额项目除外。如小区路灯、投光灯、氙气灯、烟囱或水塔指示灯、装饰灯具），电缆敷设工程、电压等级小于或等于 10kV 架空输电线路工程不执行本条规定。

据题意"底层安装高度超过 5.0m 的分部分项工程费用 15000 元，其中人工费 4000 元"可得操作高度增加费 = 4000 元×1.1 = 4400 元。

（2）超高增加费

按照《第四册　电气设备安装工程》关于建筑物超高增加费的规定，在建筑物层数大于 6 层或建筑物高度大于 20m 的工业与民用建筑上进行电气设备安装时，按表 1-6 的规定计算建筑物超高增加的费用，费用中人工费占 65%。

据题意，该商住楼共 13 层（小于 18 层），檐口高度 42.5m（小于 6Cm），电气设备安装工程费用（不含各项调整系数）为 150000 元（其中人工费为 12812 元）。查表 1-6 可知电气设备安装工程建筑物超高增加费的系数为 5%，则超高增加费 = 12812 元×5% = 6406.00 元。

1.3　安装工程工程量清单计价

我国从 2003 年开始实施工程量清单计价，到目前为止建设工程工程量清单计价规范和相关专业工程计量规范作为国家标准已经有 2003 年版、2008 年版和 2013 年版三个版本，其中，2013 年颁布的工程量清单计价文件包括《建设工程工程量清单计价规范》(GB 50500—2013，简称《计价规范》)和九个专业工程工程量计算规范（简称《计量规范》)，分别为房屋建筑与装饰工程（GB 50854—2013）、仿古建筑工程（GB 50855—2013）、通用安装工程（GB 50856—2013）、市政工程（GB 50857—2013）、园林绿化工程（GB 50858—2013）、矿山工程（GB 50859—2013）、构筑物工程（GB 50860—2013）、城市轨道交通工程（GB 50861—2013）、爆破工程（GB 50862—2013）计量规范。

2017 年福建省建筑业管理部门根据本省具体情况对《通用安装工程工程量计算规范》(GB 50856—2013）进行了补充和修订，发布了《〈通用安装工程工程量计算规范〉(GB 50856—2013）福建省实施细则》（简称《安装实施细则》），作为福建省行政区域内安装工程工程量清单编制和计价的指导性文件。

1.3.1 安装工程工程量清单计价概述

1. 工程量清单

工程量清单是指建设工程分部分项工程的工程项目、措施项目、其他项目的名称和相应数量等的明细清单，它将工程设计文件和建设方对安装工程的建设要求及需要施工单位完成的工作转换为多条明细分项和数量的表单格式，每一条分项描述是一个清单项目或清单分项。工程量清单也反映了施工单位完成安装工程所需要实施的具体的分项目标，是一个在工程计价中反映工程量的特定内容的概念，与建设阶段无关，在不同的阶段，又可以分为招标工程量清单和已标价工程量清单等。

工程量清单是按照招标文件和设计文件的要求，将拟建招标工程全部项目涉及的安装工程及其内容依据统一的工程量计算规则和子目分项要求，计算分部分项工程实物量，并列在清单上作为招标文件的组成部分，供投标单位逐项填写单价用于投标报价，并作为中标后计算工程价款的依据。工程量清单是施工合同的重要组成部分。

2. 工程量清单的组成

工程量清单由分部分项工程量清单、措施项目清单和其他项目清单组成。分部分项工程量清单表明拟建工程全部分项实体工程项目名称和相应的工程数量；措施项目清单是指为完成工程项目的施工，发生于该工程施工准备和施工过程中的技术、生活、安全、环境保护等方面的项目及其相应的费用；其他项目清单表明了招标人提出的与项目有关的特殊要求所发生的费用。

3. 工程量清单的作用

工程量清单是工程量清单计价的基础，应作为编制招标控制价、投标报价、计算工程量、支付工程款、调整合同价款、办理竣工结算及工程索赔等的依据之一。

安装工程工程量清单计价是指建设工程招标投标中，按照国家统一的工程量清单计价规范和安装工程计量规范，招标人委托具有资质的中介机构编制反映安装工程实体消耗和措施消耗的工程量清单，并作为招标文件的一部分提供给投标人，由投标人依据安装工程工程量清单的要求，根据各种渠道所获得的工程造价信息和经验数据，自主报价的计价方式。因此，安装工程工程量清单计价可以分为两个阶段：一是招标人编制安装工程量清单的过程，并将安装工程量清单作为招标文件的组成部分；二是根据安装工程工程量清单来编制招标控制价或投标报价。

1.3.2　工程量清单的编制

工程量清单是进行工程造价管理的基础，工程量清单编制的质量直接影响到工程造价管理的成效。合理的清单项目设置和准确的工程数量是清单计价的基础，对于招标人来说，工程量清单是进行投资控制的前提和投标报价的基础，工程量清单表的编制质量直接关系和影响工程建设的最终结果。

1. 工程量清单编制的依据

在福建省地域范围内的建设项目，其安装工程工程量清单编制的主要依据包括《通用安装工程工程量计算规范》(GB 50856—2013)及《安装实施细则》，国家或省级、行业建设主管部门颁发的计价依据和办法，安装工程设计文件、通用图、标准图集，与建设工程项目有关的标准、规范、五金手册等技术资料，招标文件及其补充通知、招标答疑纪要，施工现场情况、工程特点及常规施工方案，其他相关资料等。

2. 工程量清单编制的基本要求

招标工程量清单应由具有编制能力的招标人或受其委托具有相应能力的工程造价咨询人或招标代理人编制。招标工程量清单和工程量计算等造价文件的编制与核对应由具有资格的工程造价专业人员承担。招标工程量清单必须作为招标文件的组成部分，其准确性和完整性由招标人负责。

1.3.3　工程量清单项目的设置

1. 分部分项工程工程量清单项目的设置

《通用安装工程工程量计算规范》(GB 50856—2013)包括正文和附录两大部分，两者具有同等的效率。其中，附录对分部分项工程工程量清单项目的设置做了明确的规定，在此基础上《安装实施细则》根据福建省实际情况新增了部分清单项目。编制工程量清单时，遇缺项项目可以按照现行其他专业的实施细则规定进行编码列项，仍然不足的，可以自行补充。每一个分部分项工程工程量清单包括清单项目编码、项目名称、项目特征、计量单位、工程数量工程量计算规则等，其中前五个要件缺一不可；此外在编制分部分项工程量清单时，工作内容也是一项需要关注的内容，其决定了该清单项目的工作范围。

《通用安装工程工程量计算规范》中电气设备安装工程中的"避雷引下线"清单项目的设置见表 1-7。

表 1-7　防雷及接地装置（编码：030409）

项目编码	项目名称	项目特征	计量单位	工程量计算规则	工作内容
030409003	避雷引下线	1. 名称 2. 材质 3. 规格 4. 安装部位 5. 安装形式 6. 断接卡子、箱材质、规格	m	按设计图示尺寸以长度计算（含附加长度）	1. 避雷引下线制作、安装 2. 断接卡子、箱制作、安装 3. 利用主钢筋焊接 4. 补刷（喷）油漆

(1) 项目编码

分部分项工程工程量清单的项目编码用12位阿拉伯数字表示，其中前9位为全国或地区统一编码，编制清单时不得变动。

1) 第1、2位表示专业工程编码。01代表房屋建筑与装饰工程，02代表仿古建筑工程，03代表通用安装工程，04代表市政工程，05代表园林绿化工程，06代表矿山工程，07代表构筑物工程，08代表城市轨道交通工程，09代表爆破工程。

2) 第3、4位表示附录顺序码。如通用安装工程项目中，01表示附录A机械设备安装工程，02表示附录B热力设备安装工程，03表示附录C静置设备与工艺金属结构制作安装工程，04表示附录D电气设备安装工程，05表示附录E建筑智能化工程，06表示附录F自动化控制仪表安装工程，07表示附录G通风空调工程，08表示附录H工业管道工程，09表示附录J消防工程，10表示附录K给排水、采暖、燃气工程，11表示附录L信设备及线路工，12表示附录M刷油、防腐蚀、绝热工程，13表示附录N措施项目。

3) 第5、6位表示节顺序码。以电气设备安装工程为例，编码030411表示配管、配线分部工程。

4) 第7、8、9位表示清单项目码，即分项工程名称顺序码。030411003表示电气设备安装工程配管、配线分部工程中的桥架安装项目。

5) 第10、11、12位表示清单项目名称顺序编码，同一招标工程的项目编码不得有重码。如在某电气设备安装工程中，根据设计要求，钢质桥架有不同的型号（托盘式桥架、槽式桥架、梯式桥架）和规格，则清单编制人根据编制的清单项目进行编制，并应自001起顺序编制，编码030411003001代表"有孔电缆线托盘桥架（规格300×100）"，编码030411003002代表"梯级式直通桥架（规格200×60×2.0电镀锌），其他不同规格型号的桥架可以依次往下编码。

例如，工程量清单编码030411003001的含义如图1-4所示。

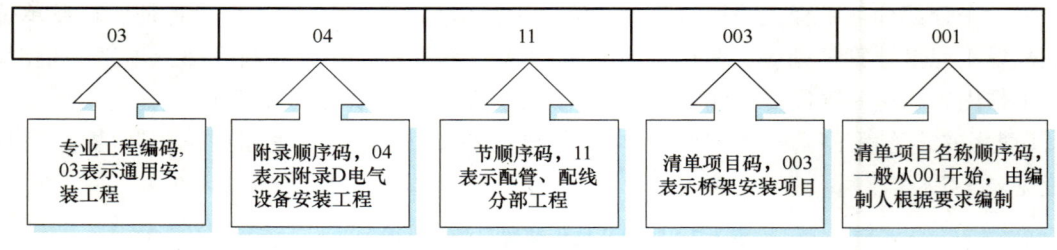

图1-4 工程量清单编码的含义

(2) 项目名称

清单项目名称的设置基本是以工程实体名称列项，通常应以能够使投标人"基本把握相关清单项目特点，基本明确清单项目内容"为原则。在编制清单项目名称时，应在明确附录表中相应清单项目名称的基础之上，着重考虑项目的规格、项目的材质、项目型号等要求，使其所编制的相应项目名称具体化、细致化，反映出相关清单项目的主要特征。项目名称应依据《通用安装工程工程量计算规范》（GB 50856—2013）及《安装实施细则》附录的项目名称按照形成的工程实体设置并结合拟建工程的实际确定，如上述 030411003001 对应的项目名称为"有孔电缆线托盘桥架（规格 300×100）"。此外，有的清单项目名称表达的是一类实体的统称，如"小电器"包括按钮、照明用开关、插座、电铃、电风扇、水位电信号装置、继电器、测量表、屏上辅助设备、辅助电压（电流）互感器、小型安全变压器等，在列项时，一般要将属于该"小电器"实体的设备本身名称作为项目名称，并表示其特征，如设备型号、规格、并在编码的后三位加以区别。

（3）项目特征

项目特征是确定综合单价的前提，是构成分部分项工程项目、措施项目自身价值的本质特征，项目特征描述是对项目的准确描述。由于安装工程具有工艺复杂、材料品种繁复、施工方法灵活多样、工艺效果不同和招标人个性化的要求等特点，其项目特征描述应体现以下四方面内容：

1）项目本体特征。主要包括项目的材质、型号和规格等，这些特征对安装工程造价影响较大，如果不加以区分，容易造成计价错误。

2）安装工艺特征。对于项目的安装工艺，在编制清单时必须进行详细描述。例如，室外管道可以分为架空、埋地和管沟敷设三大类，架空敷设需要对管道支承结构进行算量与计价，埋地敷设需要对管道抗腐蚀性处理和挖填土方进行算量与计价，管沟敷设需要对管道支架和油漆进行算量与计价，不同的管道敷设方式工程造价存在较大差异。

3）项目环境特征。有些项目自身运行和条件特征会直接影响施工方法，如蒸汽管道容易遗漏管道补偿器，设备安装高度、室外埋地管道工程的地下水等有关情况都会对工程造价有一定的影响。

4）索引描述特征。如果采用标准图集或施工图能够全部或部分满足项目特征描述的要求，项目特征描述可直接采用详见××图集或××图号的方式。对不能满足项目特征描述要求的部分，仍应用文字描述。

招标人在编制工程量清单时，对项目特征的描述非常关键，即使是同一规格同一材质的项目，如果安装工艺或位置不同，也要考虑分别设置清单项目，原则上具有不同特征的项目都应分别列项。只有做到清单项目清晰、准确，才能使投标人全面、准确地理解招标人的工程内容和要求，做到计价有效，初学者必须予以足够的重视。分部分项工程的项目特征描述可以在利用计价软件时按照软件给出的提示并结合拟建工程项目的实际情况予以描述。

（4）计量单位

根据《通用安装工程工程量计算规范》（GB 50856—2013）的规定，分部分项工程量清单项目计量单位遵守如下规定：

1）以"t"为单位的，应保留小数点后三位数字，第四位小数四舍五入。

2）以"m""m^2""m^3""kg"为单位的，应保留小数点后两位数字，第三位小数四舍五入。

3）以"台""件""个""套""根""组""系统"等自然单位为计量单位的，应取整数。

（5）工程数量

工程数量主要通过工程量计算规则计算得到，工程量计算规则是指对清单项目工程量的计算规定。除另有说明外，所有分部分项工程清单项目的工程量应以实体工程量为准，并以完成后的净值计算。

（6）工程量计算规则

工程量计算规则是指根据拟建项目设计文件、现场条件、施工组织设计、施工方案和有关技术经济指标为依据按照清单工程量计算规范规定的计算方法进行工程数量的计算。

（7）工作内容

每一个分项工程清单项目都有对应的工作内容，体现的是完成一个合格的清单项目需要具体实施的施工作业。工作内容具有两大功能，一是通过对分项工程清单项目工作内容的解读判断施工图中的清单项目是否列全，如防雷及接地装置中030409003"避雷引下线"项目的工作内容中包括避雷引下线制作、安装，断接卡子、箱制作、安装，接地测试点安装，利用主钢筋焊接，补刷（喷）油漆等，涵盖了避雷引下线的全部施工作业，因此"避雷引下线"清单项目不需要分别列项；二是工作内容是判断清单项目综合单价是由几个计价定额项目组合在一起的依据，如030409003"避雷引下线"项目中引下线制作、安装，断接卡子、箱制作、安装，接地测试点安装，利用主钢筋焊接，补刷（喷）油漆等，需要套用不同的定额，那么"避雷引下线"项目的综合单价就要将预算定额中相关的定额项目综合在一起。

2. 措施项目工程量清单的设置

在《安装实施细则》附录N措施项目中包括专业措施项目、总价措施项目和二次搬运三方面的内容。

（1）专业措施项目

专业措施项目工程量清单项目编码、项目名称和工作内容应按表1-8的规定执行。

表1-8　专业措施项目（编码：031301）

项目编码	项目名称	工作内容
031301001	吊装加固	1. 行车梁加固 2. 桥式起重机加固及负荷试验 3. 整体吊装临时加固件，加固设施拆除、清理
031301002	金属抱杆安装、拆除、移位	1. 安装、拆除 2. 位移 3. 吊耳制作安装 4. 拖拉坑挖埋
031301003	平台铺设、拆除	1. 场地平整 2. 基础及支墩砌筑 3. 支架型钢搭设 4. 铺设 5. 拆除、清理
031301004	顶升、提升装置	安装、拆除
031301005	大型设备专用机具	

第1章　安装工程计量与计价基础

（续）

项目编码	项目名称	工作内容
031301006	焊接工艺评定	焊接、试验及结果评价
031301007	胎（模）具制作、安装、拆除	制作、安装、拆除
031301008	防护棚制作、安装、拆除	防护棚制作、安装、拆除
031301009	特殊地区施工增加	1. 高原、高寒施工防护 2. 地震防护
031301010	安装与生产同时进行施工增加	1. 火灾防护 2. 噪声防护
031301011	在有害身体健康环境中施工增加	1. 有害化合物防护 2. 粉尘防护 3. 有害气体防护 4. 高浓度氧气防护
031301012	工程系统检测、检验	1. 起重机、锅炉、高压容器等特种设备安装质量监督检验检测 2. 由国家或地方检测部门进行的各类检测
031301013	设备、管道施工的安全、防冻和焊接保护	为保证工程施工正常进行的防冻和焊接保护
031301014	焦炉烘炉、热态工程	1. 烘炉安装、拆除、外运 2. 热态作业劳保消耗
031301015	管道安拆后的充气保护	充气管道安装、拆除
031301016	隧道内施工的通风、供水、供气、供电、照明及通信设施	通风、供水、供气、供电、照明及通信设施安装、拆除
031301017	脚手架搭拆	1. 场内、场外材料搬运 2. 搭、拆脚手架 3. 拆除脚手架后材料的堆放
031301018	其他措施	为保证工程施工正常进行所发生的费用

注：1. 由国家或地方检测部门进行的各类检测，指安装工程不包括的属经营服务性项目，如通电测试、防雷装置检测、安全和消防工程检测、室内空气质量检测等。
　　2. 其他措施项目必须根据实际措施项目名称确定项目名称，明确描述工作内容及包含范围。
　　3. 工程系统检测、检验，按工程项目实际需要列项。
　　4. 操作高度增加费在措施项目清单中不单独列项，安装高度超过基本高度时，应在分部分项工程量清单项目特征中描述并计算。
　　5. 专业措施项目的项目特征，应根据工程项目特点、设计要求、施工验收规范、施工组织设计方案及有关规定进行描述。

在上述专业措施项目中除了脚手架搭拆措施项目费用的计算需要结合工程安装施工的实际情况按照各附录分别列项之外，其他十七项专业措施项目均以一个单位工程为一项。

(2) 总价措施项目

总价措施项目工程量清单项目编码、项目名称和工作内容应按表1-9的规定执行。

表 1-9 总价措施项目（编码：031302）

项目编码	项目名称	工作内容
031302001	安全文明施工费	1. 环境保护费 2. 安全施工费 3. 文明施工费 4. 临时设施费
031302008	其他总价措施费	1. 夜间施工增加费 2. 已完工程及设备保护费 3. 风雨季施工增加费 4. 冬季施工增加费 5. 工程定位复测费

（3）二次搬运

二次搬运工程量清单项目设置、项目特征描述的内容、计量单位及工程量计算规则，应按表 1-10 的规定执行。

表 1-10 二次搬运（编号：031303）

项目编码	项目名称	项目特征	计量单位	工程量计算规则	工作内容
031303001	二次搬运	1. 搬运内容 2. 搬运距离	项（或其他计量单位）	按需要搬运的材料、成品、半成品计量单位或项计算	由于施工场地条件限制而发生的材料（含设备）、成品、半成品等一次运输不能到达堆放地点，必须进行的二次或多次装、运、卸、堆放

此外，通用安装工程中的设备负荷试运行、联合试运转、生产准备试运转及安装工程设备场外运输，应根据招标人提供的设备及安装主要材料堆放点，按照其他措施编码列项；大型机械设备进出场及安拆，应按现行《〈房屋建筑与装饰工程工程量计算规范〉（GB 50854—2013）福建省实施细则》相关项目编码列项。

3. 其他项目工程量清单的设置

其他项目工程量清单项目设置、项目特征描述的内容、计量单位及工程量计算规则，按照表 1-11 的规定执行。

表 1-11 其他项目（编号：031401）

项目编码	项目名称	项目特征	计量单位	工程量计算规则	工作内容
031401001	暂列金额		项	一个单体工程列一项	1. 不可预见的采购 2. 设计变更 3. 现场签证 4. 合同调整 5. 索赔 6. 规定列入的项目
031401002	专业工程暂估价				
031401003	总承包服务费				

4. 补充清单项目

随着建筑新材料、新设备、新工艺与新技术等"四新"技术的逐步推广，现有工程量清单附录中所列的工程量清单项目不可能包含所有项目，会有附录中没有包括的项目名称出现，此时编制人应补充工程量清单项目，并报省级或行业工程造价管理机构备案。编制人在编制补充项目时应注意以下三个方面：

1）补充项目的编码由《通用安装工程工程量计算规范》的代码03与B和三位阿拉伯数字组成，并应从03B001起顺序编制，同一招标工程的项目不得重码。

2）在工程量清单中应附补充项目的项目名称、项目特征、计量单位、工程量计算规则和工作内容。

3）编制的补充项目应报省级或行业工程造价管理机构备案。

1.4　安装工程造价计价办法和程序

为了适应工程建设行业发展需要和建筑业营业税改增值税的现实要求，合理确定工程造价，2017年7月《福建省建筑安装工程费用定额》（2017版）（简称《费用定额》）正式实施，《费用定额》是按照增值税税制、正常施工条件、施工方法、施工工艺、合理施工工期、合格工程进行编制的，反映了多数企业正常、合理的费用支出，《费用定额》确定了福建省行政区域内建筑安装工程造价的计算程序和计价办法。

1.4.1　安装工程造价计价办法

根据分部分项工程和单价措施项目的具体项目划分及其工程量计算依据不同，建筑安装工程造价计价办法分为工程量清单计价和定额计价两种。

1. 工程量清单计价

工程量清单计价模式是指招标人依据施工图、招标文件要求、《通用安装工程工程量计算规范》（GB 50856—2013）及《安装实施细则》的规定，为投标人提供工程量清单，投标人根据该工程量清单，根据企业的消耗标准、利润目标，结合工程实际情况企业实力，并充分考虑各种风险因素自主填报工程量清单所列项目的单价与合价，包括工程成本、利润和税金，并以所报的单价作为竣工结算时的计价标准，根据工程量的增减情况，调整工程造价。

《费用定额》所规定的工程量清单计价是指分部分项工程、单价措施项目按照国家的建设工程工程量清单计价及计量规范及本省有关规定进行项目划分及其工程量计算。

2. 定额计价

定额计价模式是指按照《预算定额》的规定划分定额项目，逐项计算工程量，套用《预算定额》确定人工费、材料费和施工机具使用费单价，然后按规定的取费标准确定企业管理费、利润、规费和税金等，进而确定分部分项工程和单价措施项目的综合单价。

《费用定额》所规定的定额计价是指分部分项工程、单价措施项目按照有关专业工程预算定额及其有关规定进行项目划分及其工程量计算。

1.4.2 安装工程造价计价的过程

目前《通用安装工程工程量计算规范》(GB 50856—2013)及《安装实施细则》各附录中的分部分项工程项目与《预算定额》中各册的定额项目基本上实现了对应关系,因此工程造价计价程序主要是依据工程量清单规范的规定划分清单项目,按照招标文件的要求、安装工程设计文件等计算工程量,并按照清单项目编码、项目名称、项目特征、计量单位、工程数量等五个要件的具体要求形成工程量清单,再以工程量清单为基础,结合施工现场情况,以《预算定额》或企业定额、各种工程造价信息、资料和指数为依据或参考,分别确定招标控制价或投标报价,具体过程如图1-5所示。

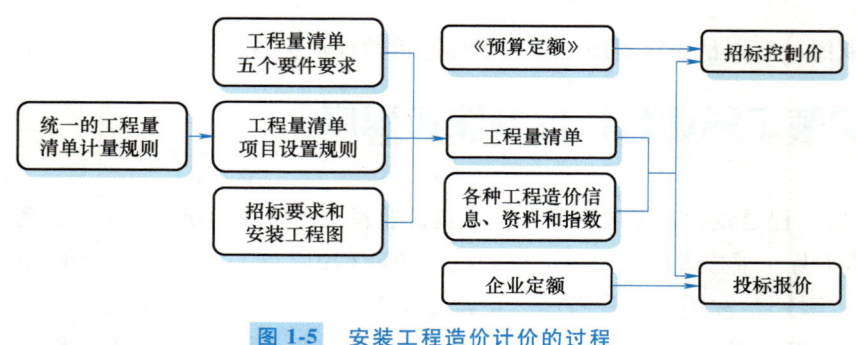

图 1-5 安装工程造价计价的过程

1.4.3 安装工程造价计算程序

《费用定额》所确定的建筑安装工程造价按照分部分项工程费、措施项目费、其他项目费之和计算,计算程序见表1-12。

表 1-12 建筑安装工程造价计算程序

序号	项目名称	计算办法
1	分部分项工程费	∑(工程量×综合单价)
2	措施项目费	∑(总价措施项目费+单价措施项目费)
3	其他项目费	编制施工图预算、工程量清单、招标控制价、投标报价时: 其他项目费=∑(暂列金额+专业工程暂估价+总承包服务费)
		编制结算时: 其他项目费=∑(总承包服务费+优质工程增加费+缩短定额工期增加费+远程监控系统租赁费+发包人检测费+工程噪声超标排污费+渣土收纳费)
4	总造价	1+2+3

1. 分部分项工程费

分部分项工程费按照工程量乘以综合单价计算。

2. 措施项目费

(1) 单价措施项目费

单价措施项目费按照工程量乘以综合单价计算。

（2）总价措施项目费

总价措施项目费按分部分项工程费（不含工程设备费）与单价措施项目费之和乘以相应费率计算。

3. 其他项目费

（1）暂列金额

暂列金额是在招标阶段暂且列定的一项费用，根据工程特点按有关计价规定估算，归招标人所有，在实施过程中可能发生，也可能不发生，只有在按照合同约定程序实际发生后，才能成为中标人的应得金额。

编制施工图预算、工程量清单、招标控制价时，优质工程增加费、缩短定额工期增加费、发包人检测费、工程噪声超标排污费、渣土收纳费等列入暂列金额，在暂列金额明细表中分别列项。工程结算时，暂列金额中包含的各项费用应按照施工中发生的工程变更、合同约定调整因素出现时的工程价款调整及发生的索赔、现场签证确认等分别列项计算。

（2）暂估价

暂估价包括材料（工程设备）暂估单价和专业工程暂估价。

1）材料（工程设备）暂估单价，是指在招标文件中规定招标人对工程消耗的招标人采购的材料、设备暂估单价明细表。清单价一般根据工程造价信息参照市场价格估算或询价（或招标）取得，投标人应将材料、工程设备暂估单价计入工程量清单综合单价报价中。

2）专业工程暂估价，一般采用综合暂估价，应区分不同专业工程按照有关计价规定进行估算，即包括除规费、税金以外的管理费和利润等。投标人应将专业工程暂估价计入投标总价中，结算时按合同约定结算金额填写。

（3）总承包服务费

总承包服务费是指招标人在对工程进行分包和自行采购供应部分材料设备时，要求总承包人提供相关服务以及对施工现场进行协调和统一管理、对竣工资料进行统一汇总整理等所需的费用。单独发包专业工程总承包服务费，按单独发包专业工程的建安造价（不含工程设备费）乘以专业工程总承包服务费费率计算；甲供材料总承包服务费按甲供材料总金额乘以甲供材料总承包服务费费率计算。

编制招标控制价时招标人根据有关计价规定确定总承包服务费计价表中的项目名称、服务内容、费率和金额；投标时费率及金额由投标人自主报价并计入投标总价中。专业工程总承包服务费不含专业工程施工配合费；专业工程施工承包人使用施工总承包人的脚手架、机械设备、水、电及安全设施、文明设施、临时设施等的费用，由施工总承包人向专业工程施工承包人协商收取，参考费率（含税）为 1.5%~3.5%。施工总承包人也可以经协商后向发包人收取专业工程施工配合费，发包人再向专业承包人抵扣。

甲供材料应当计取甲供材料总承包服务费，甲供设备不计取总承包服务费。甲供材料的检验试验费和采购费由发包人承担，甲供材料到达施工现场后的保管费由承包人承担。甲供材料总承包服务费费率为 0.5%。总包服务费不包括投标人自行分包的费用。在竣工结算中，将索赔、现场签证等列入其他项目清单中。

(4) 优质工程增加费

优质工程增加费根据相应级别的优质工程，按分部分项工程费（不含工程设备费）与单价措施项目费之和乘以相应的优质工程增加费费率计算。

(5) 缩短定额工期增加费

施工工期较定额工期缩短的，缩短定额工期增加费以分部分项工程费（不含工程设备费）与单价措施项目费之和乘以缩短定额工期增加费费率计算。

(6) 发包人检测费

发包人检测费，发包时按被检测项目的工程量或造价，根据有关收费标准进行估算；结算时按实际发票金额扣除可抵扣进项税额后再加上税金计算。

(7) 工程噪声超标排污费

工程噪声超标排污费，发包时按有关规定进行估算，结算时按实际发票金额扣除可抵扣进项税额后再加上税金计算。

(8) 渣土收纳费

发包时按有关规定进行估算，结算时按实际发票金额扣除可抵扣进项税额后再加上税金计算。

1.4.4 综合单价的确定

《费用定额》规定的综合单价是指包含人工费、材料费、施工机具使用费、企业管理费、利润、规费和税金的全费用综合单价，计算程序见表1-13。

表1-13 综合单价计算程序表

序号	项目名称	计算办法
1	人工费	人工费基价×人工费调整系数
2	材料费	Σ（材料消耗量×材料单价+工程设备数量×工程设备单价）
3	施工机具使用费	Σ（施工机械台班消耗量×台班单价）+仪器仪表使用费
4	企业管理费	(1+2-工程设备费+3)×企业管理费费率
5	利润	(1+2-工程设备费+3+4)×利润率
6	规费	(1+2-工程设备费+3+4+5)×规费费率
7	税金	(1+2+3+4+5+6)×增值税适用税率
8	综合单价	1+2+3+4+5+6+7

1. 人工费

人工费按《预算定额》中的人工费基价乘以人工费调整系数计算。人工费调整系数由省、市建设工程造价管理部门根据设置在行政区域内监测点提供的监测数据不定期发布工种指数、专业指数和综合指数并按照上述指数排列的先后顺序进行确定。

2. 材料费

材料费按材料消耗量乘以材料单价加上工程设备数量乘以工程设备单价之和计算。其中

$$材料单价=(材料原价+运杂费)×(1+运输损耗率)$$

$$工程设备单价=设备原价+运杂费$$

3. 施工机具使用费

施工机具使用费包括施工机械使用费和仪器仪表使用费。施工机械使用费按照施工机械台班消耗量乘以施工机械台班单价计算。

4. 企业管理费

企业管理费按人工费、材料费（不含工程设备费）、施工机具使用费之和乘以企业管理费费率计算。

5. 利润

利润按人工费、材料费（不含工程设备费）、施工机具使用费、企业管理费之和乘以利润率计算。

6. 规费

规费按人工费、材料费（不含工程设备费）、施工机具使用费、企业管理费、利润之和乘以规费费率计算。

7. 税金

税金按不含税工程造价乘以适用税率计算。不含税工程造价为人工费、材料费、施工机具使用费、企业管理费、利润、规费之和。

【例1-3】 某安装工程中"钢塑复合管（螺纹连接）DN40"的清单及定额组价信息见表1-14，根据清单及定额概念请解析下列问题：

1）定额"31001443 室内 钢塑复合管（螺纹连接）公称直径40mm以内"消耗量含义；

2）清单"031001007001 复合管"的"综合单价"的计算过程。

表1-14 工程量清单计价表

序号	项目编码	换	项目名称	计量单位	工程量	金额（元）	
						综合单价	合计
1	031001007001		复合管	m	83.15	79.23	6587.98
1.1	31001443	1	室内 钢塑复合管（螺纹连接）公称直径40mm以内	m	83.15	78.5	6527.28
1.2	31011136		管道消毒、冲洗（公称直径40mm以内）	m	83.15	0.73	60.7

解：在计价软件中调用定额"31001443 室内 钢塑复合管（螺纹连接）公称直径40mm以内"消耗量的组成（部分）见表1-15。

表 1-15　定额【31001443】消耗量组成表（部分）

序号	材料编码	材料名称	规格	品牌	单位	数量	单价（元）	小计（元）	类别
1	17280050	复合管	DN40		m	1.002			主材
2	18110180	给水室内钢塑复合管螺纹管件	DN40		个	0.786			主材
3	19002310	定额人工费			元	24.05×1.129		27.1596	人工
4	18250020	螺纹阀门	DN20		个	0.0005	12.58	0.00629	材料
5	18250020	成品管卡			套	0.42	0.83	0.34860	材料
6	03130850	冲击钻头	φ12		只	0.006	8.85	0.0531	材料
……	……	……							材料
26	99250560	电焊机			台班	0.0002	60.84	0.01217	机械
27	99091600	吊装机械	综合		台班	0.0005	541.52	0.27076	机械
28	99190860	管子切断套丝机	φ159		台班	0.0284	20.08	0.57027	机械
29	99230050	砂轮切割机	φ400		台班	0.0028	5.46	0.01529	机械
30	99440460	试压泵	压力3MPa		台班	0.0002	16.45	0.00329	机械

根据表 1-15 可知定额"31001443 室内 钢塑复合管（螺纹连接） 公称直径 40mm 以内"的消耗量组成类别有人工、材料、机械。其中，材料类别中的主要材料即"主材"有：①17280050 复合管 DN40，②18110180 给水室内钢塑复合管螺纹管件 DN40。

（1）定额消耗量含义

在标准施工条件下每完成 1m 定额"31001443 室内 钢塑复合管（螺纹连接） 公称直径 40mm 以内"工程量，需要：

1) 消耗主材"17280050 复合管 DN40"的数量为 1.002m（已含材料损耗量）。在当前条件下未提供相关单价，需要造价人员根据市场询价或所提供的主材价目表的信息手动填入该主材的单价数据。

2) 消耗主材"18110180 给水室内钢塑复合管螺纹管件 DN40"的数量为 0.786 个。在当前条件下未提供相关单价，需要造价人员根据市场询价或所提供的主材价目表的信息手动填写该主材的单价数据。

3) 消耗材料"18250020 螺纹阀门 DN20"0.0005 个。在当前条件下所执行的信息价，该材料单价为 12.58 元/个，因此该材料的费用为（0.0005×12.58）元 = 0.00629 元。

4) 消耗定额人工用为 27.1596 元。

5) 消耗"99250560 电焊机"0.0002 台班。在当前条件下所执行的信息价，该机械的台班单价为 60.84 元/台班，因此该机械的台班费用为（0.0002×60.84）元 = 0.01217 元。

(2) 清单综合单价的计算

根据表 1-14 可知，该清单的组价定额有"31001443 室内 钢塑复合管（螺纹连接）公称直径 40mm 以内"及 31011136 管道消毒、冲洗（公称直径 40mm 以内）"两条子目，其中：

1）"31001443 室内 钢塑复合管（螺纹连接）公称直径 40mm 以内"的定额工程量为 83.15m，本条定额费用合计为 6527.28 元。

2）"31011136 管道消毒、冲洗（公称直径 40mm 以内）"的定额工程量为 83.15 元，本条定额费用合计为 60.7 元。

由 1）、2）可知，清单项目"031001007001 复合管"的费用合计为（6527.28+60.7）元=6587.98 元；再根据表 1-14 可知，清单"031001007001 复合管"的工程量为 83.15m，因此可求出该清单的综合单价为（6587.98÷83.15）元=79.23 元。

1.5　BIM 技术在安装工程计量与计价中的应用

1.5.1　BIM 技术在安装工程计量与计价中的作用

党的二十大报告明确提出"推动战略性新兴产业融合集群发展，构建新一代信息技术、人工智能、生物技术、新能源、新材料、高端装备、绿色环保等一批新的增长引擎"；因此利用 BIM 技术和 CIM 平台，推动数字建筑、数字孪生城市建设，加快城乡建设数字化转型是我国未来建筑业发展的方向之一。随着国家加快对数字化技术水平在建设领域的应用，2022 年 9 月，住房和城乡建设部印发了《"十四五"住房和城乡建设信息化规划》，其中提到，以新技术赋能"新城建"，以"新城建"对接"新基建"，深化 BIM、CIM 技术在住房和城乡建设领域的全面应用，构建大数据慧治、大系统共治、大服务惠民的数字住建体系，推动住房和城乡建设信息化取得跨越式发展。

随着 BIM 技术在建筑行业的深化应用，项目建设不同阶段利用 BIM 技术可视化、信息化、可模拟等特点，能够将建设工程项目在全生命周期各个不同阶段的工程信息、过程和资源集成在一个模型中，方便工程各参与方使用。具体说来，BIM 技术在建设工程项目全生命周期的应用，就是通过数字技术模拟建筑物所具有的真实信息，为工程设计和施工提供相互协调、内部一致的信息模型，使该模型达到设计施工的一体化，各专业协同工作，从而降低了工程生产成本，保障工程按时按质完成，有效提高工程质量，降低工程成本，缩短工程工期。

建设工程计价的突出特点之一是"计价的多次性"，即在建设项目的全过程，根据不同阶段的依据及要求，进行多次计价。而 BIM 技术的应用也是贯穿于建设项目的全过程。目前国内已有先进的 BIM 算量软件应用于安装工程的计量与计价中，以晨曦 BIM 算量软件为例，BIM 模型建立后，可直接在 Revit 平台中使用 BIM 算量软件，通过设置清单定额计算规则及计算参数，完成 BIM 模型工程量计算；为了保证 BIM 技术在工程造价环节的应用，晨曦 BIM 算量软件还可导出符合国家标准的数据文件，无缝契合 BIM 计价平台的数据；通过大数据信息匹配，结合工程清单项目特征，批量载入组价数据，快速完成调价过程，从而提升效率实现智能组价的应用，这样就很好地实现了建设项目 BIM 数据在建模及工程造环节的高效应用。

1.5.2 安装工程计量与计价的应用工具

1. 安装工程 BIM 算量软件

安装工程 BIM 模型的创建是一个相对复杂的过程，存在各个专业之间综合布置、管线碰撞避让、器具与管道之间连接等多项建模要点。"晨曦 BIM 安装"软件结合 BIM 建模要求及建模习惯，设置了多项快速建模功能，有效提高了建设项目安装工程 BIM 建模的速度及准确性（图 1-6）。

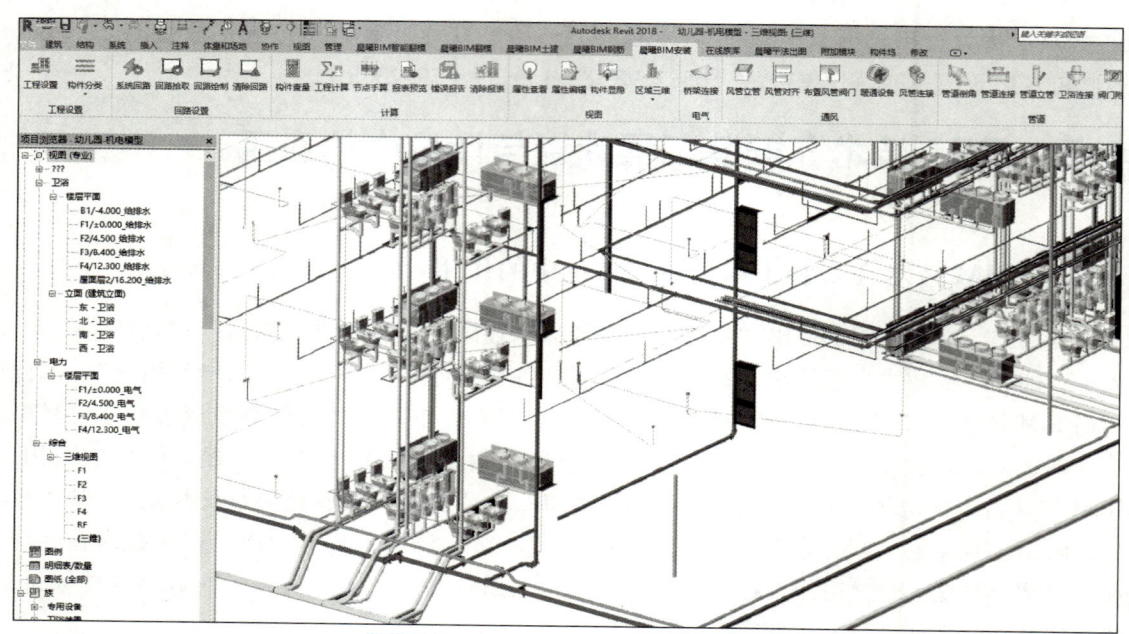

图 1-6 "晨曦 BIM 安装"软件界面

"晨曦 BIM 安装"软件是基于通用 BIM 建模平台（如 Revit 平台）开发的安装工程建模及算量软件，它充分利用了计算机图形交互技术，打通设计、施工、成本、进度等多个环节，对接国内各地工程量计算规则，根本上解决了 Revit 平台工程算量与国内工程量计算规则不一致的问题，实现了安装工程 BIM 算量的应用；该软件可对各专业管线的位置、标高、连接方式及施工工艺先后进行可视化模拟，按照现场可能发生的工作面和碰撞点进行方案调整，实现方案的可施工性；同时可通过动态漫游模型模拟施工过程，将各专业图进行组合，快速检查碰撞，提升计算准确度；"晨曦 BIM 安装"软件提供的计算式高度模拟手工计算操作及列式习惯，有效解决了传统安装工程算量软件数据核对困难的问题，如管道避让工具和计算式查询（图 1-7、图 1-8）。

2. 图形安装算量软件（以"晨曦安装算量（图形版）"为例）

为满足不同安装工程造价人员的操作需求，"晨曦 BIM 安装"软件还配置了图形版，即"晨曦安装算量（图形版）"，在传统软件平台中使用，可实现简便操作，快速出量。"晨曦安装算量（图形版）"软件契合国标清单规范和各省安装工程定额的工程量计算规则，无需

第 1 章　安装工程计量与计价基础

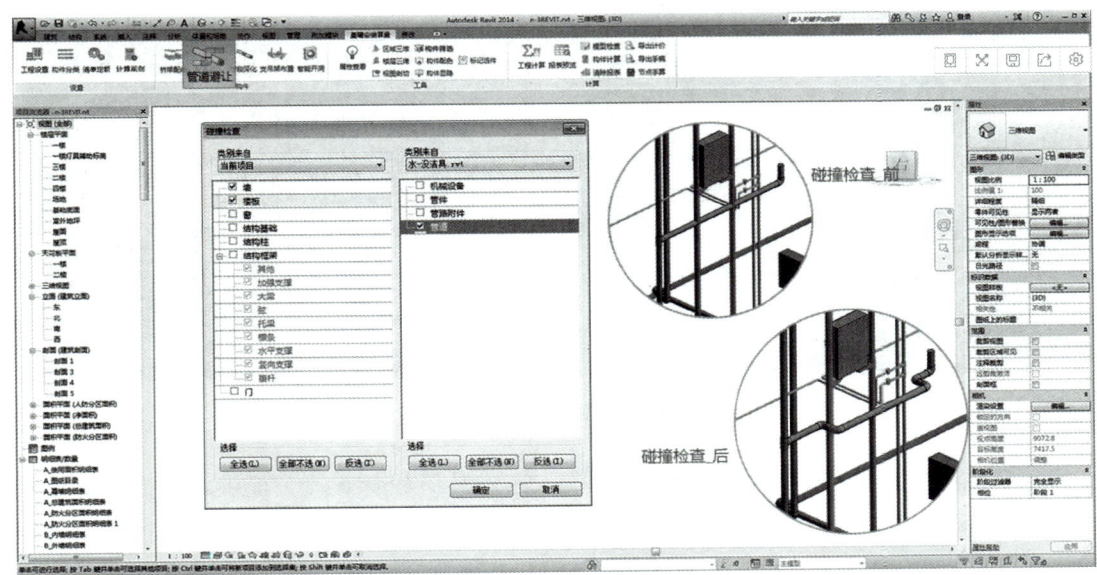

图 1-7　管道避让工具

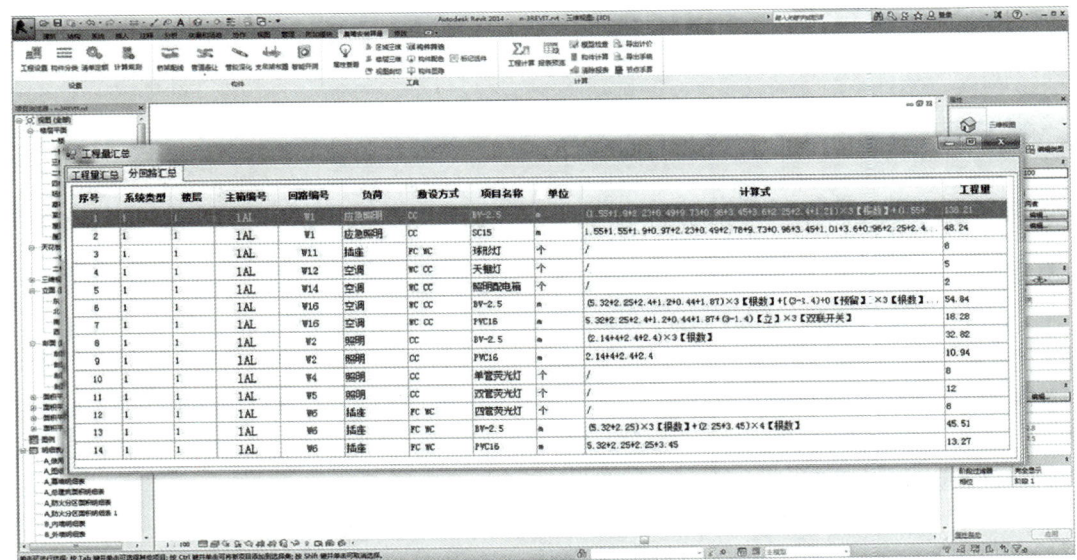

图 1-8　计算式查询

进行烦琐处理，直接导入施工图，即可对模型工程量进行分析和汇总。

"晨曦安装算量（图形版）"软件基于国产化平台研发，对用户的计算机硬件要求相对比较低。用户可通过系统创建、设备识别、回路拾取、报表汇总等步骤完成项目工程量计算，操作便捷，且具有以下特点：

1）自动布置管件，一键识别设备。设置完成相关管道回路及设备属性后，能根据导入算量平台的电子版设计图的要求，快速准确地识别并完成管道及设备的绘制与布置，如图 1-9 所示。

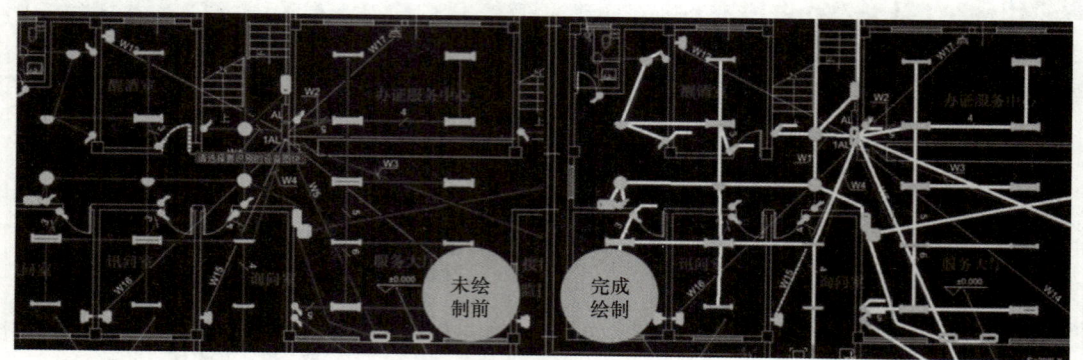

图 1-9　回路及设备识别

2）完成管道及设备的绘制与布置后，同步完成其工程量计算，提供实时的计算结果，还可通过双击计算式数据快速定位该计算数据所表达的位置信息，实现计算数据反查与核验。

3）根据所设置的计算规则及参数要求，自动套用清单定额，并可导出符合国家标准数据文件；无缝衔接计价平台的数据，通过大数据信息匹配，结合工程清单项目特征，批量载入组价数据，快速完成调价过程，提升效率，实现智能组价的应用。

复习题

1. 简述建筑安装工程项目的划分。
2. 安装工程预算定额消耗量中如遇不含价材料，应通过哪些途径获取材料价格？
3. 安装工程预算定额的系数有哪些？其适用条件分别是什么？
4. 选取一个安装工程工程量清单项目，分析与其工程内容对应的预算定额子目工作内容所涉及的工序及彼此之间的关系。
5. 安装工程造价中，其他项目费在编制施工图预算和编制工程结算时分别包括哪些内容？是如何计算的？
6. 如何理解 BIM 技术在安装工程计量与计价中的作用。

第 2 章 电气设备安装工程计量与计价

内容简介

本章主要介绍电气设备安装工程的主要内容、施工图的识读及图例的表达，进户电缆、室内电气照明系统和建筑物防雷接地保护装置的工程量清单项目设置、工程量计算和计价等内容，并结合 BIM 建模和算量软件操作展示电气设备安装工程计量与计价的过程。

2.1 电气设备安装工程基础知识

2.1.1 电气设备安装工程系统

房屋建筑中的电气设备安装工程是将电能引入建筑物进行电能再分配并通过用电设备将电能转换为机械能、热能、光能的设备与管线系统，主要包含电缆敷设、进户装置安装、变配电设备安装、配管配线、照明器具安装、低压电气设备安装、电气设备调试、防雷接地和等电位联结等。具体来说，房屋建筑电气设备安装工程从市政电网引入电能，通过电缆经过变压装置后形成 220V 照明电压或 380V 动力电压，经由低压配电设备或系统通过进户装置引入室内总配电箱（照明电源一般采用单相电源供电，而动力电源一般采用三相电源，也分为单电源和双电源的供电方式），总配电箱再经过配电干线及配电支线，将电能引至各用电器具，其总体系统如图 2-1 所示。

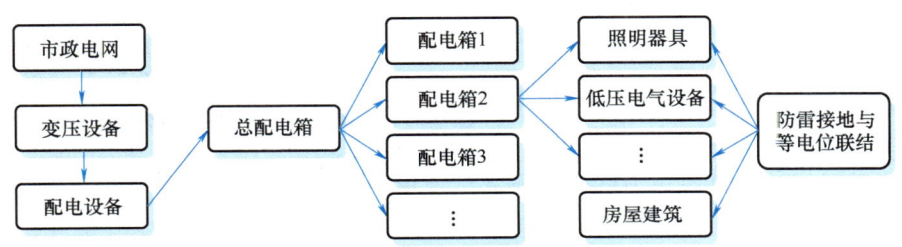

图 2-1 电气设备安装工程系统示意图

房屋建筑中使用的电力系统主要是低压配电系统。低压配电系统主要由配电装置（配电柜）及其配电线路（干线及分支线）组成，方式有放射式、树干式、链式、环形及混合式等，大多数的情况下采用树干式和放射式的混合配电方式。分配电箱引出的支线一般连接到室内的照明电器，包括灯具、开关、插座及接线盒等。

2.1.2 电气设备安装工程施工图的识读

1. 电气设备安装工程施工图的组成

电气安装工程施工图直接表明建筑电气安装工程的规模及功能，描述各电气装置的工作原理、安装技术和使用维保方法。工程项目的规模和要求不同，图纸种类和数量也不同，一般由图纸目录与设计说明、设备材料表、系统图、大样图（配电箱二次接线图等）和平面图等组成。

（1）图纸目录与设计说明

图纸目录与设计说明包括施工图内容、数量、工程概况、设计依据及图中未能表达清楚的各有关事项，如供电电源的来源、供电方式、电压等级、线路敷设方式、防雷接地、设备安装高度及安装方式、工程主要技术数据、施工注意事项等。

（2）设备材料表

在设备材料表中列出电气施工图中所涉及的主要设备材料（如控制设备、室内电器设备、管材、导线等）的名称、图例、型号、规格及数量等。需要注意的是设备材料表中所列的材料设备数量，由于与预算编制中工程量的计算方法和要求不同，一般不能作为编制预算的依据，只能作为参考数量。

（3）电气系统图

电气系统图是用单线图表示电气安装工程的供电方式、电能分配、控制设备和电器设备运行的图例。从其中可以了解到系统回路个数、名称、容量、用途、电气元件规格、数量、型号和控制方式、导线数量、型号、敷设方式、穿管管径等。根据负载性质的不同，电气系统图包含变配电系统图、动力系统图、照明系统图、弱电系统图等。表示建筑物内外配电干线控制关系的示意图，一般不按比例绘制，它反映了配电控制箱（柜）的设置状况与电源输送干线的连接状况。图2-2为某老年活动中心电气照明系统图。

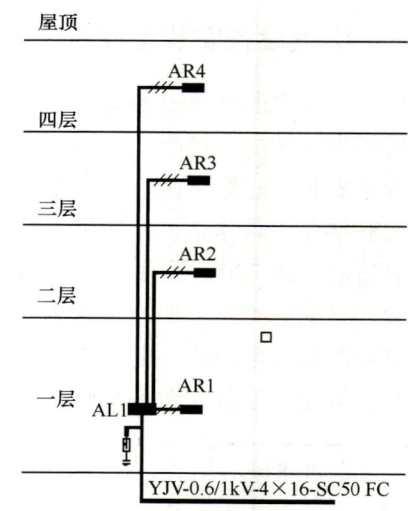

图2-2 某老年活动中心电气照明系统图

通过阅读系统图，能够了解照明配电、动力配电和建筑智能化系统的组成内容，总体（如全楼）与局部（如某楼层）之间配电方式（树干式或放射式），配电线路与装置之间的关系等。系统图识读的顺序一般是从进户线开始，延伸至室内各配电箱（柜）及配电箱（柜等）之间的配电干线，以了解各用电回路接线关系和整个系统控制关系等。可见系统图是详细阅读电气设备安装工程平面图、接线图的基础。

（4）大样图

大样图是明确表示电气设备安装方法的施工详图，它对安装部件各部位注有具体图形和详细尺寸。

在电气照明安装工程施工图中，常见的大样图一般有配电箱二次（外部）接线图，如图 2-3 为某老年活动中心电气工程 AL1 配电箱二次接线图，表达了成品配电箱 AL1 与电源输送干线连接状况及与用电设备支线的连接状况。编制预算时一般不必考虑成品配电箱的内部电器元件之间的一次（内部）接线。配电箱二次接线图表达的主要内容有配电箱内安装的电器元件种类（如电度表、总控制开关、安全保护器等）、数量、规格型号，支线回路编号和用电设备总容量，导线的型号、规格和敷设方式等。配电二次接线图也可以在电气系统图中直接表示。

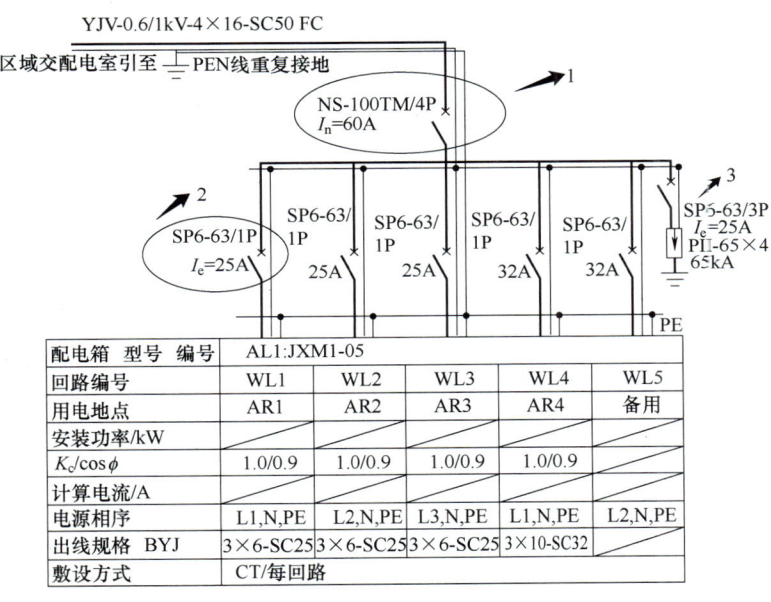

图 2-3　某老年活动中心电气工程 AL1 配电箱二次接线图

此外，大样图还有电气原理图、设备布置图、安装接线图等，它们一般用于电气工程做法比较复杂，或是电气工程设计施工图册中没有标准图，而特别需要表达清楚的地方。

（5）平面图

平面布置图是通常按照 1∶100 或 1∶50 的比例绘制，表示电气设备编号、名称、型号及安装位置，线路的起始点、敷设部位、敷设方式，以及所用导线型号、规格、根数、管径大小等。如图 2-4 为某老年活动中心一层电气平面图。

平面图反映了工程的水平面准确尺寸位置，而系统图反映该工程的线路连接关系。所以在计算管线工程量时，造价人员必须在平面图上用比例尺量取水平长度，或者利用图形算量软件或通过 BIM 建模自动识读管线长度。平面图只表示电气设备的水平位置，其标高尺寸要结合设计说明才能确定，必要时还需要查阅建筑施工图。平面图表达的主要内容有电源进

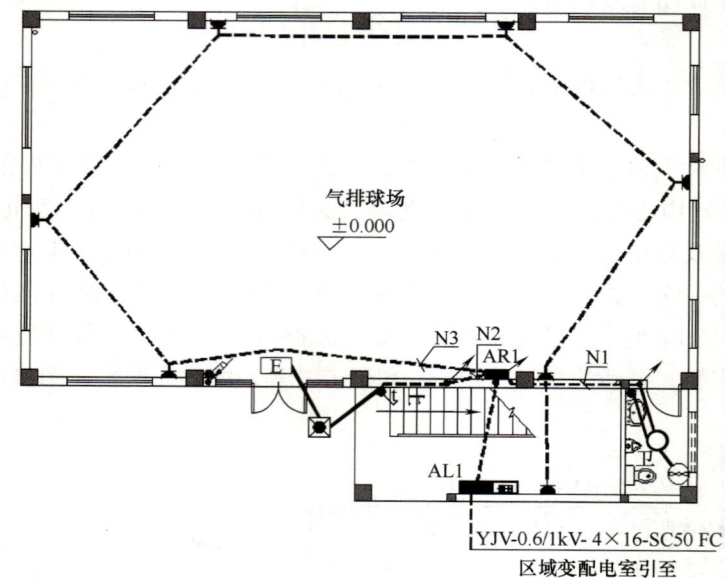

图 2-4　某老年活动中心一层电气平面图

户位置、配电箱安装位置、导线根数、照明灯具，以及各种用电设备的安装位置、规格型号、安装方式等。结合系统图识读平面图，可以了解各种电气设备或照明灯具的具体布置情况。

现行国家规范要求照明支路和插座支路分开，一般情况下照明支路在顶棚上敷设，插座支路在地面下敷设，并且在插座回路上安装漏电保护器。编制电气设备安装工程预算要根据导线根数及其长度来计算管线工程量。电气设备安装工程图的导线根数的计量从最末梢灯具往电源端看，并遵循下列原则：

1）一个灯具一般是两根导线，要求接地的则是三根导线。

2）一个回路中（共管）同时开闭的灯具，共用两根线，共管线路中不同时开闭的灯具，每增加1个单独开闭的功能，就要增加1根导线；双控开关在不同位置控制一个灯，按三根导线计量。

3）多极开关有（$n+1$）根导线。照明灯具的开关必须接在相线上，多极开关一般只接入一根相线，再从开关接出控制线，几极开关就应该有几条控制线，也就是说，双极开关在同一位置控制两个灯按三根导线计量，三极开关按四根导线计量……依此类推。

4）单相插座支线有三根导线。插座支路导线根数按极数（即孔数）最多的插座数量确定，常见的二、三孔插座按三根导线计量。

2. 电气设备安装工程常用图例符号和标注代号

在电气设备安装工程施工图中，会用到许多简明的图例符号和标注代号反映电气设备的位置、电缆型号规格和电气线路的走向。

（1）常用图例符号

常用电气设备图例符号见表 2-1。

第 2 章 电气设备安装工程计量与计价

表 2-1 常用电气设备图例符号

图例	名称	图例	名称	图例	名称
▬	照明配电箱	▬	动力配电箱	⊠	事故照明配电箱
─▭─	熔断器	─◣─	熔断器式开关	─◣╱	熔断器式隔离开关
MDF	总配线架	IDF	中间配线架	✕	壁龛交接箱
───	导线、电缆	─∥∥∥─ 3	三根导线	─∥─ n	n 根导线
- - - -	事故照明线	╱⋅∥∥	无接地极接地	─○╱∥╱	有接地极接地
─╱─	隔离开关	─✕─	断路器	─╲─	接触器
╱	向上配线	╲	向下配线	●→	垂直通过配线
⊗	一般灯具	▬	吸顶灯	◐	壁灯
⊗	花灯	●	球形灯	↺	弯灯
├──┤	单管日光灯	├══┤	双管日光灯	├──┤ 5	五管日光灯
●╱	单极开关暗装	●╱╱	双极开关暗装	●╱╱╱	三极开关暗装
╱●╲	双控单极开关明装	○╱t	单级延时开关明装	○╱╱╱	三极开关明装
▬	单相插座暗装	⊥	带接地的单相插座暗装	⊻	带接地插孔的三相插座暗装
─▷─	避雷器	⊥	接地装置	⌂	分线盒
EEL	应急疏散指示标志灯	EL	应急疏散照明灯	▱	电源自动切换箱（屏）

（2）常用电线电缆表达方式

电线电缆的主要表示方法由型号、规格和标准编号三个部分组成。

1）常用电线电缆型号见表 2-2。

2）规格。电线电缆规格由额定电压、芯数和标称截面面积所构成。电线及控制电缆等的额定电压一般为 300/300V、300/500V、450/750V。电线电缆的芯数根据实际需要确定，一般电力电缆主要有 1、2、3、4、5 芯，电线主要也是 1~5 芯，控制电缆有 1~61 芯。标称截面面积是指导体横截面面积的近似值，我国统一规定的导体横截面面积有 0.5mm²、0.75mm²、1mm²、1.5mm²、2.5mm²、4mm²、6mm²、10mm²、16mm² 等，导体的标称截面面积不是导体的实际的横截面面积，只要导体的直流电阻能达到规定的要求，就认定电缆的截面面积达标。

3）标准编号。对于绝大部分电线电缆，国家或行业标准都有明确的规定，主要是为了设计和使用的统一。

表 2-2　常用电线电缆型号

名称	型号	名称	型号
铜芯聚氯乙烯绝缘电缆（电线）	BV	铝芯聚氯乙烯绝缘电缆（电线）	BLV
铜芯聚氯乙烯绝缘软护套电缆（电线）	BVR	铜芯聚氯乙烯绝缘聚氯乙烯护套圆形电缆（电线）	BVV
铝芯聚氯乙烯绝缘聚氯乙烯护套圆形电缆（电线）	BLVV	铜芯聚氯乙烯绝缘聚氯乙烯护套扁型电缆（电线）	BVVB
交联聚乙烯绝缘聚氯乙烯护套电力电缆（电线）	YJV	铜芯耐热 90℃聚氯乙烯绝缘电线	BV-90
铜芯聚氯乙烯绝缘聚氯乙烯护套电力电缆	VV	铝芯聚氯乙烯绝缘聚氯乙烯护套电力电缆	VLV
阻燃铜芯聚氯乙烯绝缘聚氯乙烯护套电力电缆	ZRVV	阻燃铝芯聚氯乙烯绝缘聚氯乙烯护套电力电缆	ZRVLV
铝芯聚乙烯绝缘架空电缆	JKLY	铜芯聚氯乙烯绝缘聚氯乙烯护套屏蔽软电缆	RVVP
铜芯聚氯乙烯绝缘聚氯乙烯护套控制电缆	KVV	铜芯聚氯乙烯绝缘聚氯乙烯护套屏蔽控制电缆	KVVP
铜芯聚氯乙烯绝缘聚氯乙烯护套控制软电缆	KVVR	铜芯聚氯乙烯绝缘聚氯乙烯护套屏蔽控制软电缆	KVVRP

（3）线路敷设方式文字符号（表 2-3）

表 2-3　线路敷设方式文字符号

敷设方式	文字符号	敷设方式	文字符号	敷设方式	文字符号
穿焊接钢管敷设	SC	电缆桥架敷设	CT	暗敷设在墙内	WC
穿电线管敷设	MT	金属线槽敷设	MR	沿顶棚或顶板面敷设	CE
穿硬塑料管敷设	PC	塑料线槽敷设	PR	暗敷设在屋面或顶板内	CC
穿阻燃半硬聚氯乙烯管敷设	FPC	直埋敷设	DB	沿或跨梁（屋架）敷设	AB
穿聚氯乙烯塑料波纹管敷设	KPC	电缆沟敷设	TC	暗敷设在梁内	BC
穿金属软管敷设	CP	混凝土排管敷设	CE	沿或跨柱敷设	AC
穿扣压式薄壁钢管敷设	KBG	钢索敷设	M	暗敷设在柱内	CLC
吊顶内敷设	SCE	地板或地面下敷设	FC	沿墙面敷设	WS

（4）电气线路与设备标注格式

1）线路的文字标注基本格式：

$$ab\text{-}c(d{\times}e{+}f{\times}g)i\text{-}jh$$

其中，a 为线缆编号；b 为型号；c 为线缆根数；d 为相线根数；e 为相线线芯截面面积

（mm²）；f 为 PE、N 线芯数；g 为 PE、N 线线芯截面（mm²）；i 为线路敷设方式；j 为线路敷设部位；h 为线路敷设安装高度（m）。

上述字母无内容时则省略该部分。

例：N_1 BLX-3×4-SC20-WC，表示 3 根截面面积为 4mm² 的铝芯橡皮绝缘导线，穿直径为 20mm 的水煤气钢管沿墙暗敷设。

2）用电设备的文字标注格式：

$$\frac{a}{b}$$

其中，a 为设备编号；b 为额定功率（kW）。

3）动力和照明配电箱的文字标注格式：

$$a\frac{b}{c}$$

其中，a 为设备编号；b 为设备型号；c 为设备功率（kW）。

例：$3\frac{\text{XL-3-2}}{35.165}$，表示 3 号动力配电箱，其型号为 XL-3-2 型，功率为 35.165kW。

4）照明灯具的文字标注格式：

$$a\text{-}b\frac{c\times d\times L}{e}f$$

其中，a 为同一个平面内，同种型号灯具的数量；b 为灯具的型号；c 为每盏照明灯具中光源的数量；d 为每个光源的容量（W）；e 为安装高度，当吸顶或嵌入安装时用"—"表示；f 为安装方式；L 为光源种类（常省略不标）。

(5) 灯具安装方式文字符号（表 2-4）

表 2-4 灯具安装方式文字符号

安装方式	文字符号	安装方式	文字符号	安装方式	文字符号	安装方式	文字符号	安装方式	文字符号
线吊式	SW	吸顶式	C	座装	HM	柱上安装	CL	顶棚内安装	CR
链吊式	CS	嵌入式	R	柱上安装	CL			墙壁内安装	WR
管吊式	DS	壁装式	W	支架上安装	S				

【例 2-1】 试说明 BVVB-450/750V 2×1.5 和 VV-0.6/1kV 3×150+1×70 两种电缆文字标注方式的含义。

解：1）BVVB-450/750V 2×1.5 的含义：铜芯聚氯乙烯绝缘聚氯乙烯护套扁型电缆，额定电压为 450/750V，2 芯，导体的标称截面面积为 1.5mm²。

2）VV-0.6/1kV 3×150+1×70 的含义：铜芯聚氯乙烯绝缘聚氯乙烯护套电力电缆，额定电压为 0.6/1kV，3+1 芯，主线芯的标称截面面积为 150mm²，第 4 芯截面面积为 70mm²。

2.2 进户电缆计量与计价

2.2.1 进户电缆基础知识

1. 供电系统

按照国际电工委员会（IEC）的规定，建筑电气设备安装工程的供电系统有 TT、TN 和 IT 等几种方式，其中，TN 系统又分为 TN-C 系统（三相四线制）、TN-S 系统（三相五线制）、TN-C-S 系统。供电系统方式字母代号见表 2-5。

表 2-5 供电系统方式字母代号

序号	标注位置	字母代号	字母含义
1	第一个字母	T	表示电源侧中性点一点直接接地
		I	表示电源侧没有工作接地，所有带电部分绝缘
2	第二个字母	T	表示负载侧电气设备金属壳直接接地
		N	表示负载侧电气设备金属外壳与保护线连接
3	其他字母	C	表示中性线与保护线合
		S	表示中性线上与保护线严格分开

建筑物常用的供电系统方式有 TN-S 系统或 TN-C-S 系统。

（1）TN-S 系统

TN-S 系统是将中性线 N 和专用保护线 PE 严格分开的供电系统，即三相五线制供电系统。在双电源（城市电源+自备电源）供电方式中，自备电源有专用供电变压器时，一律采取 TN-S 供电系统方式。

（2）TN-C-S 系统

城市供电网往往采用 TN-C-S 供电系统方式（即三相四线制），如图 2-5 所示，它是中性线兼作保护线，该中性线可以称为保护性中性线，用 PEN 表示。若建筑物必须采用专用保护线 PE 时，可在进户第一个总配电箱的中性线上分出 PE 线；该总配电箱 N 端子板与 PE 端子板必须连接，且应直接与接地装置焊接连接（即在进户处做重复接地）。

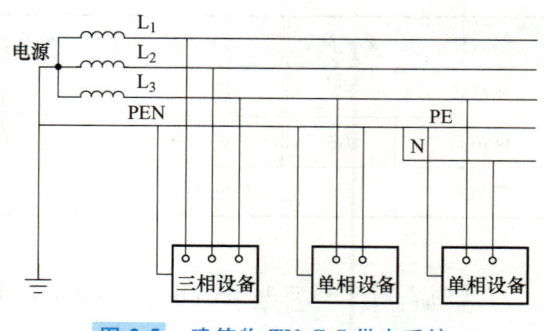

图 2-5 建筑物 TN-C-S 供电系统

2. 线路敷设方式

通常进入建筑物的供电线路敷设形式包括架空线路架设及电缆埋地敷设，敷设方式主要有直埋铺砂盖砖或者混凝土板敷设、沿地沟敷设、穿保护钢管直埋敷设、沿墙明设、沿桥架或托盘敷设等。

在建筑安装工程中，应用比较多的是穿保护钢管直埋敷设方式（图 2-6）和电缆沟敷设（图 2-7）。当电缆根数大于 6 时，宜采用电缆沟或者电缆隧道敷设。电缆沟是用砖砌或用混凝土浇筑而成的，沟顶部用钢筋混凝土盖板盖住，沟内装有电缆支架，电缆均挂在支架上，电缆支架可以是单侧也可以是双侧。

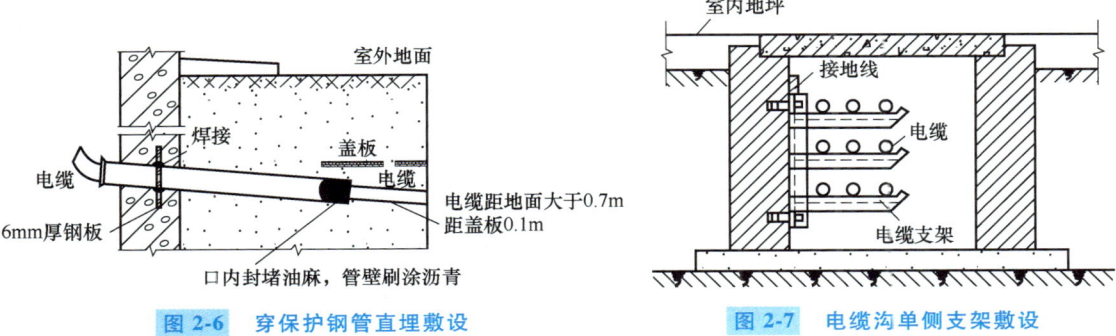

图 2-6　穿保护钢管直埋敷设　　　　　图 2-7　电缆沟单侧支架敷设

2.2.2　进户电缆工程量清单

1. 进户电缆工程量清单项目（表 2-6）

表 2-6　电缆安装（编码：030408）

项目编码	项目名称	项目特征	计量单位	工程量计算规则	工作内容
030408001	电力电缆	名称，型号，规格，材质，敷设方式、部位，电压等级（kV），地形	m	按设计图示尺寸以长度计算（含预留长度及附加长度）	电缆敷设，揭（盖）盖板
030408003	电缆保护管	名称，材质，规格，敷设方式	m	按设计图示尺寸以长度计算	保护管敷设
030408004	电缆槽盒	名称，材质，规格，型号，接地			槽盒安装
030408005	铺砂、盖保护板（砖）	种类，规格			铺砂，盖板（砖）
030408006	电力电缆头	名称，型号，规格，材质、类型，安装部位，电压等级（kV）	个	按设计图示数量计算	电缆头制作，电缆头安装，接地
030408007	控制电缆头	名称，型号，规格，材质、类型，安装方式			
030408008	防火堵洞	名称，材质，方式，部位	处	按设计图示数量计算	安装
030408010	防火涂料		kg	按设计图示尺寸以质量计算	
030408011	电缆分支箱	名称，型号，规格，基础形式、材质、规格	台	按设计图示数量计算	本体安装，基础制作、安装

注：1. 电缆穿刺线夹按电缆中间头编码列项。
　　2. 电缆井、电缆排管、顶管，应按《市政工程工程量计算规范》（GB 50857—2013）相关项目编码列项。

2. 清单项目的设置

常见的进户电缆敷为铠装电缆（如 VV22、YJV22）直埋敷设，其施工程序一般为测位划线→挖土方→铺砂→电缆敷设→铺砂盖砖→回填→清理现场→电缆头制作安装→电缆绝缘测试。进户电缆清单列项包括电缆保护管、电缆敷设、电缆头制作与安装及与电缆敷设有关的电缆沟土方和防火堵洞等。通过电缆沟进户的，清单列项还应包括砖砌电缆沟或混凝土电缆沟的施工和电缆支架的埋设等。

电缆槽盒清单项目通常用于桥架或线槽敷设电缆或电线。电缆桥架或线槽内敷设主要工作内容包括桥架或线槽安装固定→保护接地→电缆敷设→绝缘检查→防火堵料等。

3. 工程量计算说明

1) 预留长度。电缆进入建筑物和进入配电箱，都应各增加 2m 预留长度；进户电缆在敷设过程中要求有一定的预留长度及附加长度（包括松弛度、波形弯度、交叉），其长度是电缆敷设长度的组成部分，应计入电缆长度工程量之内：

$$L_{电缆} = (L_{图示} + L_{预留}) \times (1 + 2.5\%)$$

其中，电缆敷设预留及附加长度计算规则见表 2-7。

表 2-7 电缆敷设预留及附加长度计算规则

序号	项目	预留长度（附加）	说明
1	电缆敷设弛度、波形弯度、交叉	2.5%	按电缆全长计算
2	电缆进入建筑物	2.0m	规范规定最小值
3	电缆进入沟内或吊架时预留	1.5m	规范规定最小值
4	变电所进线、出线	1.5m	规范规定最小值
5	电力电缆终端头	1.5m	检修余量最小值
6	电缆中间接头盒	两端各留 2.0m	检修余量最小值
7	电缆进控制柜、保护屏及模拟盘等	高+宽	按盘面尺寸

在利用上表给出的预留长度值时，要注意下列具体情况。

① 电缆进出变电所（1.5m）：一般指主电缆在进出变电所电缆井内的预留。

② 电力电缆终端头（1.5m）：电力电缆终端头 1.5m 检修余量一般在电缆沟或竖井内的配电柜进出端考虑，无预留的可不考虑。

③ 除电缆进控制柜、保护屏、模拟盘按柜或屏的"高+宽"计算外，高压开关柜或低压配电柜一律按 2m 计算。

④ 电缆进出挂墙配电箱：均按"高+宽（即半周长）"计算，没有位置预留的不计算电缆头预留长度。

⑤ 电缆敷设弛度系数 2.5% 的计算基数包括预留长度。

2) 电缆头项目。

① 单芯截面面积≤10mm² 的电缆的接线端子已包含在定额中，因此一般不计算终端接线端子。

② 焊接线端子是指用焊接方式铜鼻子与终端连接；焊压接线端子是指用压线钳将铜鼻

子与终端连接。电缆头的接线不能再计算端子板外部接线,也不能再计算焊压接线端子。

2.2.3 进户电缆预算定额项目

配电、输电电缆敷设工程包括直埋电缆辅助设施、电缆保护管铺设、电缆桥架与槽盒安装、电力电缆敷设、电力电缆头制作与安装、控制电缆敷设、控制电缆头制作与安装、电缆防火设施安装等内容。

1. 工程量计算规则

1) 开挖路面、修复路面,根据路面材质与厚度,结合施工组织设计,按照实际开挖的数量以"m^2"为计量单位。需要单独计算渣土外运工作量时,按照路面开挖厚度乘以开挖面积计算,不考虑松散系数。

2) 电缆敷设,根据电缆敷设环境与规格,按照设计图示单根敷设数量以"m"为计量单位,不计算电缆敷设损耗量。

① 竖井通道内敷设电缆:按照电缆敷设在竖井通道垂直高度以延长米计算工程量。

② 预制分支电缆:按照敷设主电缆长度计算工程量。

③ 计算电缆敷设长度时,应考虑因波形敷设、弛度、电缆绕梁(柱)所增加的长度,以及电缆与设备连接、电缆接头等必要的预留长度。预留长度按照设计规定计算,设计无规定时按照表 2-7 的规定计算。

3) 直埋电缆沟槽挖填根据电缆敷设路径,除设计要求外,按照表 2-8 的规定以"m^3"为计量单位。沟槽开挖长度按照电缆敷设路径长度计算。需要单独计算余土(余石)外运工程量时,按照直埋电缆沟槽挖填量 12.5% 计算。

表 2-8 直埋电缆沟槽土石方挖填量计算表

项目	电缆根数	
	1~2 根	每增 1 根
每米沟长挖方量/m^3	0.45	0.153

在表 2-8 中,2 根以内电缆沟,按照上口宽度 600mm、下口宽度 400mm、深 900mm 计算常规土方量(深度按规范的最低标准),如图 2-8 所示,$V = S \times L$,$S = \dfrac{(0.6+0.4) \times 0.9}{2} m^2 = 0.45 m^2$,即每米沟长土方体积为 $0.45 m^3$。每增加 1 根电缆,其宽度增加 170mm,即每米沟长增加 $0.135 m^3$。

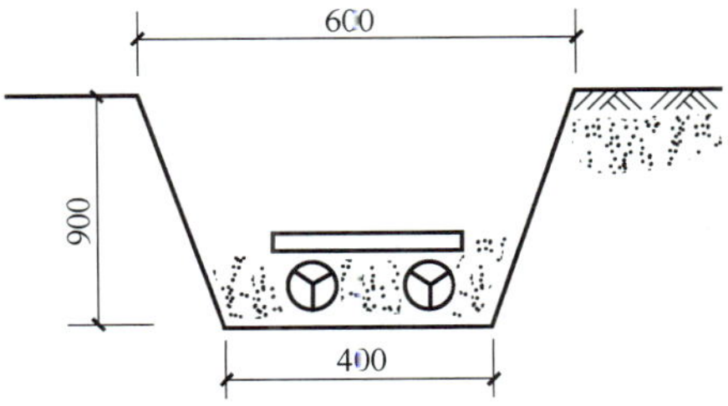

图 2-8 电缆直埋敷设

4) 电缆沟揭、盖、移动盖板,根据施工组织设计,以揭一次与盖一次或者移出一次与移回一次为计算基础,按照实际揭与盖或移出与移回的次数乘以其长度,以"m"为计量单位计算。

5) 电缆保护管铺设,应根据电缆敷设路径,区别不同敷设方式、敷设位置、管材材质、规格,按照设计图示敷设数量以"m"为计量单位计算。计算电缆保护管长度时,设无规定者按照以下规定增加保护管长度：
① 横穿马路时，按照路基宽度两端各增加 2m。
② 保护管需要出地面时，弯头管口距地面增加 2m。
③ 穿过建（构）筑物外墙时，从基础外缘起增加 1m。
④ 穿过沟（隧）道时，从沟（隧）道壁外缘起增加 1m。

6）电缆保护管地下敷设的，土石方量，有设计图的，按照设计图计算；无设计图的，沟深按照 0.9m 计算；沟宽按照保护管边缘每边各增加 0.3m 工作面计算，填方不扣除保护管体积。

$$V = (D + 2 \times 0.3)HL$$

式中，V 为土石方量（m³）；D 为保护管外径（m）；H 为沟深（m）；L 为沟长（m）；0.3 为工作面宽度（m）。

7）电缆桥架安装，根据桥架材质与规格，按照设计图示安装数量以"m"为计量单位。

8）组合式桥架安装，按照设计图示安装数量以"片"为计量单位；复合支架安装，按照设计图示安装数量以"副"为计量单位。

9）电缆头制作与安装，根据电压等级与电缆头形式及电缆截面，按照设计图示单根电缆接头数量以"个"为计量单位。塑料绝缘电缆一般采用干包式和热缩式。
① 电力电缆和控制电缆均按照一根电缆有两个终端头计算。
② 电力电缆中间头按照设计规定计算；设计没有规定的以单根长度 400m 为标准，每增加 400m 计算一个中间头，增加长度小于 400m 时计算一个中间头。

10）电缆防火设施安装，根据防火设施的类型及材料，按照设计用量分别以不同计量单位计算工程量。

2. 预算定额项目所包括的工作内容

电缆沟槽挖填包括测量、划线、挖掘、回填土和夯实等；铺砂、保护包括调整电缆间距、铺砂、盖砖或保护管、埋设标桩等；保护管敷设包括沟底夯实、锯管、弯管、打喇叭口、接口、刷漆、堵管口等；电缆桥架、槽盒安装包括组对、焊接或螺栓固定、配件附件安装、接地跨接，不包括桥架支架安装；电缆敷设包括开盘、检查、架线盘、敷设、锯断、排列、整理、固定、配电试验、收盘、临时封头、挂牌、敷设设施安装及拆除、绝缘电阻测试等；电缆头制作安装包括定位、量尺寸、锯断、剥保护层及绝缘层、清洗、包缠绝缘、压接线管及接线端子、安装、接线等；电缆防火设施安装，包括清扫、堵洞、安装防火槽盒（隔板）、防火涂料、防火包、防火带、清理现场等。

在对工程量清单进行定额计价时，通过比较清单工作内容和定额项目特征与工作内容选择定额项目，对于预算定额没有包括的工作内容应根据定额说明的要求计算相应的工程量。

3. 定额应用相关规定

1）沟槽挖填定额包括土石方开挖、回填、余土外运等，适用于电缆保护管土石方施工。定额是按照人工施工考虑的，工程实际采用机械施工时，根据工程项目的类型，参照《房屋建筑与装饰装修工程预算定额》或《福建省市政工程预算定额》土石方工程的定额项目。

2）直埋电缆辅助设施定额包括开挖与修复路面、沟槽挖填、铺砂与保护、揭或盖或移动盖板等内容。但是定额不包括电缆沟与电缆井的砌砖或浇筑混凝土、隔热层与保护层的制作与安装;工程实际发生时,执行相应定额。

3)电缆桥架安装是按照厂家供应成品编制的,综合考虑了螺栓、焊接和膨胀螺栓三种安装方式,实际安装方式与定额不同时,不做调整;槽盒安装根据材质与规格,执行相应槽式桥架安装定额,其中,人工、机械乘以系数 1.08。

4)电缆头制作安装定额中包括镀锡裸铜线、扎索管、接线端子、压接管、螺栓等消耗性材料。定额不包括终端盒、中间盒、保护盒、插接式成品头、铅套管主材及支架安装。

5)电力电缆敷设是按照三芯(包括三芯连地)编制的,电缆每增加一芯相应定额消耗量增加15%。单芯电力电缆敷设按照同截面面积的电缆敷设定额乘以系数 0.7,两芯电缆按照三芯电缆定额执行。

【例 2-2】 图 2-2~图 2-4 分别为某老年活动中心配电干线图、配电箱 AL1 二次接线图、一层电气平面图,该工程电缆沟土方回填要求如图 2-9 所示。已知:外墙基础厚度700mm,管沟回填为三类土夯填,外部供电电压为 380/220V,由区域变配电室引至,电气负荷均为三级;电力电缆埋深0.8m,进户保护钢管至建筑外墙1.5m,进户电缆穿管后管口应封堵防水;电气管线穿过沉降缝应做技术处理,悬挂式暗装配电箱 AL1(500mm×300mm×200mm)安装高度为 1.5m。试回答下列问题:

电缆和配电装置工程量清单编制

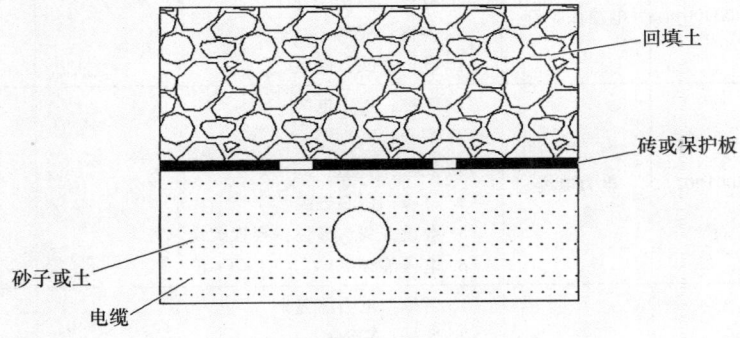

图 2-9 电缆沟土方回填

(1)说明配电干线图中 "YJV-0.6/1kV-4×16-SC50 FC" 的含义。

(2)编制进户电缆和配电装置工程量清单并报价(执行福州市 2022 年 4 月材料信息价及对应的机械台班价)。

解:(1) YJV-0.6/1kV-4×16-SC50 FC 的含义

1)YJV:铜芯交联聚乙烯绝缘聚氯乙烯护套电力电缆。

2)0.6kV:导体对地的额定电压为 600V。

3)1kV:导体之间的额定电压为 1000V。

4)4×16:截面面积为 16mm^2 的四芯(铜芯)电缆。

5)SC50:电缆穿钢管(公称直径 50mm)敷设。

6)FC:电缆沿地板暗敷,埋地引入(埋地深度为 0.8m)。

(2) 工程量清单及报价

1) 本例工程电缆安装工程量计算见表2-9。

表2-9 工程量计算表

序号	项目名称	计量单位	工程量	计算式
1	电缆保护钢管	m	4.5	→(1.5【外墙1.5m处】+0.7【外墙基础厚度】)+↑(0.8【埋深】+1.5【配电箱安装高度】)
2	电缆长度	m	5.433	(4.5【电缆保护管长】+0.8【配电箱半周长】)×(1+2.5%)
3	电力电缆头	个	1	1【只计算与配电箱连接处的电力电缆头】
4	挖管沟土方	m³	0.788	(0.057【保护管外径】+0.3【工作面宽】×2×0.8【埋深】×1.5
5	管沟土方回填	m³	0.788	0.788
6	配电箱AL1	台	1	1

2) 本例工程电缆安装分部分项工程工程量清单见表2-10。

表2-10 分部分项工程工程量清单

序号	项目编码	项目名称	项目特征	计量单位	工程量
1	030408003001	电缆保护管	1. 名称：电缆保护管 2. 材质：焊接钢管 3. 规格：SC50 4. 敷设方式：暗敷	m	4.5
2	030408001001	电力电缆	1. 名称：电力电缆 2. 型号：YJV 3. 规格：4×16 4. 材质：铜芯电缆 5. 敷设方式、部位：穿管敷设 6. 电压等级（kV）：1kV以下	m	5.433
3	030408006001	电力电缆头	1. 名称：电力电缆头 2. 型号：YJV 3. 规格：4×16 4. 材质、类型：铜芯电缆干包式 5. 安装部位：配电箱 6. 电压等级（kV）：1kV以下	个	2
4	010101003001	挖沟槽土方	1. 土壤类别：三类 2. 挖土深度：0.9m	m³	0.788
5	040103001001	填方	1. 填方来源、运距：原土回填 2. 回填要求：夯填	m³	0.788
6	030404017001	配电箱	1. 名称：总配电箱AL1 2. 规格：500×300×200 3. 安装方式：挂壁明装，距地1.5m 4. 型号：JXM1-05（含浪涌保护器） 5. 端子板外部接线材质：焊铜接线端子	台	1

3) 定额工程量计算及分部分项工程工程量清单计价。

进户电缆保护管：$L_{保护管}=4.5\text{m}$

电力电缆长：$L_{电缆}=5.433\text{m}$

$N_{电缆头}=1$ 个

$V_{管道挖土方}=0.788\text{m}^3$

$V_{管道回填土}=0.788\text{m}^3$

$N_{配电箱}=1$ 台

$N_{接线端子}=3$ 个

本例工程电缆安装分部分项工程工程量清单（含定额）计价见表2-11。

表2-11　分部分项工程工程量清单（含定额）计价表

序号	项目编码	换	项目名称	单位	工程量	综合单价	合计
1	030408003001		电缆保护管	m	4.500	58.34	262.53
1.1	30412028		钢管敷设（砖、混凝土结构明配 公称直径≤50mm）	m	4.500	58.34	262.53
2	030408001001		电力电缆	m	5.433	61.5	40.01
2.1	30409136	1	室内铜芯电力电缆敷设（电缆截面面积≤16mm²）	m	5.433	61.5	40.01
3	030408006001		电力电缆头	个	1	181.09	181.09
3.1	30409244	1	1kV室内热（冷）缩式铜芯电力电缆（电缆截面面积≤16mm²）	个	1	181.09	181.09
4	010101003001		挖沟槽土方	m³	0.788	25.27	19.91
4.1	10101014		人工挖沟槽土方（一、二类土 槽深2m以内）	m³	0.788	25.27	19.91
5	040103001001		填方	m³	0.788	0.98	0.77
5.1	10101095		原土夯实（机械）	m³	0.788	0.98	0.77
6	030404017001		配电箱	台	1	3840.56	3840.56
6.1	30402076		成套配电箱安装（悬挂嵌入式1.0m半周长）	台	1	3813.35	3813.35
6.2	30404018		焊铜接线端子（导线截面面积≤16mm²）	个	3	9.07	27.21

根据市场询价获得信息：成套配电箱（含浪涌保护器）的不含税单价为2854元/个；铜芯聚氯乙烯绝缘聚氯乙烯护套电力电缆（YJV-0.6/1kV-4×16）不含税单价为40.01元/m。

2.3 室内电气照明系统计量与计价

2.3.1 室内电气照明系统基本知识

室内电气照明系统一般是指配电设施通过线路连接各用电器具组成的一个完整的照明供电系统,该系统主要包括室内配电装置、配管配线、低压电器(开关、插座、风扇、电铃)和照明灯具等。

1. 配电装置

(1) 配电装置的分类

配电装置是一种电能分配设备,对线路和用电设备有保护作用,可以有端子或无独立端子,但一定有开关或熔断器等器件,将进来的电源分配给两路以上的用电设备,按其结构形式可分为箱、柜、屏、台、板等。配电箱一般是家庭用的,而配电柜则多用在集中供电,如工业用电和建筑用电等。配电箱和配电柜都属于成套设备,配电箱属于低压成套产品,配电柜有高压和低压的分别。配电箱按照生产方式可分为定型产品、非定型产品和现场组装几种类型,在建筑安装工程中要求使用成套配电箱;如果设计采用非定型产品,则要用设计提供配电系统图和二次接线图到工厂加工定制。

(2) 配电装置的组成

配电装置由控制设备、保护设备、测量仪表、箱体及端子板等组成。电压在500V以下的控制设备和保护设备称为低压电器。常用的低压电器包括熔断器、断路器、接触器、磁力启动器与各种继电器等。

(3) 配电装置的安装

1) 安装方式。配电装置的安装方式分为落地式、悬挂式和嵌入式,不同的安装方式有着不同的技术要求。落地式配电柜安装在电缆沟的基础梁上,在工程计价时要考虑相应的分项工程量;照明配电箱安装高度(底边距地面)应不小于1.5m,照明配电板距离地面的高度应不于1.8m;二次接线图上标有箱(柜)体外形尺寸(宽×高×厚),这些是线缆工程量的计算依据。

2) 二次接线。配电装置二次接线是指该配电箱与连接各配电箱(柜)之间的干线及其用户支线的连接线头个数状况。配电箱(柜)安装不包括二次接线的工作内容。一根导线进(出)配电箱(柜)就有一个接线头,一般电缆(不论几芯)进配电箱(柜)就是一个电缆终端头。

3) 接线端子。BV6以内的支线导线与断路器接线孔连接是无端子外部接线(PE线严禁接断路器),大于BV6的相线(L线)与设备(断路器)线通过端子板连接是压接线端子接线,PE和N线与端子板连接是焊接线端子接线。

2. 低压电器

(1) 电源插座

电源插座是与插入式元器件如插头、继电器等相配接的连接器,以插入式接通电路。民用插座称插座面板,与接线盒相配。插座按照防护要求分为普通、防水、防爆等类型;按照功能分为电源、计算机、电话、视频、音频等类型;按照安装位置分为固定插座、移动插座;按照插座数量分为单插、排插、插座箱等类型;按照安装方式分为明装和暗装;按照用电相数分为单相插座和三相插座,单相插座只能提供 220V 电压,三相插座可以提供 380V 电压。电气线路中的三相四线是指三根相线(火线)与一根零线(零线在某种意义上来讲也是接地线,只不过是一根集中的接地线)。对单相供电线路来讲,零线有利于保持三相平衡。三相五线就是在三相四线的基础上增加一根接地线,又称重复接地,以增加接地的可靠性。

电源插座常见的型号是 AP86 系列,如三眼插座 AP86Z13-10,五眼插座 AP86Z223-10。其中,Z——插座,13——一副插孔用于三眼插头,223——两副插孔,一个用于两眼插头,一个用于三眼插头,10——代表插座的额定电流为 10A。插座一般按照额定电压和电流选择,安装高度视功能和需要而定,因插接的用电器具不同、场所不同,其安装高度也不同。

(2) 开关面板

开关面板是用于家庭办公或公共场所照明线路的通、断,或改变电路的一种器件,以额定电流选择,与接线盒相配。开关种类繁多、样式各异,常见的为边长 86mm、安装孔距 60mm 的 86 型跷板扳把(手)开关。开关按防护不同分为普通防爆防潮、防溅型;按开关并接个数分为单联、双联、三联至多联;按一个用电器由几个开关控制分为单控、双控、三控至多控,常用的一般为双控,三控以上的线路比较复杂,工程实际中极少使用。开关的接线方式为"控火不控零",安装位置距门框 150~300mm,距地面 1.2~1.4m。

开关的名称中,K 代表开关,K 后面的数字,第 1 位代表"联"数量,第 2 位代表"控"的数量。例如,单联单控 AP86K11-10,单联双控 AP86K12-10,双联单控 AP86K21-10,双联双控 AP86K22-10,三联单控 AP86K31-10,三联双控 AP86K32-10。

(3) 低压小电器

低压小电器一般包括按钮、电笛、电铃、水位电气信号装置、测量表计、继电器、电磁锁、屏上辅助设备、辅助电压互感器、小型安全变压器等。

3. 配管配线

(1) 配管配线材料及施工工艺要求

电气照明系统线缆敷设一般是先预埋配管,然后再向管内穿线,用配管将电线保护起来,使电线免受外界影响而损坏,保障用电安全可靠并满足美观的要求。常见的配管一般包括电线管、钢管、防爆管、塑料管、软管、波纹管、普利卡金属套管(PULLKA)等,末端线盒与电器器具(如电动机、灯具等)的连接一般采用金属软管(也称蛇皮管)或塑料波纹管。根据房屋建筑结构及要求的不同,配管有明配和暗配两种。明配管要求横平竖直、整齐美观,暗配管要求管路短、畅通、弯头少。线管内穿绝缘导线的总截面面积不能大于线管截面面积的 40%。

接线盒是一种为了便于接线、分路、穿线、导线预留量的存储,以及方便维修和检查而设置的一种配件,它与开关和插座等面板相配,就是开关盒、插座盒、灯头盒。接线盒通常布置在管线分支处或者管线转弯处,如图 2-10 所示。拉线盒是为了施工

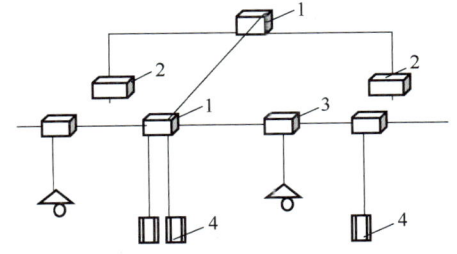

图 2-10 接线盒位置透视图

1—接线盒 2—开关盒
3—灯头盒 4—插座盒

方便，把分出来的线在特定位置集中布置。在建筑中做管线预埋的时候，有时因为距离过长，会需要加过线盒。配管遇到下列情况之一时，应增设管路接线盒和拉线盒：一是管长每超过 30m，无弯曲；二是管长每超过 20m，有 1 个弯曲；三是管长每超过 15m，有 2 个弯曲；四是管长每超过 8m，有 3 个弯曲。垂直敷设的电线保护管遇到下列情况之一时，应增设固定导线用的拉线盒：一是管内导线截面面积为 50mm² 及以下，长度每超过 30m；二是管内导线截面面积为 70~95mm²，长度每超过 20m；三是管内导线截面面积为 120~240mm²，长度每超过 18m。在配管清单项目计量时，若设计无要求上述规定可作为计量接线盒、拉线盒的依据。

（2）桥架敷设和线槽敷设

电缆桥架按制造材质不同可以分为铝合金制、玻璃钢制、钢制电缆桥架三大类。其中，钢制电缆桥架是使用较多的电缆桥架，它用冷压薄钢板冲压而成，表面分别有喷漆镀锌、静电粉末喷涂等处理方式。电缆桥架的安装方式主要有沿顶板安装、沿墙水平和垂直安装、沿竖井安装、沿地面安装、沿电缆沟及管道支架安装等。安装所用支（吊）架可选用成品或自制。支（吊）架的固定方式主要有预埋铁件上焊接、膨胀螺栓固定等。电缆桥架的敷设方式可水平、垂直；可转角、T 字形、十字分支；可调高、调宽、变径。

金属线槽是用冷压薄钢板冲压而成，表面分别有喷漆镀锌、静电粉末喷涂等处理方式。金属线槽的外形与电力桥架基本一致，一般用于敷设计算机电缆、通信电缆、热电偶电缆及其他高灵敏系统的控制电缆和导线等。金属线槽用支架或膨胀螺栓直接明装于墙上、楼层顶板、吊顶内或线缆井道内。线槽是一种标准化、通用化的产品，类型、规格比较多，有一般的线槽，也有大容量的母线槽；材质有金属线槽（MR）、塑料线槽（PR）和难燃塑料线槽（VXC）等。

金属线槽与电力桥架的区别主要在于规格与材料厚度。电力桥架的宽度一般大于 200mm，厚度大于 1.5mm；金属线槽的宽度一般小于 150mm，厚度小于 1.0mm。

图 2-11 为桥架或线槽空间布置示意图。

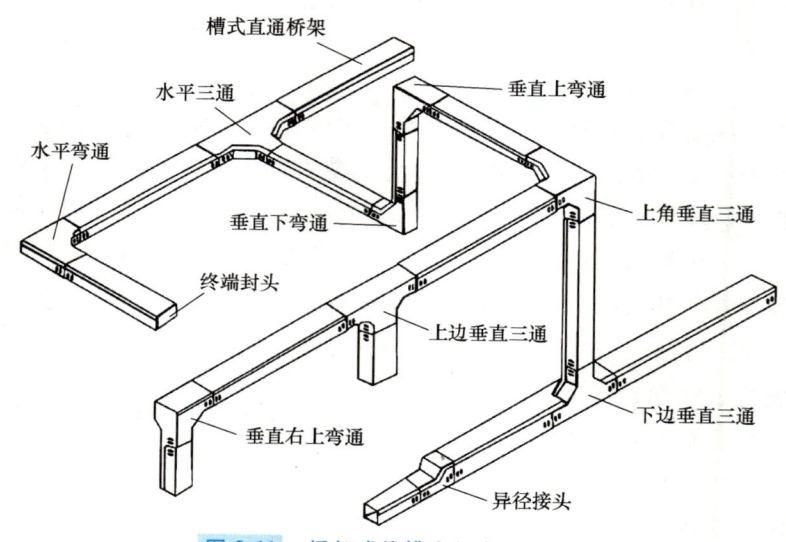

图 2-11　桥架或线槽空间布置示意图

（3）附属工程

在电气设备安装工程的线缆敷设过程中，通常会发生制作安装各种支架、铁构件，为配管、线槽和桥架等开槽、打洞,以及封堵和防水等作业。

4. 照明灯具

电气照明系统中的照明灯具种类繁多,按防护形式不同可分为普通灯、防水防尘灯和安全灯;按安装方式不同可将灯具分为吊灯、吸顶灯和壁灯等;按电光源不同可分为 LED 灯、荧光灯、高压汞灯、高压钠灯、金属卤化物灯等。灯具的安装方式有三种,即吊式、吸顶式、壁装式。其中,吊式又分线吊式、链吊式、管吊式三种;吸顶式又分一般吸顶式、嵌入吸顶式两种;壁装式又分一般壁装式、嵌入壁装式两种。照明灯具一般功率为 15~2000W,电压为 220V。

2.3.2 配电控制设备和低压电器工程计量与计价

1. 配电控制设备和低压电器工程量清单

(1) 配电控制设备和低压电器工程量清单项目(表 2-12)

表 2-12 控制设备及低压电器安装(编码:030404)

项目编码	项目名称	项目特征	计量单位	工程量计算规则	工作内容
030404004	低压开关柜(屏)	名称,型号,规格,种类,基础型钢形式、规格,接线端子材质、规格,端子板外部接线材质、规格,小母线材质、规格,屏边规格	台	按设计图示数量计算	本体安装,基础型钢制作、安装,端子板安装,焊、压接线端子,盘柜配线、端子接线,屏边安装,补刷(喷)油漆,接地
030404006	箱式配电室	名称,型号,规格,质量,基础规格、浇筑材质,基础型钢形式、规格	套		本体安装,基础型钢制作、安装,基础浇筑,补刷(喷)油漆,接地
030404017	配电箱	名称,型号,规格,基础形式、材质、规格,接线端子材质、规格,端子板外部接线材质、规格,安装方式	台		本体安装,基础型钢制作、安装,焊、压接线端子,补刷(喷)油漆,接地
030404018	插座箱	名称,型号,规格,安装方式			本体安装,接地
030404019	控制开关	名称,型号,规格,接线端子材质、规格,额定电流(A)	个		本体安装,焊、压接线端子,接线
030404020	低压熔断器	名称,型号,规格,接线端子材质、规格			
030404031	小电器		个(套、台)		

(续)

项目编码	项目名称	项目特征	计量单位	工程量计算规则	工作内容
030404032	端子箱	名称,型号,规格,安装部位	台	按设计图示数量计算	本体安装,接线
030404033	风扇	名称,型号,规格,安装方式			本体安装,调速开关安装
030404034	照明开关		个		安装,接线
030404035	插座				
030404036	其他电器	名称,规格,安装方式	个(套、台)		

(2) 清单项目说明

1) 低压开关柜是一种在高层建筑中广泛应用的用于输电、配电及电能转换的电力设备。

2) 箱式配电室一般用于变配电装置的低压配电,按照线路要求将配电设备依序组装在一个箱或者几个钢板制作的箱体中,运输到现场后直接安装在基础上,并用电缆作为进出线连接而成。

3) 成套配电箱的安装方式分为悬挂式和落地式,如图 2-12 所示。

4) 控制开关包括自动空气开关、刀型开关、铁壳开关、胶盖刀闸开关、组合控制开关、万能转换开关、风机盘管三速开关、漏电保护开关等。

5) 小电器主要包括按钮、电笛、电铃、水位电气信号装置、测量表计、继电器、电磁锁、屏上辅助设备、辅助电压互感器、小型安全变压器等电器。

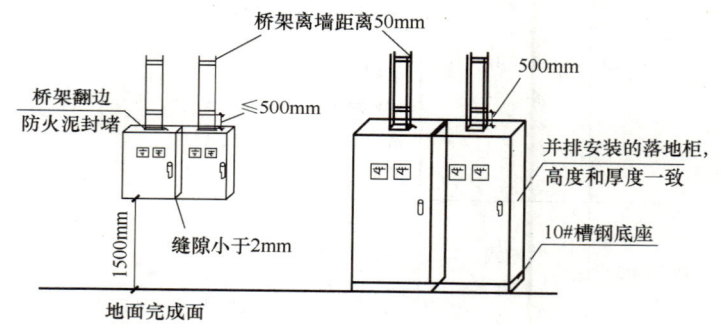

图 2-12 控制箱及配电箱安装方式

6) 端子箱也称为线路分配箱,是一种转接施工线路,对分支线路进行标注,为布线和查线提供方便的一种接口装置。

7) 其他电器指清单中未列的电器项目,必须根据电器实际名称确定项目名称,明确描述工作内容、项目特征、计量单位、计算规则。

2. 配电控制设备和低压电器预算定额项目

配电装置安装工程包括开闭所成套配电装置、成套配电柜、成套配电箱、组合式成套箱式变电站、配电智能设备安装及单体调试;配电控制、保护安装工程包括控制台、控制箱、端子箱、端子板及端子板外部接线、接线端子、高频开关电源等内容。

(1) 工程量计算规则

1) 成套配电柜安装,根据设备功能,按照设计安装数量以"台"为计量单位。

2) 成套配电箱安装,根据箱体半周长,按照设计安装数量以"台"为计量单位。

3)控制设备安装,根据设备性能和规格,按照设计图示安装数量以"台"为计量单位。

4)端子板外部接线,根据设备外部接线图,按照设计图示接线数量以"个"为计量单位。

5)开关、按钮安装,根据安装形式与种类、开关极数及单控与双控,按照设计图示安装数量以"套"为计量单位。

6)声控(红外线感应)延时开关、柜门触动开关安装,按照设计图示安装数量以"套"为计量单位。

7)插座安装,根据电源数、定额电流、插座安装形式,按照设计图示安装数量以"套"为计量单位。

(2)预算定额项目所包括的工作内容

低压成套配电柜安装包括开箱清点检查、就位、找正、固定、柜间连接、开关及机构调整、接地、单体调试;成套配电箱安装包括测定、打孔、固定、接地、单体调试;控制台(箱)安装包括开箱、检查、安装各种附件拆装、送交试验、盘内整理、一次接线、补漆等;端子箱(板)安装及端子板外部接线包括开箱、检查、安装、表计拆装、试验、校线、套绝缘管、压焊端子、接线、补漆、送交试验等;接线端子安装包括削线头、套绝缘管、焊(压)接头、包缠绝缘带等;插座安装包括测定、划线、打眼、埋塑料膨胀管、上塑料台、装插座、接线等。

(3)定额应用相关规定

1)低压成套配电柜安装定额综合考虑了不同容量、不同回路,执行定额时不做调整。

2)组合式成套箱式变电站主要是指电压等级小于或等于10kV的箱式变电站。定额是按照通用布置方式编制的,即变压器布置在箱的中间,箱一端布置高压开关,另一端布置低压开关,内装6~24台低压配电箱(屏)。执行定额时,不因布置形式而调整。在结构上采用高压开关柜、低压开关柜、变压器组成方式的箱式变压器称为欧式变压器;在结构上负荷开关、环网开关、熔断器等结构简化放入变压器油箱中且变压器取消油枕的箱式变压器称为美式变压器。

3)成套配电柜和箱式变电站安装不包括基础槽(角)钢安装;成套配电柜安装不包括母线及引下线的配制与安装。

4)配电设备基础槽(角)钢、支架、抱箍、延长环、套管、间隔板等的安装,执行"金属构件、穿墙套板安装工程"相关定额。

5)成品配套空箱体安装执行相应的"成套配电箱"安装定额乘以系数0.5。

6)设备安装定额包括屏、柜、台、箱设备本体及其辅助设备安装及标签框、光字牌、信号灯、附加电阻、连接片等。定额不包括支架制作与安装、二次喷漆及喷字、设备干燥、焊(压)接线端子、端子板外部(二次)接线、基础槽(角)钢制作与安装、设备上开孔,发生此类工作内容要另套用相关定额项目。

7)接线端子定额只适用于导线,电力电缆终端头制作安装定额中包括压接线端子,控制电缆终端头制作安装定额中包括终端头制作及接线至端子板,不得重复计算。

8)暗装接线箱、接线盒定额中槽孔按照事先预留考虑,不计算开槽、开孔费用。

9)插座箱安装执行相应的配电箱定额。

【例 2-3】 现有某老年活动中心的配电干线图（图 2-2）和总配电箱 AL1 二次接线图（图 2-3）根据案例工程的相关说明，完成以下要求：

（1）识读本例工程总配电箱 AL1 二次接线图（图 2-3），并解释其中各项的含义。

（2）试编制本例工程配电箱安装工程量清单并报价。

解：（1）识读总配电箱 AL1 二次接线图（图 2-3）可知：

配电箱安装工程量清单编制

"1"处表示断路器，"NS-100TM/4P $I_n=60A$" 为该断路器的型号规格，其中，NS 表示施耐德 NS 系列塑壳式断路器，100 表示壳架电流，TM 表示热磁脱扣，4P 表示四级，$I_n=60A$ 表示开关额定电流为 60A；表中 "$K_c/\cos\phi$" 表示功率因数。

"2"处表示小型断路器，"SP6-63/1P $I_e=25A$" 中，"SP6"是产品型号，"63"是指断路器壳架等级额定电流 63A，"1P"表示 1 极开关，"25A"表示额定电流为 25A。

"3"处中，"SP6-63/3P $I_e=25A$" 解析同上；"PⅡ-65×4 65kA" 为 PⅡ-65×4 浪涌保护器型号，该型号浪涌保护器最大通流容量 65kA。浪涌保护器又称避雷器（简称 SPD），适用于额定电压至 380V 的供电系统中，对间接雷电和直接雷电影响或其他瞬时过压的电涌进行保护；浪涌保护器要与接地系统相接。

从总配电箱到各分配电箱共 4 个回路，即 WL1～WL4，WL1～WL3 每个回路为 BYJ-3×6-SC25-FC/WC，WL4 回路为 BYJ-4×10-SC32-FC/WC；WL5 为备用回路，沿墙或楼板暗敷引来。

（2）配电箱工程量清单及报价。

1）本例工程配电箱安装工程工程量计算见表 2-13。

表 2-13 工程量计算表

序号	项目名称	计量单位	工程量	计算式
1	配电箱 AL1	台	1	1
2	配电箱 AR1	台	1	1
3	配电箱 AR2、AR3	台	2	2
4	配电箱 AR4	台	1	1

2）本例工程配电箱安装分部分项工程工程量清单见表 2-14。

表 2-14 分部分项工程工程量清单表

序号	项目编码	项目名称	项目特征	计量单位	工程量
1	030404017001	配电箱	1. 名称：总配电箱 AL1 2. 规格：500×300×200 3. 安装方式：挂壁明装，距地 1.5m 4. 型号：JXM1-05（含浪涌保护器） 5. 端子板外部接线材质：焊铜接线端子	台	1

（续）

序号	项目编码	项目名称	项目特征	计量单位	工程量
2	030404017002	配电箱	1. 名称：一层配电箱 AR1 2. 规格：300×200×200 3. 安装方式：挂壁暗装，距地 1.8m 4. 型号：JRM1-16	台	1
3	030404017003	配电箱	1. 名称：二~三层配电箱 AR2、AR3 2. 规格：300×200×200 3. 安装方式：挂壁暗装，距地 1.8m 4. 型号：JRM1-16	台	2
4	030404017004	配电箱	1. 名称：四层配电箱 AR4 2. 规格：300×200×200 3. 安装方式：挂壁暗装，距地 1.8m 4. 型号：JRM1-16 5. 端子板外部接线材质：焊铜接线端子	台	1

3）本例工程配电箱安装分部分项工程工程量清单计价（含定额）见表 2-15。

表 2-15 分部分项工程工程量清单计价表（含定额）

序号	项目编码	项目名称	项目特征	计量单位	工程量	金额（元）	
						综合单价	合计
1	030404017001	配电箱	1. 名称：总配电箱 AL1 2. 规格：500×300×200 3. 安装方式：挂壁明装，距地 1.5m 4. 型号：JXM1-05（含浪涌保护器） 5. 端子板外部接线材质：焊铜接线端子	台	1	3840.56	3840.56
1.1	30402076	照明配电箱 AL1（含浪涌保护器）挂墙明装		台	1	3813.35	3813.35
1.2	30404018	焊铜接线端子（导线截面面积≤16mm²）		个	3	9.07	27.21
2	030404017002	配电箱	1. 名称：一层配电箱 AR1 2. 规格：300×200×200 3. 安装方式：挂壁暗装，距地 1.8m 4. 型号：JRM1-16	台	1	2290.21	2290.21
2.1	30402075	照明配电箱 AR1 挂墙暗装		台	1	2290.21	2290.21

(续)

序号	项目编码	项目名称	项目特征	计量单位	工程量	综合单价	合价
3	030404017003	配电箱	1. 名称：二~三层配电箱 AR2、AR3 2. 规格：300×200×200 3. 安装方式：挂壁暗装，距地 1.8m 4. 型号：JRM1-16	台	2	2095.25	4191.08
3.1	30402075	照明配电箱 AR2、AR3 挂墙暗装		台	2	2095.25	4191.08
4	030404017004	配电箱	1. 名称：四层配电箱 AR4 2. 规格：300×200×200 3. 安装方式：挂壁暗装，距地 1.8m 4. 型号：JRM1-16 5. 端子板外部接线材质：焊铜接线端子	台	1	2399.89	2399.89
4.1	30402075	照明配电箱 AR4 挂墙暗装		台	1	2372.68	2372.68
4.2	30404018	焊铜接线端子（导线截面积≤16mm²）		个	3	9.07	27.21

4）根据市场询价获得信息：成套配电箱（含浪涌保护器）的不含税单价为 2854 元/个；配电箱 AR1 的不含税单价为 1700 元/个；配电箱 AR2、AR3 的不含税单价为 1800 元/个；配电箱 AR4 的不含税单价为 2000 元/个。

2.3.3 配管配线工程计量与计价

1. 配管配线工程工程量清单

（1）配管配线工程工程量清单项目（表 2-16）

表 2-16 配管配线工程（编码 030411）

项目编码	项目名称	项目特征	计量单位	工程量计算规则	工作内容
030411001	配管	名称，材质，规格，配置形式，接地要求，钢索材质、规格	m	按图示尺寸以长度计算	电线管路敷设，钢索架设（拉紧装置安装），预留沟槽，接地
030411002	线槽	名称，材质，规格			本体安装，补刷（喷）油漆
030411003	桥架	名称，型号，规格，材质，类型，接地方式			本体安装，接地

54

（续）

项目编码	项目名称	项目特征	计量单位	工程量计算规则	工作内容
030411004	配线	名称，配线形式，型号，规格，材质，配线部位，配线线制，钢索材质、规格	m	按图示尺寸以单线长度计算（含预留长度）	配线，钢索架设（拉紧装置安装），支持体（夹板、绝缘子、槽板等）安装
030411005	接线箱	名称，材质，规格，安装形式	个	按设计图示数量计算	本体安装
030411006	接线盒				

（2）清单项目说明

1）电气套管应按照采暖、给排水、燃气工程相关项目编码列项。配管安装中不包括凿槽、刨沟的工作内容，此类内容应按附属工程相关项目编码列项。

2）接线箱是在配电、用电设备与外部线路连接的地方设置的进行线路保护的箱体，其内部一般设有接线端子、端子排用于接线。

3）接线盒是电工辅料之一，起到保护电线和连接电线的作用，一般与灯具、开关和插座等面板相配。

（3）工程量计算说明

1）配管、线槽安装，不扣除管路中间的接线箱（盒）、灯头盒、开关盒所占的长度。

2）计算程序是根据配管配线平面图和系统图，从配电箱起按各个回路进行计算，或按建筑物自然层划分计算，或按建筑平面形状特点及系统图的组成特点分片划块计算，然后汇总。切忌"跳算"，防止混乱，以保障工程量计算的正确性。

3）水平方向敷设的线管，以施工平面布置图的线管走向、敷设部位和设备安装位置的中心点为依据，按墙、柱轴线尺寸及设备定位尺寸进行计算。在利用图形算量软件进行工程计量时，可以调用 CAD 软件测量长度的功能。垂直方向敷设的管（沿墙、柱引上或引下），其配管长度一般应根据楼层高度及与箱、柜、盘、板、开关等设备安装高度进行计算，要注意从施工图或安装规范中查找有关数据，具体可以参照图 2-13。

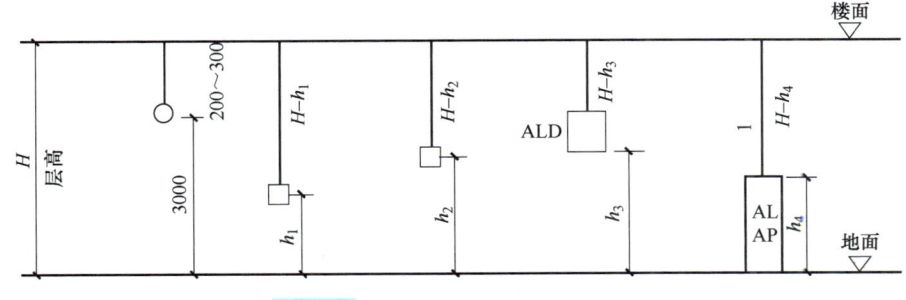

图 2-13 垂直方向配管长度的计算

在配管配线工程导线的敷设过程中要有一定的预留长度，预留长度是导线敷设长度的组成部分，应计入导线长度工程量：

$$L_{配线} = (L_{配管} + L_{预留}) \times N_{同截面导线根数}$$

导线敷设预留及附加长度,如图 2-14 和表 2-17 所示。

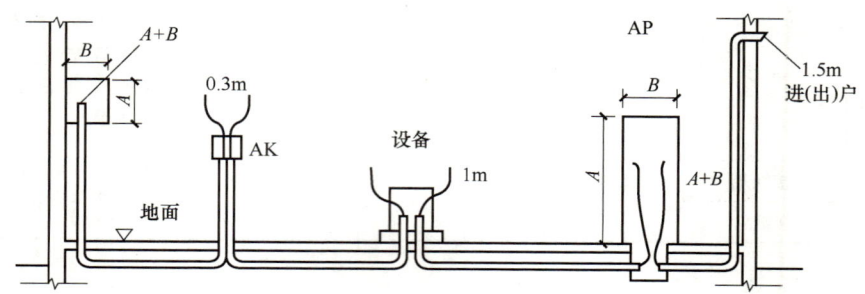

图 2-14 导线敷设预留(附加)长度示意图

表 2-17 导线敷设预留(附加)长度(每一根线) (单位:m)

序号	项目	预留(附加)长度	说明
1	各种开关、柜、板	宽+高	盘面尺寸
2	单独安装(无箱、盘)的铁壳开关、闸刀开关、启动器、线槽进出线盒、箱式电阻器、变阻器	0.3	从安装对象中心算起
3	由地面管子出口引至动力接线箱	1.0	从管口计算
4	电源与管内导线连接(管内穿线与软、硬母线接头)	1.5	从管口计算
5	出户线	1.5	从管口计算

2. 配管配线工程预算定额项目

(1) 工程量计算规则

1) 配管敷设,根据配管材质与直径,区别敷设位置、敷设方式,按照设计图示安装数量以"m"为计量单位。计算长度时,不计算安装消耗量,不扣除管路中间的接线箱、接线盒、灯头、开关盒、插座盒、管件等所占长度。

2) 金属软管敷设,根据金属管直径及每根长度,按照设计图示安装数量以"m"为计量单位。计算长度时,不计算安装损耗量。

3) 线槽敷设,根据线槽材质与规格,按照设计图示安装数量以"m"为计量单位。计算长度时,不计算安装损耗量,不扣除管路中间的接线箱、接线盒、灯头盒、插座盒、管件等所占长度。

4) 电缆桥架安装,根据桥架材质与规格,按照设计图示安装数量以"m"为计量单位。组合式桥架安装,按照设计图示安装数量以"片"为计量单位。复合支架安装,按照设计图示安装数量以"副"为计量单位。

5) 管内穿线,根据导线材质与截面面积,区别照明线与动力线,按照设计图示安装数量以"m"为计量单位。管内穿多芯软导线,根据软导线芯数与单芯软导线截面面积,按照设计图示安装数量以"m"为计量单位。管内穿线的线路分支接头线长度已综合考虑在定额中,不得另行计算。

6) 线槽配线,根据导线截面面积,按照设计图示安装数量以"m"为计量单位。

7) 塑料护套线明敷,根据导线芯数与单芯导线截面面积,区别导线敷设位置(木结构、砖混凝土结构、沿钢索),按照设计图示安装数量以"m"为计量单位。

8) 接线箱安装,根据安装形式(明装、暗装)及接线箱半周长,按照设计图示安装数量以"个"为计量单位。

9) 接线盒安装,根据安装形式(明装、暗装)及接线盒类型,按照设计图示安装数量以"个"为计量单位。

10) 盘、柜、箱、板配线,根据导线截面面积,按照设计图示配线数量以"m"为计量单位。配线进入盘、柜、箱、板时每根线的预留长度按照设计规定计算,设计无规定时按照表 2-17 的规定计算。

11) 灯具、开关、插座、按钮等预留线,已分别综合在相应项目内,不另行计算。

(2) 预算定额项目所包括的工作内容

砖、混凝土结构钢管暗配管和埋地敷设包括测位、划线、打眼、埋螺栓、锯管、套丝、煨(搋)弯、配管、接地、穿引线、补漆等;塑料管敷设包括测位、划线、打眼、下胀管、连接管件、配管、上螺钉、穿引线等。

(3) 定额应用相关说明

1) 配管定额不包括刷防火漆或防火涂料及接线箱、接线盒、支架的制作与安装。管外壁刷防火漆或防火涂料执行《第十一册 刷油、防腐蚀、绝热工程》相应定额;接线箱、接线盒安装执行《第四册 电气设备安装工程》定额的"配线工程"相关项目;支架的制作与安装执行《第四册 电气设备安装工程》定额的"金属构件、穿墙套板安装工程"相关项目。

2) 工程采用镀锌电线管时,执行"镀锌钢管"定额子目计算安装费;镀锌电线管主材费按照镀锌钢管用量另行计算。采用扣压式薄壁钢导管(KBG)时,执行"套接紧定式镀锌钢导管(JDG)"定额子目计算安装费;扣压式薄壁钢导管(KBG)主材费按照镀锌钢管用量另行计算。计算其管主材费时,应包括管件费用。

3) 定额中刚性阻燃管为刚性 PVC 难燃线管,管材长度一般为 4m/根,管子连接采用专用接头插入法连接,接口密封;半硬质塑料管为阻燃聚乙烯软管,管子连接采用专用接头抹塑料胶后粘接。工程实际安装与定额不同时,执行定额不做调整。

4) 定额中可挠金属套管是指普利卡金属管(PULLKA),主要用作混凝土内埋管及低压室外电气配线管。可挠金属套管规格见表 2-18。

表 2-18 可挠金属套管规格

规格	10#	12#	15#	17#	24#	30#	38#	50#	63#	76#	83#	101#
内径/mm	9.2	11.4	14.1	16.6	23.8	19.3	37.1	49.1	62.6	76.0	81.0	100.2
外径/mm	13.1	16.1	19.0	21.5	28.5	34.9	42.9	54.9	69.1	82.9	88.1	107.3

5）配管定额是按照各专业间配合施工考虑的，定额已综合考虑暗配管的凿槽、刨沟、凿孔（洞）及恢复费用，执行定额时，不做调整。但下列情形发生时，应按照《第十册 给排水、采暖、燃气工程》相应定额另行计算凿槽、刨沟、凿孔（洞）及恢复费用：

① 安装施工单位进场时，因建设单位原因，土建工程已完成，或部分完成，暗配管需凿槽、刨沟、凿孔（洞）的。

② 施工单位已配管完毕，土建结构工程已完成，因建设或设计单位发生施工图修改而需在砖、混凝土结构上凿槽、刨沟、凿孔（洞）的。

6）室外埋设配线管的土石方施工，参照电缆沟沟槽挖填定额执行。室内埋设配线管的土石方原则上不单独计算。

7）吊顶顶棚内敷设电线管，根据管材材质执行"砖、混凝土结构明配"相关定额。

8）管内穿线定额包括扫管、穿线、焊接包头；绝缘子配线定额包括埋螺钉、钉木楞、埋穿墙管、安装绝缘子、配线、焊接包头；线槽配线定额包括清扫线槽、布线、焊接包头；导线明敷设定额包括埋穿墙管、安装瓷通、安装街码、上卡子、配线、焊接包头。

9）照明线路中导线截面面积大于 $6mm^2$ 时，执行"穿动力线"相关定额。

10）接线箱、接线盒安装与盘柜配线定额适用于电压等级小于或等于 380V 的用电系统。定额不包括接线箱、接线盒费用及导线与接线端子材料费。

【例 2-4】 现有某老年活动中心的配电干线图（图 2-2）、总配电箱 AL1 二次接线图（图 2-3），以及一层~四层电气平面图（图 2-15~图 2-18），已知楼板厚度为 100mm。根据本例工程的相关说明可知：

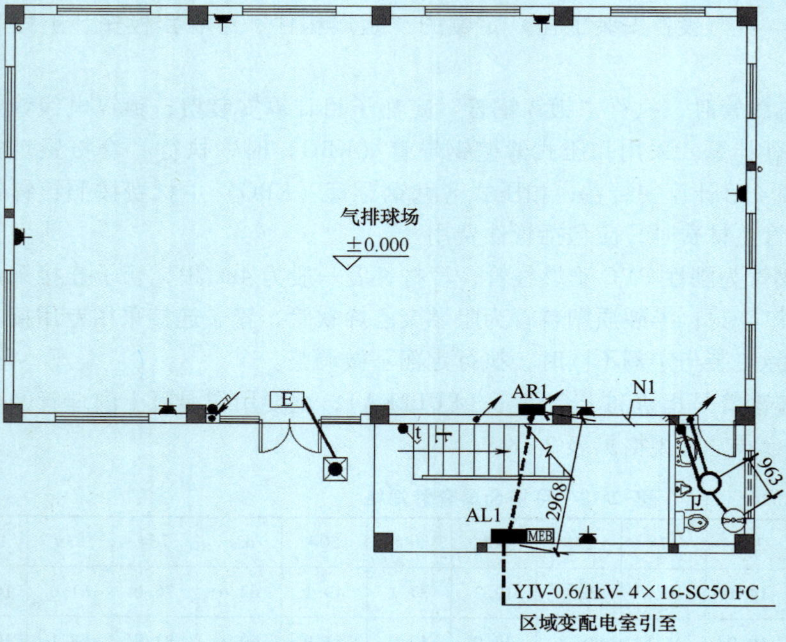

配管配线工程
工程量清单编制

图 2-15　一层电气平面图

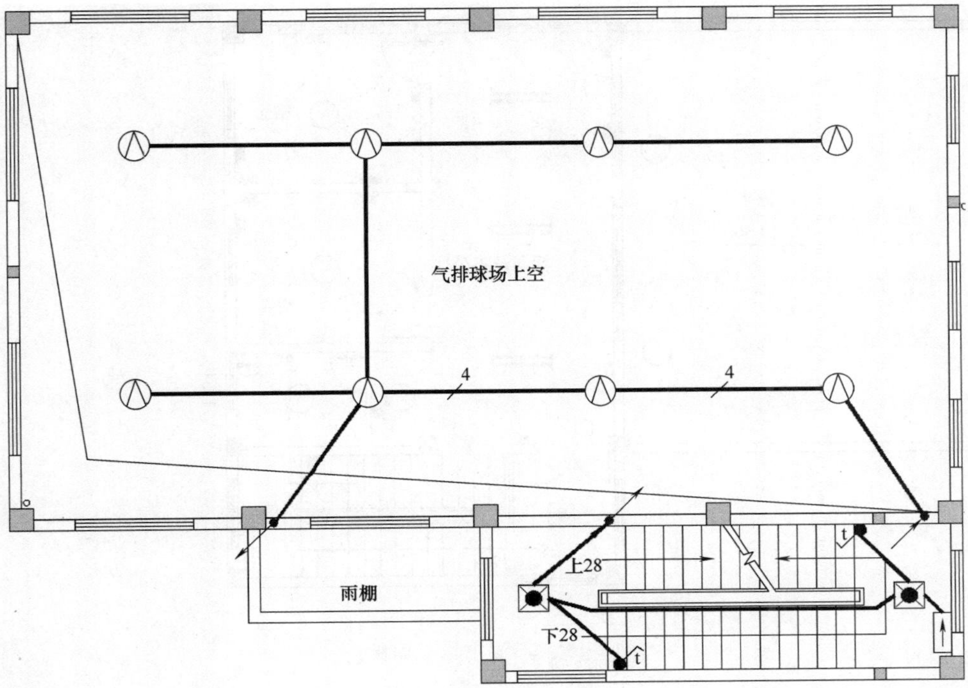

第 2 章 电气设备安装工程计量与计价

图 2-16 夹层电气平面图

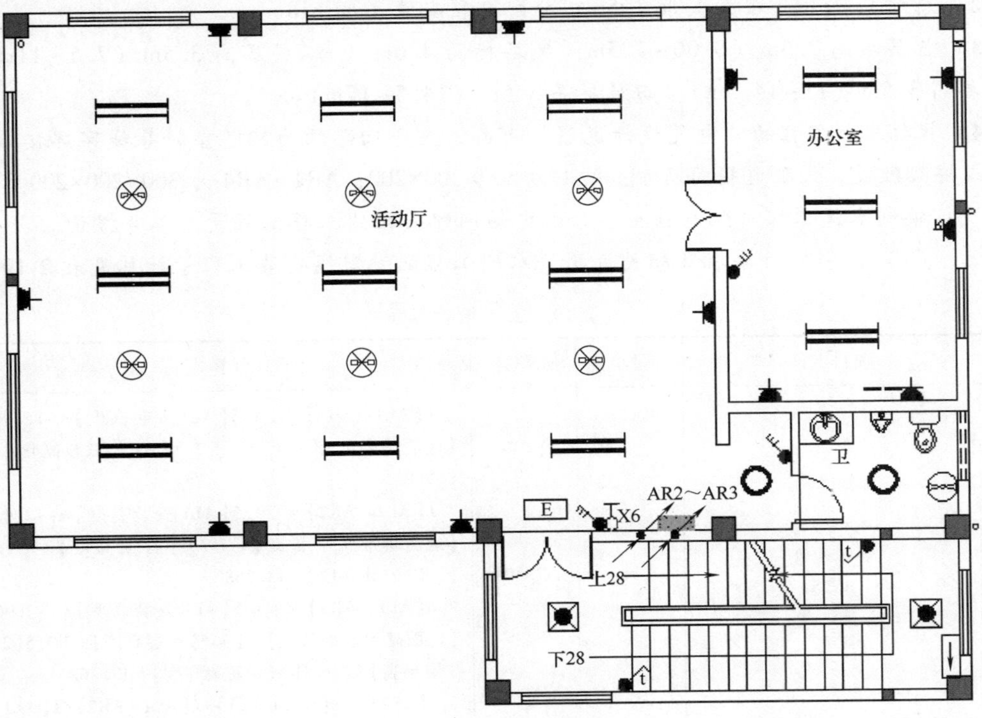

图 2-17 二、三层电气平面图

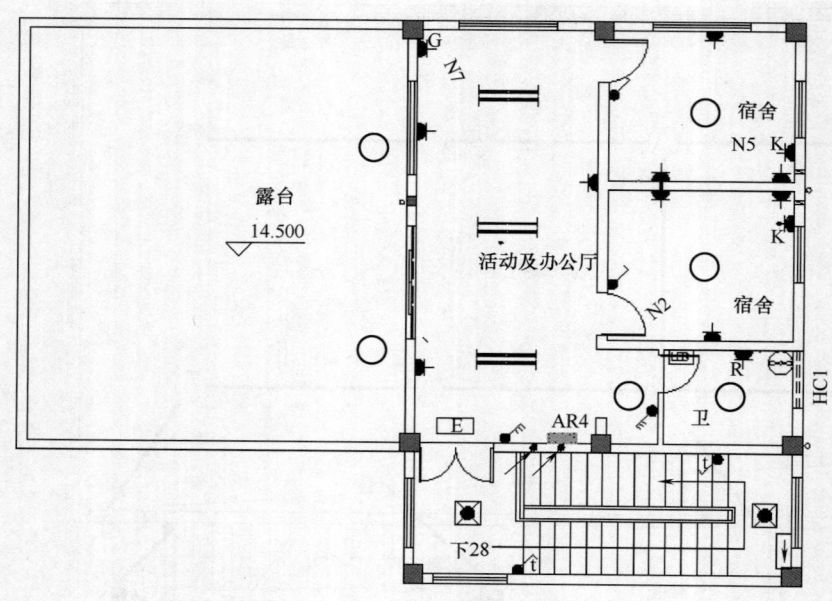

图 2-18 四层电气平面图

1）本例工程配电干线的敷设方式及表示方法见表 2-3。

2）总配电箱 AL1 安装高度 1.5m；分配电箱安装高度 1.8m。

3）首层层高 7.5m（0.00~7.5m；夹层标高 4.0m），二层层高 3.5m（7.5~11m），三层层高 3.5m（11~14.5m），四层层高 3.5m（14.5~17m）。

4）根据本例工程的"电气设计说明"可知，主干回路均为铜芯塑料导线穿焊接钢管暗埋或桥架敷设。设配电箱的尺寸：AL1 为 500×300×200；AR1~AR4 为 300×200×200。

试：编制本例工程总配电箱至各分配电箱间配管配线工程工程量清单并报价。

解：(1) 根据题目要求及相关说明，本例工程配管配线安装工程量计算见表 2-19。

表 2-19　工程量计算表

序号	项目名称	计量单位	工程量	计算式
1	导线配管 SC25	m	37.304	L【AL1~AR1】=↓1.5【AL1 安装高度】+→2.968【地面暗敷水平长度】+↑1.8【AR1 安装高度】= 6.268 L【AL1~AR2】=↓1.5【AL1 安装高度】+→2.968【地面暗敷水平长度】+↑7.5【首层高度】+↑1.8【AR2 安装高度】= 13.768 L【AL1~AR3】=↓1.5【AL1 安装高度】+→2.968【地面暗敷水平长度】+↑7.5【首层高度】+↑3.5【2~3层层高】+↑1.8【AR3 安装高度】= 17.268 L【CS25】=L【AL1~AR1】+L【AL1~AR2】+L【AL1~AR3】= 6.268+13.768+17.268 = 37.304

第 2 章 电气设备安装工程计量与计价

（续）

序号	项目名称	计量单位	工程量	计算式
2	导线配管 SC32	m	20.768	L【AL1～AR4】= ↓1.5【AL1 安装高度】+→2.968【地面暗敷水平长度】+↑7.5【首层高度】+↑3.5×2【2、3 层层高】+↑1.8【AR4 安装高度】= 20.768
3	导线 BYJ 3×6	m	123.612	L【BYJ 3×6】= {37.304+[(0.5+0.3)×3+(0.3+0.2)×3]【预留长度】}×3 = 123.612
4	导线 BYJ 3×10	m	65.004	L【BYJ 3×10】= {20.768+[(0.8+0.5)【AL1 半周长】+(0.3+0.2)【AR4 半周长】]【预留长度】}×3 = 65.004

（2）本例工程的配管配线安装分部分项工程工程量清单见表 2-20。

表 2-20 分部分项工程工程量清单表

序号	项目编码	项目名称	项目特征	计量单位	工程量
1	030411001001	配管	1. 名称：配电干线保护管 2. 材质：钢管 3. 规格：DN25 4. 配置形式：沿墙/地面暗敷	m	37.304
2	030411001001	配管	1. 名称：配电干线保护管 2. 材质：钢管 3. 规格：DN32 4. 配置形式：沿墙/地面暗敷	m	20.768
3	030411004001	配线	1. 名称：WDZB-BYJ-6 2. 材质：铜芯 3. 配线形式：管内穿线	m	123.612
4	030411004002	配线	1. 名称：WDZB-BYJ-10 2. 材质：铜芯 3. 配线形式：管内穿线	m	65.004

（3）本例工程的配管配线安装分部分项工程工程量清单计价（含定额）见表 2-21。

表 2-21 分部分项工程工程量清单计价表（含定额）

序号	项目编码	项目名称	项目特征	计量单位	工程量	金额（元）	
						综合单价	合计
1	030411001001	配管	1. 名称：配电干线保护管 2. 材质：钢管 3. 规格：DN25 4. 配置形式：沿墙/地面暗敷	m	37.304	26.66	994.52
1.1	30412036	钢管敷设 SC25		m	37.304	26.66	994.52

（续）

序号	项目编码	项目名称	项目特征	计量单位	工程量	金额（元）	
						综合单价	合计
2	030411001001	配管	1. 名称：配电干线保护管 2. 材质：钢管 3. 规格：DN32 4. 配置形式：沿墙/地面暗敷	m	20.768	32.55	676
2.1	30412037	钢管敷设 SC32		m	20.768	32.55	676
3	030411004001	配线	1. 名称：WDZB-BYJ-6 2. 材质：铜芯 3. 配线形式：管内穿线	m	123.612	15.39	1902.39
3.1	30413007	穿照明线 （铜芯 导线截面 面积≤6mm²）		m	123.612	15.39	1902.39
4	030411004002	配线	1. 名称：WDZB-BYJ-10 2. 材质：铜芯 3. 配线形式：管内穿线	m	65.004	24.9	1618.6
4.1	30413027	穿动力线 （铜芯 导线截面 面积≤10mm²）		m	65.004	24.9	1618.6

（4）根据市场询价获得信息：WDZB-BYJ-6 的不含税单价为 5.25 元/m；WDZB1-BYJ（F）-10 的不含税单价为 8.685 元/m。

2.3.4 附属工程计量与计价

1. 附属工程工程量清单项目（表 2-22）

表 2-22 附属工程（编码：030413）

项目编码	项目名称	项目特征	计量单位	工程量计算规则	工作内容
030413001	铁构件	名称，材质，规格	kg	按设计图示尺寸以质量计算	制作，安装，补刷（喷）油漆
030413002	凿（压）槽	名称，规格，类型，填充（恢复）方式，混凝土标准	m	按设计图示尺寸以长度计算	开槽，恢复处理
030413003	打洞（孔）	名称，规格，类型，填充（恢复）方式，混凝土标准	个	按设计图示数量计算	开孔、洞，恢复处理
030413004	管道包封	名称，规格，混凝土强度等级	m	按设计图示长度计算	灌注，养护

（续）

项目编码	项目名称	项目特征	计量单位	工程量计算规则	工作内容
030413005	人（手）孔砌筑	名称，规格，类型	个	按设计图示数量计算	砌筑
030413006	人（手）孔防水	名称，类型，规格，防水材质及做法	m²	按设计图示防水面积计算	防水

注：1. 电气套管应按采暖、给排水、燃气工程相关项目编码列项。
　　2. 除锈、刷漆（补刷漆除外）、保温及保护层安装，应按刷油、防腐蚀、绝热工程相关项目编码列项。

2. 金属构件、穿墙套板安装工程预算定额项目

（1）工程量计算规则

1）基础槽钢、角钢制作与安装，根据设备布置，按照设计图示安装数量以"m"为计量单位。

2）电缆桥架支撑架、沿墙支架、铁构件的制作与安装，按照设计图示安装成品质量以"t"为计量单位。计算制作螺栓及连接件重量，不计算制作与安装损耗量、焊条质量。

3）金属箱、盒制作，按照设计图示安装成品质量以"kg"为计量单位。计算制作螺栓及连接件质量，不计算制作损耗量、焊条质量。

4）穿墙套板制作与安装，根据工艺布置和套板材质，按照设计图示安装数量以"块"为计量单位。

（2）预算定额项目所包括的工作内容

金属构件相关定额包括制作、平直、划线、下料、钻孔、组对、焊接、安装、接地、油漆等；穿墙板制作与安装包括穿通板平直、下料、制作、焊接、打洞、安装、接地和油漆等。

（3）定额应用相关说明

1）电缆桥架支撑制作与安装定额适用于电缆桥架的立柱、托臂现场制作与安装，当生产厂家成套供货时，只计算安装费。

2）铁构件制作与安装定额适用于《第四册　电气设备安装工程》范围内除电缆桥架支撑架外的各种支架、构件的制作与安装。

3）铁构件制作定额不包括镀锌、镀锡、镀铬、喷塑等其他金属防护费用，工程实际发生时，执行相关定额另行计算。

4）轻型铁构件是指铁构件的主体结构厚度小于或等于3mm的铁构件，单件质量大于100kg的铁构件安装执行《第三册　静止设备与工艺金属结构制作安装工程》相应项目。

5）穿墙套板制作与安装定额综合考虑了板的规格与安装高度，执行定额时不做调整。定额中不包括电木板、环氧树脂板的主材，主材费应按照安装用量加损耗量另行计算。

6）金属围网、网门制作与安装定额包括网或门的边柱、立柱制作与安装。

7）金属构件制作定额中包括除锈、刷油漆费用。

2.3.5 照明灯具安装工程计量与计价

1. 照明灯具安装工程量清单项目（表 2-23）

表 2-23 照明灯具安装（编码 030412）

项目编码	项目名称	项目特征	计量单位	工程量计算规则	工作内容
030412001	普通灯具	名称，型号，规格，类型	套	按设计图示数量计算	安装，接线
030412002	工厂灯				
030412004	装饰灯	名称，型号，规格，安装形式			本体安装
030412005	荧光灯				

2. 照明器具安装预算定额项目

（1）工程量计算规则

1）普通灯具安装，根据灯具种类、规格，按照设计图示安装数量以"套"为计量单位。

2）吊式艺术装饰灯具安装，根据装饰灯具示意图，区别不同装饰物以及灯体直径和灯体垂吊长度，按照设计图示安装数量以"套"为计量单位。

3）吸顶式艺术装饰灯具安装，根据装饰灯具示意图所示，区别不同装饰物、吸盘几何形状、灯体直径、灯体周长和灯体垂吊长度，按照设计图示安装数量以"套"为计量单位。

4）荧光艺术装饰灯具安装，根据装饰灯具示意图，区别不同安装形式和计量单位计算。其中，组合荧光灯带安装根据灯管数量，按照设计图示安装数量以灯带"m"为计量单位；内藏组合式灯安装根据灯具组合形式，按照设计图示安装数量以"m"为计量单位；发光棚荧光灯安装按照设计图示发光棚数量以"m^2"为计量单位。灯具主材根据实际安装数量加损耗量以"套"另行计算。

5）几何形状组合艺术灯具安装，根据装饰灯具示意图，区别不同安装形式及灯具形式，按照设计图示安装数量以"套"为计量单位。

6）标志、诱导装饰灯具安装，根据装饰灯具示意图，区别不同的安装形式，按照设计图示安装数量以"套"为计量单位。

7）嵌入式地灯安装，根据灯具安装形式，按照设计图示安装数量以"套"为计量单位。

（2）预算定额项目所包括的工作内容

灯具安装包括测定、划线、打眼、埋塑料膨胀管、灯具安（组、拼）装、接线、接焊包头（接地）等。

（3）定额应用相关说明

1）灯具引导线是指灯具吸盘到灯头的连线，除注明者外，均按照灯具自备考虑。当引导线需要另行配制时，其安装费不变，主要材料费另行计算。

2）投光灯、氙气灯、烟囱或水塔指示灯的安装定额，考虑了超高安装（操作超高）因素，其他照明器具的安装高度大于 5m 时，需要另行计算超高安装增加费。

3）装饰灯具安装定额考虑了超高安装因素，并包括脚手架搭拆费用。

4）吊式艺术装饰灯具的灯体直径为装饰灯具的最大外缘直径，灯体垂吊长度为灯座底部到灯梢之间的总长度。

5）吸顶式艺术装饰灯具的灯体直径为吸盘最大外缘直径，灯体半周长为矩形吸盘的半周长，灯体垂吊长度为吸盘到灯梢之间的总长度。

6）照明灯具安装除特殊说明外，均不包括支架制作与安装。工程实际发生时，执行"金属构件、穿墙套板安装工程"相关定额。

7）各灯具安装定额包括灯具组装、安装、利用摇表测量绝缘及一般灯具的试亮工作。

8）组合荧光灯带、内藏组合式灯、发光棚荧光灯、立体广告灯箱、顶棚荧光灯带的灯具设计用量与定额不同时，成套灯具根据设计数量加损耗量计算主材费，安装费不做调整。

9）荧光灯具安装定额按照成套型荧光灯考虑，工程实际采用组合式荧光灯时，执行相应的成套型荧光灯安装定额乘以系数 1.1。

10）LED 灯安装根据其结构、形式、安装地点，执行相应的灯具安装定额。

11）灯具安装定额中灯槽、灯孔按照事先预留考虑，不计算开孔费用。

12）插座箱安装执行相应的配电箱定额。

【例 2-5】 根据某老年活动中心工程的"电气设计说明"和四层配电箱 AR4 系统图（图 2-19）、四层照明/开关/插座平面图（图 2-20 和图 2-21）并结合工程建筑施工图及结构施工图可知：

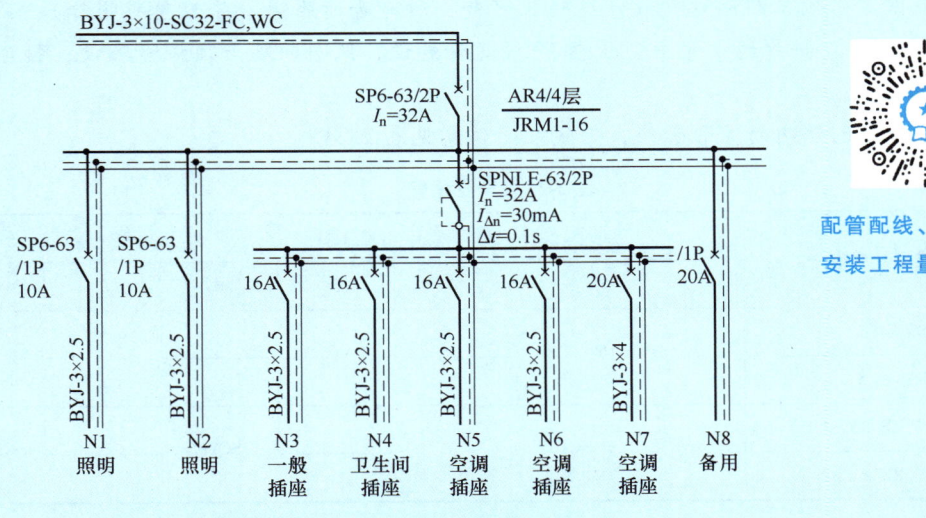

图 2-19 四层配电箱 AR4 系统图

1）本例工程配电线的敷设方式及表示方法见表 2-3。

2）总配电箱 AL1（500×300×200）安装高度为 1.5m；分配 AR4（300×200×200）电箱安装高度为 1.8m。

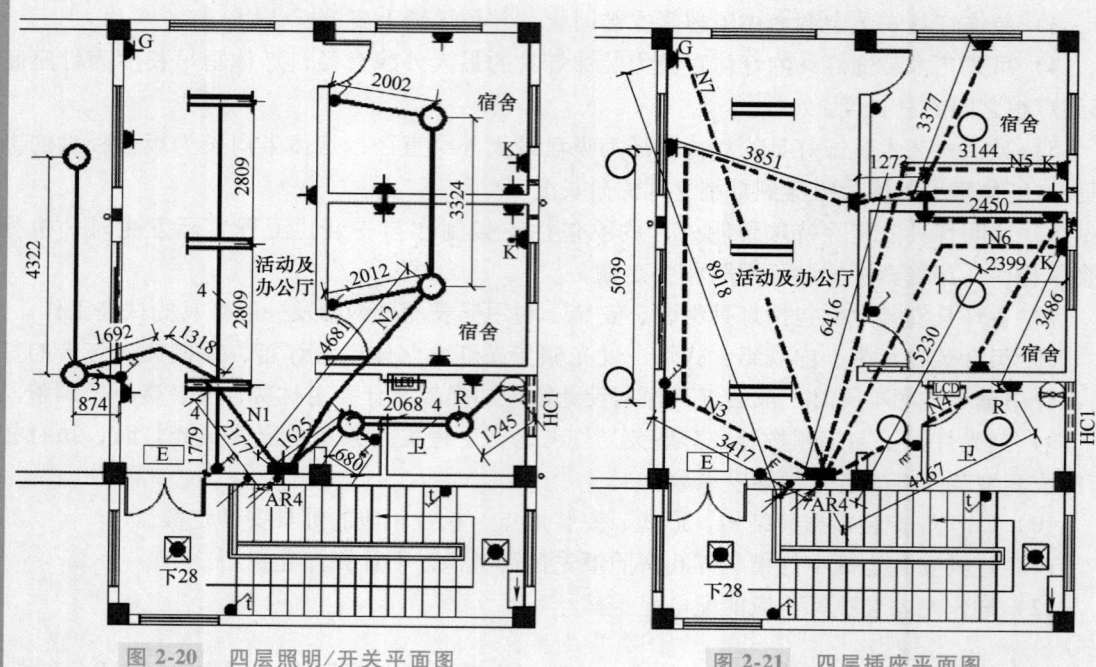

图 2-20 四层照明/开关平面图　　图 2-21 四层插座平面图

3）首层层高 7.5m（0.00~7.5m；夹层标高 4.0m），二层层高 3.5m（7.5~11m），三层层高 3.5m（11~14.5m），四层层高 3.5m（14.5~17m）。

4）根据"本例工程的电气设计说明"可知，所有普通照明（除应急照明外）、插座线路均采用铜芯塑料导线，穿中型阻燃 PVC 管暗敷设，照明回路沿顶棚暗敷设，插座回路沿地板暗敷设。

5）除图中已注明的穿管管径，导线配管信息见表 2-24。

表 2-24　导线配管

导线型号规格	导线根数						
	2	3	4	5	6	7	8
BYJ-1.5	PVC16			PVC20		PVC25	
BYJ-2.5							
BYJ-1.5（ZB-BYJ-1.5）	SC15			SC20		SC25	
BYJ-2.5（ZB-BYJ-2.5）							

6）除从单级开关引出的导线为两根外，未注明导线根数，默认为三根。AR 箱开关选用宽板防漏电式按键开关，室内开关选用带指示灯的宽板。开关离地高度为 1.4m，插座设置高度为 0.3m。

7）屋面层顶板厚度为 100mm。

试编制本例工程四层照明配电回路（N1、N3）的配线配管、开关插座及照明灯具的工程量清单并报价。

解：（1）根据题意及相关说明，本例工程四层配管配线、开关插座及照明灯具安装工程量计算见表 2-25。

表 2-25 工程量计算表

序号	项目名称	计量单位	工程量	计算式
1	导线配管 PVC16	m	55.773	照明回路 N1；照明回路沿墙/顶棚暗敷设 【N1：BYJ-3×2.5】L_{N1-3} = ↑（3.5【层高】-1.8【AR4 安装高度】-0.2【AR4 高度】-0.1【板厚】÷2）+ →（2.177+2.809+1.318+1.692+4.322+0.874）+ ↓（3.5【层高】-1.4【开关安装高度】-0.1【板厚】÷2）= 16.692 【N1：BYJ-4×2.5】L_{N1-4} = →（1.779+2.809）+ ↓（3.5【层高】-1.4【开关安装高度】-0.1【板厚】÷2）= 6.638 插座回路 N3；插座回路沿墙/地板暗敷设 【N3：BYJ-3×2.5】L_{N3-3} = ↓1.8【AR4 安装高度】+→3.417+0.3×2【插座安装高度】+→5.039+0.3×2【插座安装高度】+→3.851+↑0.3×2【插座安装高度】+→1.273+↑0.3×4【插座安装高度】+→3.377+↑0.3【插座安装高度】+→2.450+↑0.3【插座安装高度】+→0.2+↑0.3×2【插座安装高度】+→2.450+↑0.3×2【插座安装高度】+→3.486+↑0.3【插座安装高度】= 32.443 $\sum L$ = 16.692+6.638+32.443 = 55.773
2	导线 BYJ-2.5	m	78.128	【N1：BYJ-3×2.5】L_{N1-3} =（16.692【配管长】+（0.3+0.2）【AR4 预留半周长】）×3 = 51.576 【N1：BYJ-4×2.5】L_{N1-4} = 6.638×4 = 26.552
3	单联单控开关	个	2	2（距地高度：1.4m）
4	双联单控开关	个	1	1（距地高度：1.4m）
5	三联单控开关	个	2	2（距地高度：1.4m）
6	开关盒	个	5	2+1+2
7	吸顶灯	套	6	6
8	双管日光灯	套	3	3
9	灯头盒	个	9	6+3
10	排气扇	个	1	1（距地高度：2.6m）

(续)

序号	项目名称	计量单位	工程量	计算式
11	接线盒	个	1	1
12	二加三安全插座	个	9	9（一般插座：距地 0.3m）
13	带开关柜式空调插座	个	1	1（G：距地 0.3m）
14	带开关空调插座	个	1	1（K：距地 1.8m）
15	带开关卫生间热水器插座	个	1	1（R：距地 2.3m）
16	插座盒	个	12	9+1+1+1

（2）本例工程四层配管配线、开关插座及照明灯具安装分部分项工程工程量清单见表 2-26。

表 2-26 分部分项工程工程量清单表

序号	项目编码	项目名称	项目特征	计量单位	工程量
1	030411001001	配管	1. 名称：配电支线保护管 2. 材质：刚性阻燃管 3. 规格：PVC16 4. 配置形式：沿墙/天花板暗敷	m	55.773
2	030411004001	配线	1. 名称：WDZB-BYJ-2.5 2. 材质：铜芯 3. 配线形式：管内穿线	m	78.128
3	030404034001	照明开关	1. 名称：单联单控开关 2. 规格：R61K1 10A 3. 安装形式：暗装	个	2
4	030404034002	照明开关	1. 名称：双联单控开关 2. 规格：R62K1 10A 3. 安装形式：暗装	个	1
5	030404034003	照明开关	1. 名称：三联单控开关 2. 规格：R63K1 10A 3. 安装形式：明装	个	2
6	030411006001	接线盒	1. 名称：开关接线盒 2. 材质：聚氯乙烯暗装开关盒 3. 规格：80×60×60 4. 安装形式：暗装	个	5
7	030412001001	普通灯具	1. 名称：节能吸顶灯 2. 规格：PAK-D03-122C 22W	套	6

（续）

序号	项目编码	项目名称	项目特征	计量单位	工程量
8	030412001002	普通灯具	1. 名称：双管日光灯 2. 型号：吊链灯	套	3
9	030411006002	接线盒	1. 名称：灯头盒 2. 材质：聚氯乙烯暗装灯头盒 3. 规格：80×60×60 4. 安装形式：暗装	个	9
10	030404033001	风扇	1. 名称：排气扇 2. 规格：PWA 3. 安装形式：壁装，距地 2.6m	个	1
11	030411006003	接线盒	1. 名称：接线盒 2. 材质：聚氯乙烯暗装接线盒 3. 规格：80×60×60 4. 安装形式：暗装	个	1
12	030404035001	插座	1. 名称：二加三安全插座 2. 规格：250V，10A 3. 安装方式：暗装，距地 0.3m	个	9
13	030404035002	插座	1. 名称：带开关空调插座 2. 规格：250V，16A 3. 安装方式：暗装，距地 1.8m	个	1
14	030404035003	插座	1. 名称：带开关柜式空调插座 2. 规格：250V，20A 3. 安装方式：暗装，距地 0.3m	个	1
15	030404035004	插座	1. 名称：带开关热水器插座 2. 规格：250V，16A 3. 安装方式：暗装，距地 2.3m	个	1
16	030411006005	接线盒	1. 名称：插座接线盒 2. 材质：聚氯乙烯暗装插座盒 3. 规格：80×60×60 4. 安装形式：暗装	个	12

（3）本例工程四层配管配线、开关插座及照明灯具安装分部分项工程工程量清单计价（含定额）见表 2-27。

表 2-27 分部分项工程工程量清单计价表（含定额）

序号	项目编码	项目名称	项目特征	计量单位	工程量	金额（元）	
						综合单价	合计
1	030411001001	配管	1. 名称：配电支线保护管 2. 材质：刚性阻燃管 3. 规格：PVC16 4. 配置形式：沿墙/天花板暗敷	m	55.77	11.17	230.68

（续）

序号	项目编码	项目名称	项目特征	计量单位	工程量	金额（元）	
						综合单价	合计
1.1	30412185	砖、混凝土结构暗配（外径≤16mm）		m	55.77	11.17	230.68
2	030411004001	配线	1. 名称：WDZB-BYJ-2.5 2. 材质：铜芯 3. 配线形式：管内穿线	m	78.13	4.44	346.90
2.1	30413005	穿照明线（铜芯 导线截面面积≤2.5mm²）		单线	78.13	4.44	346.90
3	030404034001	照明开关	1. 名称：单联单控开关 2. 规格：R61K1 10A 3. 安装形式：暗装	个	2	16	32
3.1	30414284	单联单控开关		套	2	16	32
4	030404034002	照明开关	1. 名称：双联单控开关 2. 规格：R62K1 10A 3. 安装形式：暗装	个	1	18.55	6.5
4.1	30414284	双联单控开关		套	1	18.55	6.5
5	030404034003	照明开关	1. 名称：三联单控开关 2. 规格：R63K1 10A 3. 安装形式：明装	个	2	18	36
5.1	30414284	三联单控开关		套	2	18	36
6	030411006001	接线盒	1. 名称：开关接线盒 2. 材质：聚氯乙烯暗装开关盒 3. 规格：80×60×60 4. 安装形式：暗装	个	5	6.51	32.55
6.1	30413197	接线盒安装（开关盒）		个	5	6.51	32.55
7	030412001001	普通灯具	1. 名称：节能吸顶灯 2. 规格：PAK-D03-122C 22W	套	6	40.86	245.16
7.1	30414001	吸顶灯具安装（灯罩周长≤800mm）		套	6	40.86	245.16
8	030412001002	普通灯具	1. 名称：双管日光灯 2. 型号：吊链灯	套	3	82.07	246.21

（续）

序号	项目编码	项目名称	项目特征	计量单位	工程量	金额（元）	
						综合单价	合计
8.1	30414005	其他普通灯具安装（吊链灯）		套	3	82.07	246.21
9	030411006002	接线盒	1. 名称：灯头盒 2. 材质：聚氯乙烯暗装灯头盒 3. 规格：80×60×60 4. 安装形式：暗装	个	9	6.34	57.06
9.1	30413198	接线盒安装（灯头盒）		个	9	6.34	57.06
10	030404033001	风扇	1. 名称：排气扇 2. 规格：PWA 3. 安装形式：壁装，距地2.6m	台	1	192.58	192.58
10.1	30415073	民用电器安装（风扇安装排气扇）		台	1	192.58	192.58
11	030411006003	接线盒	1. 名称：接线盒 2. 材质：聚氯乙烯暗装接线盒 3. 规格：80×60×60 4. 安装形式：暗装	个	1	7.46	7.46
11.1	30413193	接线盒安装（暗装接线盒）		个	1	7.46	7.46
12	030404035001	插座	1. 名称：二加三安全插座 2. 规格：250V，10A 3. 安装方式：暗装，距地0.3m	个	9	26.24	236.16
12.1	30414307	二加三安全插座250V，16A		套	9	26.24	236.16
13	030404035002	插座	1. 名称：带开关空调插座 2. 规格：250V，16A 3. 安装方式：暗装，距地1.8m	个	1	28.38	28.38
13.1	30414308	壁挂式空调插座250V，16A		套	1	28.38	28.38
14	030404035003	插座	1. 名称：带开关柜式空调插座 2. 规格：250V，20A 3. 安装方式：暗装，距地0.3m	个	1	31.07	31.07

安装工程计量与计价

（续）

序号	项目编码	项目名称	项目特征	计量单位	工程量	金额（元）	
						综合单价	合计
14.1	30414310	带开关柜式空调插座250V，20A		套	1	31.07	31.07
15	030404035004	插座	1. 名称：带开关热水器插座 2. 规格：250V，16A 3. 安装方式：暗装，距地2.3m	个	1	30.16	30.16
15.1	30414310	带开关热水器插座250V，16A		套	1	30.16	30.16
16	030411006005	接线盒	1. 名称：插座接线盒 2. 材质：聚氯乙烯暗装插座盒 3. 规格：80×60×60 4. 安装形式：暗装	个	12	7.64	91.68
16.1	30413192	接线盒安装（暗装开关/插座盒）		个	12	7.64	91.68

（4）根据市场询价获得信息（以下价格均为不含税价）：导线WDZB-BYJ-2.5单价为2.074元/m；单联单控开关单价为4.520元/个；双联单控开关单价为6.5元/个；三联单控开关单价为6.410元/个；节能吸顶灯（规格：PAK-D03-122C 22W）单价为14.50元/个；双管日光灯（吊链灯）单价为41.27元/个；普通排气扇单价为88.5元/个；二加三安全插座（250V，16A）单价为11.2元/个；带开关空调插座（250V，16A）单价为11.32元/个；带开关柜式空调插座（250V，20A）单价为12.2元/个；带开关热水器插座（250V，16A）单价为11.5元/个。

2.4 建筑防雷接地保护装置计量与计价

2.4.1 建筑防雷接地保护装置基本知识

建筑防雷接地分为两个概念：一是防雷，避免因直击雷的雷击而形成损害；二是静电接地，避免静电发生损害。

1. 防雷接地装置

为了避免雷击风险，房屋建筑根据使用性和重要性需要设置防雷和接地措施。建筑防雷接地装置一般由接闪器、引下线和接地体三大部分组成（图2-22）。

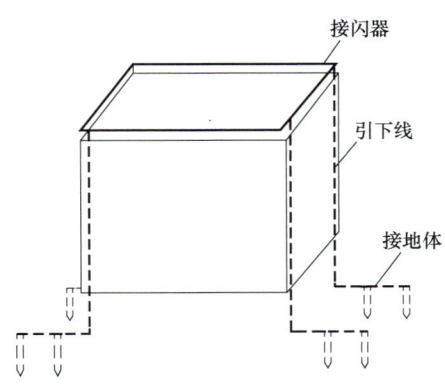

图 2-22 建筑防雷接地装置示意图

（1）接闪器

接闪器是指直接接受雷击的金属构件。根据被保护物体形状及接闪器形状的不同，可分为避雷针、避雷带、避雷网。避雷针，又名防雷针、接闪杆，是用来保护建筑物、高大树木等避免雷击的装置。避雷针一般安装在被保护物顶端，用符合规格的导线与埋在地下的泄流地网连接起来。避雷针规格必须符合国家标准，每一个防雷类别需要的避雷针高度规格都不一样。常见的避雷带是利用小截面圆钢或扁钢做成的条形长带，作为接闪器安装在建筑物易遭受雷击的部位，如屋脊、屋檐、屋角、女儿墙和高层建筑物的上部垂直墙面上，是建筑物防直击雷普遍采用的装置。避雷带由避雷线和支持卡子组成，支持卡子常埋设于女儿墙上或混凝土支座上。当避雷带水平敷设时，支持卡子间距为 1~1.5m，转弯处为 0.5m。高层建筑物的上部垂直墙面上，每三层在结构圈梁内敷设一条扁钢与引下线焊接成环状水平避雷带，以防止侧向雷击。当避雷带形成网状时就称为避雷网。避雷带（网）可以采用镀锌圆钢或扁钢，圆钢直径大于或等于 8mm，扁钢截面面积大于或等于 48mm^2，厚度大于或等于 4mm。

（2）引下线

引下线是指连接接闪器与接地装置的金属导体，可以用圆钢或扁钢制作单独的引下线，也可以利用建筑物柱筋或其他钢筋做引下线。用圆钢或扁钢制作引下线时，工作内容一般包括引下线、引下线支持卡子、断接卡子、引下线保护管等。引下线为两根及以上时，需在距地面 0.3~1.8m 做断接卡子，供测量接地电阻，断接卡子以下的引下线需用套管进行保护。

（3）接地体

接地体是指埋入土壤或混凝土基础中与大地直接接触实现电气连接以供散流用的金属导体。接地体分为人工接地体和自然接地体。人工接地体是指通过加工、制造、埋入土壤中的金属导体（如钢管、角钢、钢板、铜板等）；自然接地体是指利用与大地接触的金属构件、金属管道、建（构）筑物的基础钢筋、设备等金属体兼作接地体。

此外，根据《民用建筑电气设计标准》（GB 51348—2019）：中高层建筑物应采取防侧击雷措施，在环绕建筑物周边设置水平避雷带。建筑设计中，在高度方向每隔 6m 设一道均压环，可利用圈梁内两条主筋焊接成闭合圈，并与所有的引下线连接，以便将 6m 高度内上下两层的金属门、窗与均压环连接。

2. 等电位联结

等电位联结指将建筑物内人体所能触及的金属导体及其他金属构件连接在一起，形成一个等电位网络，使得在其发生电气故障时（如雷击等），金属导体均保持在一个相等的电位，以减少雷击电流或其他电气故障产生的"浪涌"电流在它们之间产生的电位差，从而达到保护人身及设施安全的目的。

等电位联结分为总等电位联结（MEB）和局部等电位联结（LEB），如图 2-23 所示。总等电位联结做法是通过每一进线配电箱近旁的总等电位联结母排将下列导电部分互相连通：接地干线（PE）由主接地母线引出，垂直方向敷设，连接所有的接地母线。接地母线，可设置多条，包括进线配电箱的 PE（PEN）母排及公用设施（给排水、热力、燃气等）的金属管道、建筑物金属结构和电气设备接地引出线。总等电位联结的作用在于降低建筑物内间接接触电压和不同金属部件间的电位差，并消除自建筑物外经电气线路和各种金属管道引入的危险故障电压的危害。局部等电位联结做法是在局部范围内通过局部等电位联结端子板将下列部分用 $6mm^2$ 黄绿双色塑料铜芯线互相连通：柱内墙面侧钢筋、壁内和楼板中的钢筋网、金属结构件、公用设施的金属管道、用电设备外壳（可不包括地漏、扶手、浴巾架、肥皂盒等孤立小物件）等。局部等电位联结一般在浴室、游泳池、喷水池、医院手术室、农牧场等场所采用，要求等电位联结端子板与等电位联结范围内的金属管道等金属末端之间的电阻不超过 3Ω。

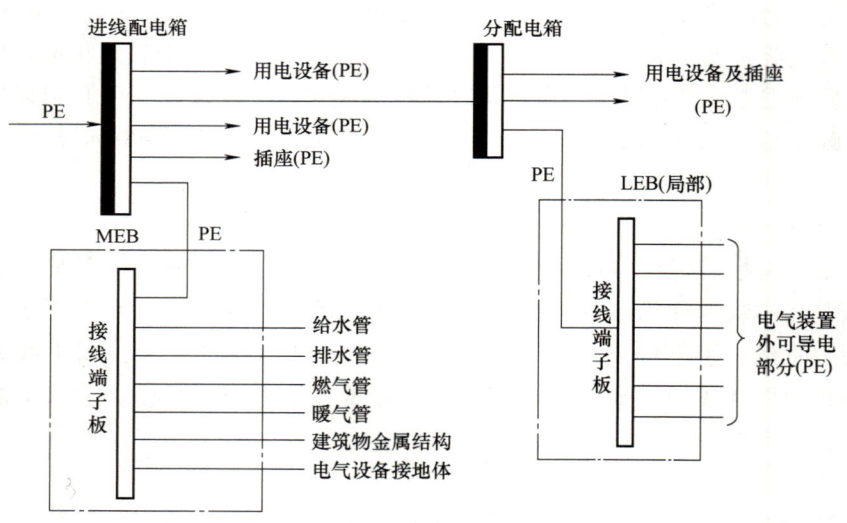

图 2-23 建筑总等电位联结和局部等电位联结

2.4.2 防雷接地工程计量与计价

1. 防雷接地工程量清单

防雷接地工程量清单项目见表 2-28。

表 2-28 防雷接地（编码：030409）

项目编码	项目名称	项目特征	计量单位	工程量计算规则	工作内容
030409001	接地极	名称，材质，规格，土质，基础接地形式	根（块）	按设计图示数量计算	接地极（板、桩）制作、安装，基础接地网安装，补刷（喷）油漆
030409002	接地母线	名称，材质，规格，安装部位，安装形式	m	按设计图示尺寸以长度计算（含附加长度）	接地母线制作、安装，补刷（喷）油漆
030409003	避雷引下线	名称，材质，规格，安装部位，安装形式，断接卡子、箱材质、规格			避雷引下线制作、安装，断接卡子、箱制作、安装，利用主钢筋焊接，补刷（喷）油漆
030409004	均压环	名称，材质，规格，安装形式	m		均压环敷设，钢铝窗接地，柱主筋与圈梁焊接，利用圈梁钢筋焊接，补刷（喷）油漆
030409005	避雷网	名称，材质，规格，安装形式，混凝土块强度等级			避雷网制作、安装，跨接，混凝土块制作，补刷（喷）油漆
030409006	避雷针	名称，材质，规格，安装形式、高度	根	按设计图示数量计算	避雷针制作、安装，跨接，补刷（喷）油漆
030409008	等电位端子箱、测试板	名称，材质，规格	台（块）		本体安装

注：1. 利用桩基础作接地极，应描述桩台下桩的根数，每桩几根柱筋需焊接。其工程量计入柱引下线工程量。
　　2. 利用柱筋作引下线的，需描述是几根柱筋焊接作为引下线。
　　3. 使用电缆、电线作接地线，应按《通用安装工程工程量计算规范》（GB 50856—2013）的附录 D.8、D.12 相关项目编码列项。

2. 防雷接地预算定额项目

（1）工程量计算规则

1）避雷针制作，根据材质及针长，按照设计图示安装成品数量以"根"为计量单位。

2）避雷针、避雷小短针安装，根据安装地点及针长，按照设计图示安装成品数量以"根"为计量单位。

3）避雷引下线敷设，根据引下线采取的方式，按照设计图示敷设数量以"m"为计量单位。

4）断接卡子制作与安装，按照设计规定装设的断接卡子数量以"套"为计量单位。检查井内接地的断接卡子安装按照每井一套计算。

5）均压环敷设长度，按照设计需要作为均压接地梁的中心线长度以"m"为计量单位。

6）接地极制作与安装，根据材质与土质，按照设计图示安装数量以"根"为计量单位。接地极长度按照设计长度计算，设计无规定时，每根按照 2.5m 计算。

7）避雷网、接地母线敷设，按照设计图示敷设数量以"m"为计量单位。计算长度时，按照设计图示水平和垂直规定长度的3.9%计算附加长度（包括转弯、上下波动、避绕障碍物、搭接头等长度），当设计有规定时，按照设计规定计算。

8）接地跨接线安装，根据跨接线位置，结合规程规定，按照设计图示跨接数量以"处"为计量单位。户外配电装置构架按照设计要求需要接地时，每组构架计算一处；钢窗、铝合金窗按照设计要求需要接地时，每一樘金属窗计算一处。

9）桩承台接地，根据桩连接根数，按照设计图示数量以"基"为计量单位。

10）等电位装置安装，根据接地系统布置，按照安装数量以"套"为计量单位。

11）接地网测试：工程项目连成一个母网时，按照一个系统计算测试工程量；单项工程或单位工程自成母网不与工程项目母网相连的独立接地网，单独计算一个系统测试工程量。工厂、车间、大型建筑群各自有独立的接地网（按照设计要求），最后将各接地网连在一起时，需要根据具体的测试情况计算系统测试工程量。

（2）预算定额项目所包括的工作内容

避雷引下线敷设和避雷网安装包括平直、下料、测位、打眼、埋卡子、焊接、固定、刷漆；接地极（板）制作与安装包括尖端及加固帽加工、接地极打入地下及埋设、下料、加工、焊接；接地母线敷设包括挖地沟、接地母线平直、下料、测位、打眼、埋卡子、煨弯、敷设、焊接、回填土夯实、刷漆；接地跨接线安装包括下料、钻孔、煨弯、敷设、挖填土、固定、刷漆；桩承台接地包括下料、煨弯、固定、焊接、补漆；等电位装置安装包括除锈、下料、焊（压）端子、接线、接地。

（3）定额应用相关规定

1）接地极安装与接地母线敷设定额不包括采用爆破法施工、接地电阻率高的土质换土、接地电阻测定工作。工程实际发生时，执行相关定额。

2）避雷针制作、安装定额不包括避雷针底座及埋件的制作与安装。工程实际发生时，应根据设计划分，分别执行相关定额。

3）利用建筑结构钢筋作为接地引下线的安装定额是按照每根柱子内焊接两根主筋编制的，当焊接主筋超过两根时，可按照比例调整定额安装费。防雷均压环是利用建筑物梁内主筋作为防雷接地连接线考虑的，每一梁内按焊接两根主筋编制，当焊接主筋数超过两根时，可按比例调整定额安装费。当采用单独扁钢或圆钢明敷作为均压环时，可执行户内接地母线敷设相关定额。

4）高层建筑物屋顶防雷接地装置安装应执行避雷网安装定额。避雷网安装沿折板支架敷设定额包括了支架制作与安装，不得另行计算。

5）利用基础梁内两根主筋焊接连通作为接地母线时，执行"均压环敷设"定额。

6）户外接地母线敷设定额是按照室外整平标高和一般土质综合编制的，包括地沟挖填土和夯实。户外接地沟挖深为0.75m，每米沟长土方量为0.34m³。当设计要求埋设深度与定额不同时，应按照实际土方量调整。如遇有石方、矿渣、积水、障碍物等情况则另行计算。

7）利用建（构）筑物梁、柱、桩承台等接地时，柱内主筋与梁跨接、柱内主筋与桩承台跨接不另行计算,其工作量已经综合在相应项目中。

8)阴极保护接地等定额适用于接地电阻率高的土质地区,接地施工包括挖接地井、安装接地电极、安装接地模块、换填降阻剂、安装电解质离子接地极等。

9)《第四册 电气设备安装》定额不包括固定防雷接地设施所用的预制混凝土块制作(或购置混凝土块)与安装费用。工程实际发生时,执行《福建省房屋建筑与装饰工程预算定额》相应项目。

10)卫生间等电位均压环安装,定额已包括引至等电位箱的扁钢。

【例2-6】 根据某老年会活动中心工程的"防雷接地总说明"及避雷网安装平面图(图2-24)、接地平面图(图2-25),结合工程建筑施工图及结构施工图,试编制本例工程防雷接地的工程量清单并报价。

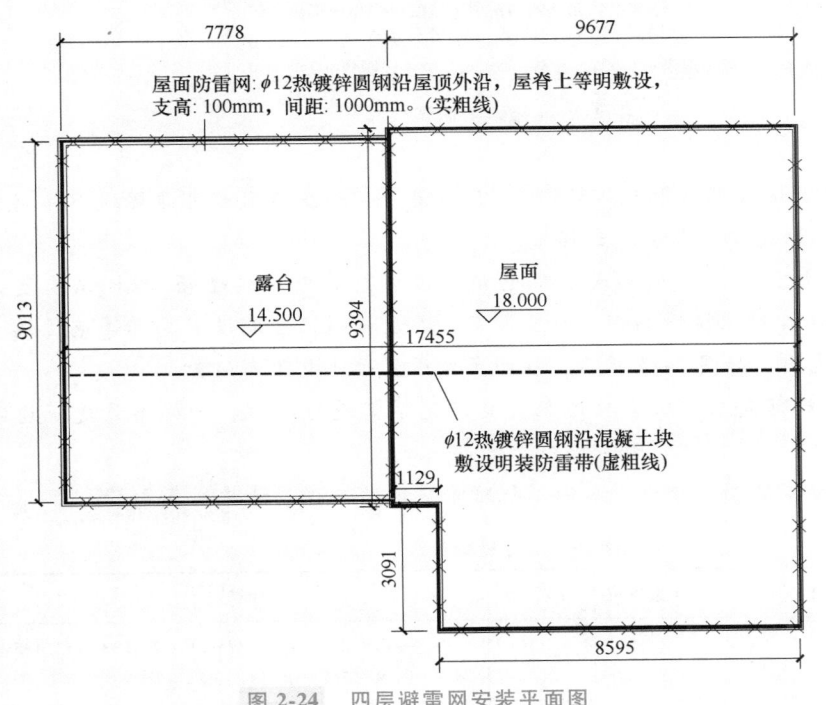

防雷接地工程
工程量清单编制

图 2-24 四层避雷网安装平面图

解:(1)施工图分析。

1)图2-24是老年活动中心四楼露台及楼梯间顶的避雷网安装的平面图,由此图可知,避雷网采用φ12热镀锌圆钢,沿楼顶露台女儿墙和楼梯间顶栏板内明敷一圈,并在露台及楼梯间顶屋面中央用φ12热镀锌圆钢沿混凝土块明敷以做避雷带,不同标高处的避雷网用φ12热镀锌圆钢就近连接。

2)所有结构柱内主筋作为防雷引下线,另考虑埋深1m。查看建筑施工图的立面图,可知四层顶女儿墙标高是15.8m,出屋面顶栏板标高是18.9m,因此1~2轴柱子避雷带的引下线地面垂直长度为16.8m,3~5轴引下线地面垂直长度为19.9m。

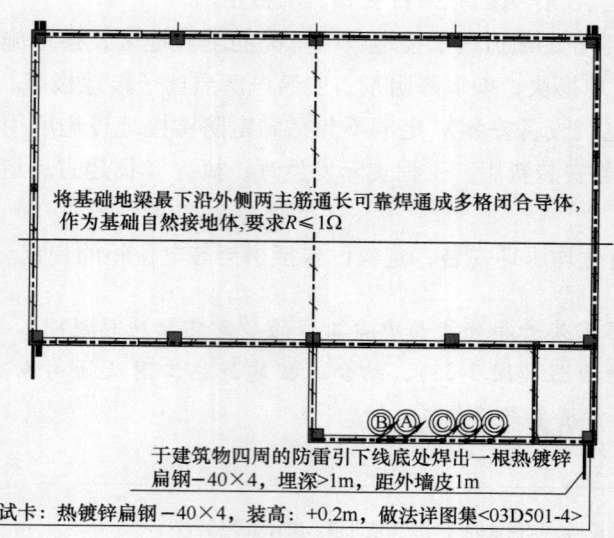

图 2-25 接地平面图

3）根据接地平面图（图 2-25），沿着地梁最下沿外侧两主筋通长可靠焊通多格闭合导体，作为基础自然接地体，与引下线焊接。

4）通过识图可知，电源进线端或总配电箱处设置总等电位端子箱 MEB 供重复接地，并引出两根－40×4 的热镀锌扁钢；四层带有淋浴设施的卫生间设置局部等电位端子箱 LEB，供局部接地用。如图 2-25 所示，在四角处设置接地电阻测试盒。

5）根据施工图规范要求，防雷接地装置施工完毕需进行测试，一栋单体建筑通常按 1 个系统测试设置。

（2）根据题目要求及图例分析，本例工程防雷接地的工程量计算见表 2-29。

表 2-29 工程量计算表

序号	项目名称	计量单位	工程量	计算式
1	避雷网	m	74.801	$L=[\rightarrow 7.778\times 2+\rightarrow 9.677\times 2+\rightarrow 9.013+\rightarrow 12.485\times 2+\downarrow(18.9-15.8)]\times(1+3.9\%)=74.801$
2	避雷网	m	18.136	$L=\rightarrow 17.455\times(1+3.9\%)=18.136$
3	避雷引下线	m	226.4	$L=\downarrow(15.8+1)\times 4+\downarrow(18.9+1)\times 8=226.4$
4	均压环	m	74.892	$L=\rightarrow 15.792\times 2+\rightarrow 9.010\times 3+\rightarrow 2.790\times 3+\rightarrow 7.908=74.892$
5	均压环	m²	7.104	$S=2.4\times 2.96=7.104$
6	接地母线	m	15.169	$L=[\downarrow(1.0+0.5+0.1)\times 2+\downarrow(1.0+1.5+0.1)+\rightarrow 1.0\times 4+\downarrow(1.0+0.2)\times 4]\times(1+3.9\%)=15.169$
7	接地母线	m	4.987	$L=[\downarrow(1.0+0.5+0.1)\times 3]\times(1+3.9\%)=4.987$

（续）

序号	项目名称	计量单位	工程量	计算式
8	等电位端子箱、测试板	台	1	1
9	等电位端子箱、测试板	台	1	1
10	接地装置	系统	1	

（3）本例工程防雷接地分部分项工程工程量清单见表2-30。

表2-30 分部分项工程工程量清单

序号	项目编码	项目名称	项目特征	计量单位	工程量
1	030409005001	避雷网	1. 名称：避雷网 2. 材质：热镀锌圆钢 3. 规格：$\phi12$ 4. 安装形式：沿女儿墙、栏板敷设	m	78.801
2	030409005002	避雷网	1. 名称：避雷网 2. 材质：热镀锌圆钢 3. 规格：$\phi12$ 4. 安装形式：沿混凝土块明敷	m	18.136
3	030409003001	避雷引下线	1. 名称：避雷引下线 2. 规格：柱内两根对角主筋 3. 安装形式：沿混凝土块明敷 4. 断接卡子、箱材质、规格：卡子测试点4个，焊接点	m	226.4
4	030409004001	均压环	1. 名称：接地网 2. 规格：2根$\phi16$主筋 3. 安装形式：利用地梁最下沿外侧两根主筋	m	74.892
5	030409004002	均压环	避雷网安装（卫生间等电位均压环安装）	m^2	7.104
6	030409002001	接地母线	1. 名称：接地母线 2. 材质：镀锌扁钢 3. 规格：40×4 4. 安装部位：埋地安装	m	15.169
7	030409002002	接地母线	1. 名称：接地母线 2. 材质：镀锌扁钢 3. 规格：25×4 4. 安装部位：埋地安装	m	4.987
8	030409008001	等电位端子箱、测试板	名称：MEB总等电位箱	台	1
9	030409008002	等电位端子箱、测试板	名称：LEB总等电位箱	台	1
10	030414011001	接地装置	1. 名称：系统调试 2. 类别：接地网	系统	1

(4) 本例工程防雷接地分部分项工程工程量清单计价（含定额）见表2-31。

表2-31 分部分项工程工程量清单计价表（含定额）

序号	项目编码	项目名称	项目特征	计量单位	工程量	金额（元）	
						综合单价	合计
1	030409005001	避雷网	1. 名称：避雷网 2. 材质：热镀锌圆钢 3. 规格：φ12 4. 安装形式：沿女儿墙、栏板敷设	m	74.801	38.97	2914.99
1.1	30410045	避雷网安装（沿折板支架敷设）φ12热镀锌圆钢		m	74.801	38.97	2914.99
2	030409005002	避雷网	1. 名称：避雷网 2. 材质：热镀锌圆钢 3. 规格：φ12 4. 安装形式：沿混凝土块明敷	m	18.136	24.38	442.16
2.1	30410044	避雷网安装（沿混凝土块敷设）φ12热镀锌圆钢		m	18.136	24.38	442.16
3	030409003001	避雷引下线	1. 名称：避雷引下线 2. 规格：柱内两根对角主筋 3. 安装形式：沿混凝土块明敷设 4. 断接卡子、箱材质、规格：卡子测试点4个，焊接点	m	226.4	13.41	3036.28
3.1	30410042	避雷引下线敷设（利用建筑结构钢筋引下）		m	226.4	12.25	2773.40
3.2	30410047	避雷网安装（柱钢筋与圈梁钢筋焊接）		处	4	42.5	170
3.3	30410048	避雷网安装（接地测试点安装）		处	4	23.22	92.88
4	030409004001	均压环	1. 名称：接地网 2. 规格：2根φ16主筋 3. 安装形式：利用地梁最下沿外侧两根主筋	m	74.892	5.32	398.43
4.1	30410046	避雷网安装（均压环敷设利用圈梁钢筋）		m	74.892	5.32	398.43

（续）

序号	项目编码	项目名称	项目特征	计量单位	工程量	金额（元）	
						综合单价	合计
5	030409004002	均压环	避雷网安装（卫生间等电位均压环安装）	m²	7.104	20.85	148.12
5.1	30410049	避雷网安装（卫生间等电位均压环安装）		m²	7.104	20.85	148.12
6	030409002001	接地母线	1. 名称：接地母线 2. 材质：镀锌扁钢 3. 规格：40×4 4. 安装部位：埋地安装	m	15.169	22.54	341.91
6.1	30410058	户内接地母线敷设—40×4镀锌扁钢		m	15.169	22.54	341.91
7	030409002002	接地母线	1. 名称：接地母线 2. 材质：镀锌扁钢 3. 规格：25×4 4. 安装部位：埋地安装	m	4.987	21.68	108.12
7.1	30410058	户内接地母线敷设—25×4镀锌扁钢		m	4.987	21.68	108.12
8	030409008001	等电位端子箱、测试板	名称：MEB总等电位箱	台	1	97.78	97.78
8.1	30410084	总等电位端子箱MEB		台	1	97.78	97.78
9	030409008002	等电位端子箱、测试板	名称：LEB总等电位箱	台	1	38.14	38.14
9.1	30410082	局部等电位端子箱LEB		台	1	38.14	38.14
10	030414011001	接地装置	1. 名称：系统调试 2. 类别：接地网	系统	1	886.69	886.69
10.1	30410085	接地系统测试（独立接地装置6根接地极以内）		系统	1	886.69	886.69

（5）根据市场询价获得信息（以下价格均为不含税价）：ϕ12镀锌圆钢的单价为7.5元；—40×4热镀锌扁钢的单价为7.14元/m；—25×4热镀锌扁钢的单价为7.14元/m；等电位装置安装（等电位端子盒安装）LEB的单价为20元/个。

复习题

1. 电线型号的文字标注 BV 3×6+1×2.5 SC FC 中，SC 及 FC 表示什么含义？
2. 在计算配线长度时，配线在配电箱应计算的预留长度为多少？
3. 根据相关规范说明，照明线路导线截面面积>6mm² 时，应执行什么定额？
4. 根据本章【例 2-5】的相关条件，请完成 N2、N5 线路配管配线工程工程量清单并报价。

第3章 建筑给排水工程计量与计价

内容简介

本章主要介绍建筑给排水工程的基本组成、施工图的识读、图例的表达，给排水管道、附件、卫生器具及管道除锈、刷油等清单项目设置、工程量计算和计价等内容，并结合BIM建模和软件操作展示建筑给排水工程计量与计价的过程。

3.1 建筑给排水工程概述与识图

3.1.1 建筑给排水系统

建筑给排水系统包含建筑给水系统和建筑排水系统。其中，室内给水系统是指将市政给水管网或自备水源给水管网的水引入室内，经配水管送至生活、生产和消防用水设备，并满足各用水点对水量、水压和水质的要求的冷水供应系统。室内排水系统是指用于排出居住建筑、公共建筑和生产建筑内的废水、污水、雨水的管道系统。建筑排水系统所排出的污水应满足相关规范、标准规定的污水排放条件。建筑给排水系统的组成如图 3-1 所示。

3.1.2 室内给排水系统的组成

1. 室内给水系统的组成

如图 3-2 所示，室内给水系统主要包括以下几个部分：

(1) 引入管

引入管指市政给水管网和建筑内部给水管网之间的连接管道。

(2) 水表节点

在引入管段上应装设水表，计量建筑物的总用水量，在其前后装设阀门、旁通管和泄水阀门等管路附件，水表及其前后的附件一般设在水表井中。

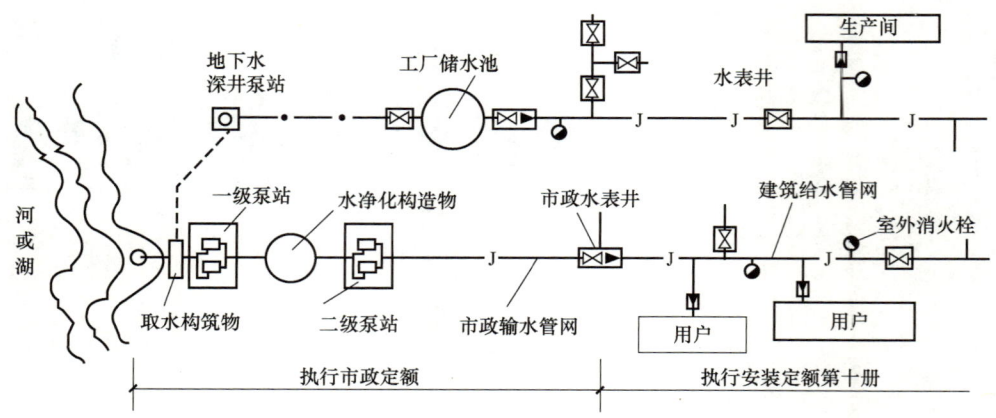

a) 给水系统组成及定额适用范围

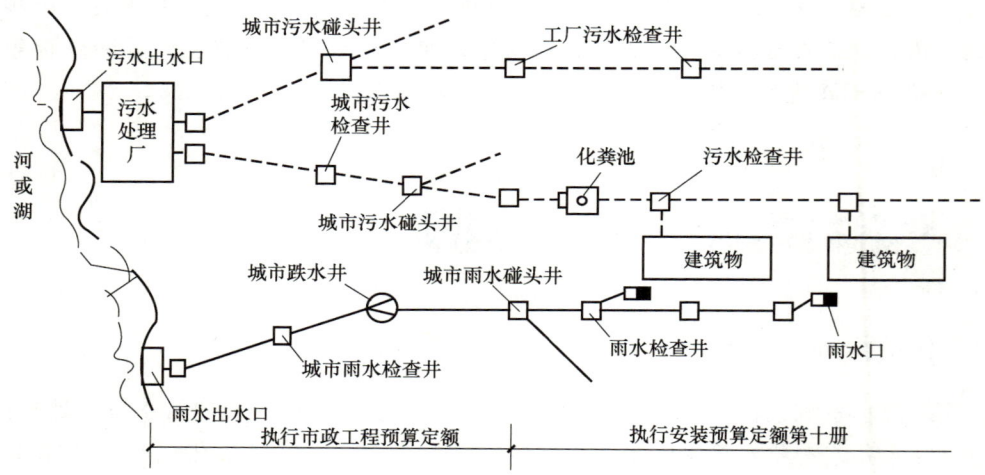

b) 排水系统组成及定额适用范围

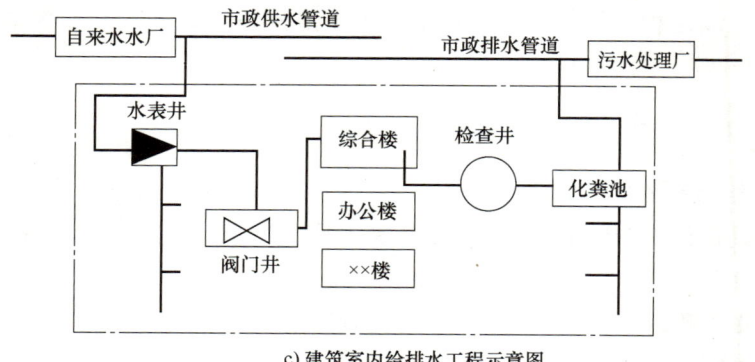

c) 建筑室内给排水工程示意图

图 3-1　建筑给排水系统的组成

(3) 给水管道系统

给水管道系统主要是指由建筑内部给水的水平或垂直干管、立管、支管组成的管道体系。

(4) 给水管道附件

给水管道附件是安装在给水管道及设备上的启闭和调节装置的总称。常见的给水管道附件有各类阀门、仪表、水嘴等。

(5) 升压和储水设备

当室外给水管网压力不足或建筑内部对安全供水、水压稳定有相应要求时，需设置各种附属设备，如水箱、水泵、气压装置、水池等升压和储水设备。

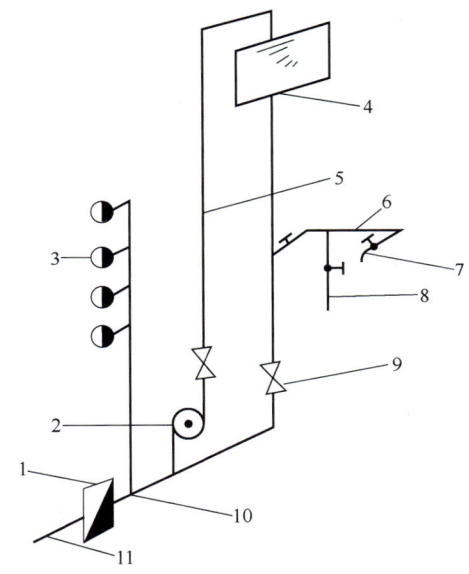

图 3-2 室内给水系统示意图

1—水表井　2—水泵　3—消火栓　4—水箱　5—垂直干管　6—水平支管　7—水嘴　8—垂直支管
9—主控制阀　10—水平干管　11—引入管（进户管）

2. 室内排水系统的组成

如图 3-3 所示，室内排水系统主要包括以下几个部分：

(1) 卫生器具及排水器具

卫生器具及排水器具是指建筑物内部污水及废水的收集器具。

(2) 排水管道系统

排水管道系统主要包括器具排水管、排水横支管、排水立管、排出管、通气管等。

(3) 清通设备

清通设备主要包括检查口、清扫口、检查井及带有清扫口的弯头或三通等，用于疏通排水管道。

(4) 抽升设施

当地下建筑物内的污水、废水不能自流排至室外时必须设置污水抽升设施，如水泵、气压扬液器、喷射器等,将污水、废水抽升排放以保证室内良好的卫生环境。

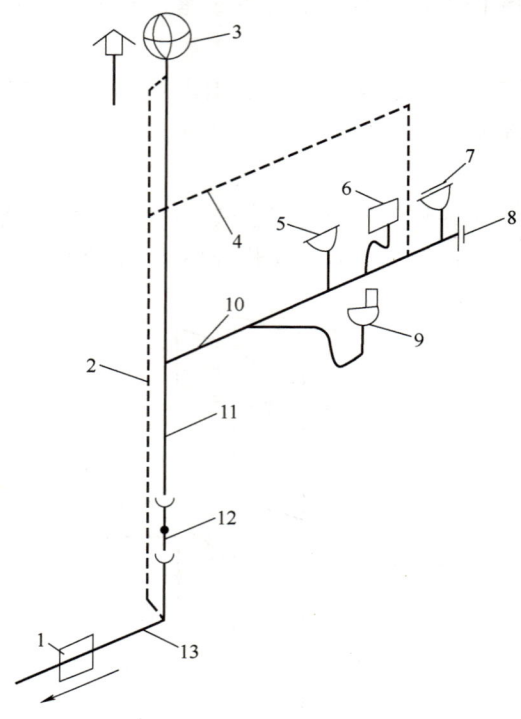

图 3-3 室内排水系统基本组成

1—检查井 2—排气立管 3—透气帽 4—排气横管 5—地漏 6—洗脸盆 7—地面清扫口
8—清扫口 9—坐式大便器 10—排水横支管 11—排水立管 12—检查口 13—排出管

3.1.3 建筑给排水工程施工图的识读

1. 建筑给排水工程施工图的组成

建筑给排水工程施工图直接表明建筑给排水工程的规模、连接方式、安装技术、使用维保方法等,一般由图纸目录与设计说明、设备材料表、系统图(轴测图)、平面图、施工详图等组成。

(1) 图纸目录与设计说明

图纸目录与设计说明主要包括图纸内容、数量、工程概况、设计依据以及图中未能表达清楚的各有关事项。如给水、排水、热水供应、雨水系统等管材、防腐抗冻防冻的做法、管道连接、验收要求、施工中必须遵守的技术规程和规定等。

(2) 设备材料表

设备材料表列出了给排水施工图中所涉及的主要设备材料(如卫生器具、管道附件、清通设备等)的名称、图例、型号、规格、数量等。

(3) 系统图

给排水工程系统图按照功能分为给水系统图与排水系统图,按照表达方式可分为轴测图和原理图，均用单线图表达管道的连接关系。系统轴测图是一种立体图，在水平、轴测、垂直方向按比例绘制，表达管道、设备的空间位置和相互关系。轴测图中标注了管径、立管编号、管道与附件的标高，排水管还标注有管道坡度。系统原理图的图样不需要按比例和轴测方向绘制，主要用于反映各种管道系统的整体概念、管道的来龙去脉，设备与附件的安装楼层和技术参数等。给排水工程系统如图3-4和图3-5所示。

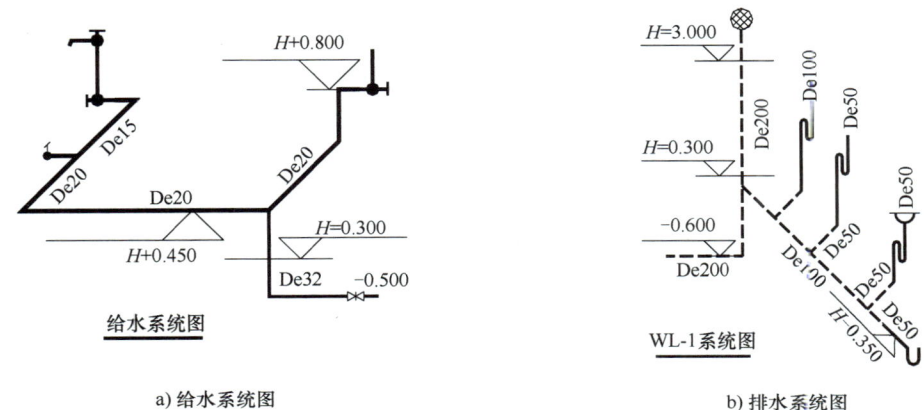

a) 给水系统图　　　　　　　　　　b) 排水系统图

图3-4　建筑给排水系统轴测图

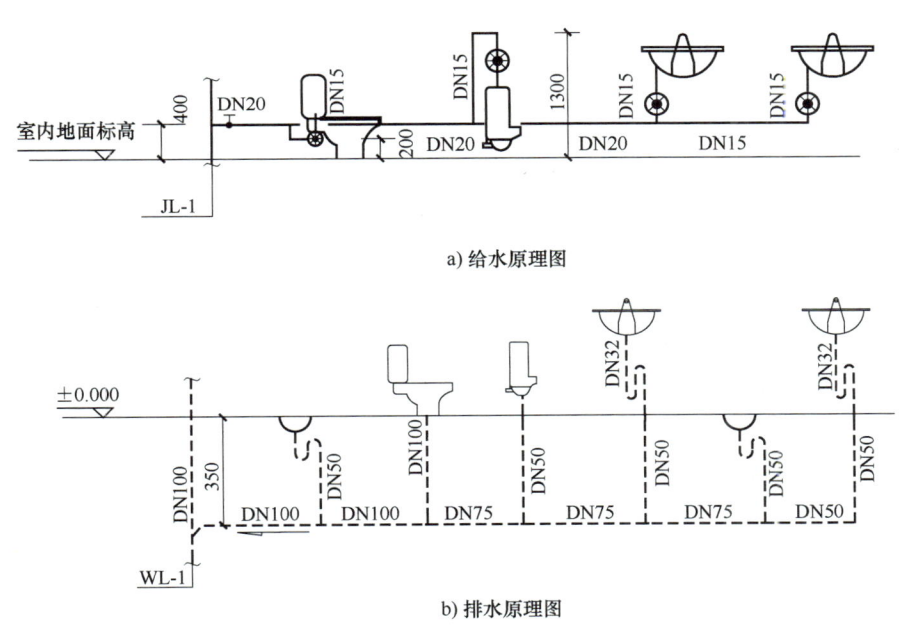

a) 给水原理图

b) 排水原理图

图3-5　建筑给排水系统原理图

给排水系统图识读注意事项：

1）查明给水管道系统的具体走向、干管的敷设方式、管径及其变径情况，明确阀门的位置及引入管、干管和各支管的标高。识读时，可按引入管→干管→支管→给水配件及附件的顺序进行阅读。

2) 查明排水管道系统的具体走向、管路分支情况、管径、水平管道坡度、标高、存水弯形式等，结合平面图，弄清卫生器具的种类、型号、位置等。识读时，可按卫生设备器具→卫生器具排水管→排水横支管→立管→出户管的顺序进行阅读。

（4）平面图

给排水工程平面图主要表明管道在各楼层的平面位置及编号、管道和设备器具的规格型号，以及给水引入管和排水出户管与室外给排水管网的关系。平面图的管线虽然是示意性的，但还是按照一定比例绘制的，常用比例尺为 1∶100 和 1∶50。因此，在计算平面图的工程量时，要结合详图，按图注尺寸或用比例尺进行计算。卫生设备和其他设备通常用图例表示，在平面图中只能说明器具和设备的类型，而不能表示具体结构和外部尺寸。图 3-6 为某老年活动中心给排水工程平面图，其中，卫生间 B 的给水管线与图 3-5a 中的系统图对应，给水系统编号为 JL-1，在室内标高以上 0.4m 处接出 DN20 横管，经过 DN20 截止阀，依次为坐便器冲水水箱、小便器冲水水箱、B 卫生间内洗脸盆供水，并变径为 DN15 穿墙出卫生间为第二个洗脸盆供水。

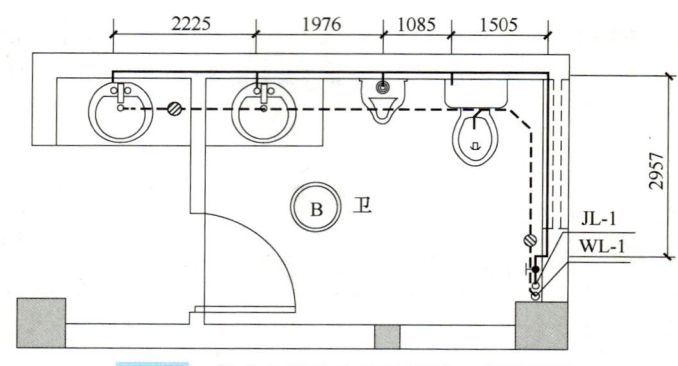

图 3-6 某老年活动中心给排水工程平面图

给排水平面图识读注意事项：

1) 查明卫生器具、用水设备及升压设备的类型、数量、安装位置、定位尺寸。

2) 弄清给水引入管和污水排出管的平面位置、走向、定位尺寸、管径、坡度及与室外管网的连接方式等。给水引入管上一般均装设阀门，若阀门设在室外阀门井中，在平面图上即可表示出来，要查明阀门的规格型号及与建筑物的距离。污水排出管与室外排水管的连接，是通过检查井来实现的，应了解排出管的管径、埋深及与建筑物的距离。

3) 查明给排水干管、立管、支管的平面位置、走向、管径及立管编号。

4) 查明水表的安装位置、型号，水表前后阀门的设置情况，以及所采用的安装标准图号。

5) 室内排水管道应查明检查井进出管的连接方向及清通口、清扫口的布置情况；对于雨水管道，应查明雨水斗的型号、数量及布置情况，并结合详图弄清雨水斗与天沟的连接方式。

（5）施工详图

凡平面布置图、系统图中局部构造因受图面比例限制而表达不完善或无法表达的，必须

第 3 章 建筑给排水工程计量与计价

绘出施工详图,如卫生器具安装、排水检查井、雨水检查井、阀门井、水表井、局部污水处理构筑物等。施工详图一般采用正投影法绘制,图上标有详细说明,可供安装时直接使用。

2. 给排水工程常用图例符号和标注代号

在给排水施工图中,常使用简明的图例符号和标注来反映给排水管道和器具的类型、规格和管道走向等。

(1) 常用管道图例(表 3-1)

表 3-1 常用管道图例

序号	图例	名称	序号	图例	名称
1	—— J ——	生活给水管	6	—— F ——	废水管
2	—— RJ ——	热水给水管	7	—— T ——	通气管
3	—— ZJ ——	中水给水管	8	—— W ——	污水管
4	〰〰	保温管	9	—— Y ——	雨水管
5	XL-1 平面 / XL-1 系统	管道立管	10	—— KN ——	空调凝结水管

(2) 常用管道附件图例(表 3-2)

表 3-2 常用管道附件图例

序号	图例	名称	序号	图例	名称
1		管道伸缩器	10	平面 系统	圆形地漏
2		刚性防水套管	11	平面 系统	清扫口
3		柔性防水套管	12	成品 蘑菇形	通气帽
4		立管检查口	13	YD- 平面 YD- 系统	雨水斗
5	单球 双球	可曲挠橡胶接头	14	平面 系统	排水漏斗
6		管道固定支架	15		倒流防止器
7		波纹管	16		防虫网罩
8		自动冲洗水箱	17		金属软管
9		减压孔板	18		Y 形除污器

（3）常用管道连接图例（表 3-3）

表 3-3　常用管道连接图例

序号	图例	名称	序号	图例	名称
1		法兰连接	6	高 低　低 高	弯折管
2		承插连接			
3		活接头	7	高／低	管道丁字上接
4		管堵			
5		法兰堵盖	8	低／高	管道交叉

（4）常用管件图例（表 3-4）

表 3-4　常用管件图例

序号	图例	名称	序号	图例	名称
1		偏心异径管	6		90°弯头
2		同心异径管	7		正三通
3		喇叭口	8		斜三通
4		S形存水管	9		正四通
5		P形存水管	10		斜四通

（5）常用阀门图例（表 3-5）

表 3-5　常用阀门图例

序号	图例	名称	序号	图例	名称
1		闸阀	7	平面　系统	浮球阀
2		角阀			
3		截止阀	8	平面　系统	旋塞阀
4		蝶阀			
5		减压阀	9		球阀
6	平面　系统	自动排气阀	10		止回阀
			11		消声止回阀

(续)

序号	图例	名称	序号	图例	名称
12		疏水器	15	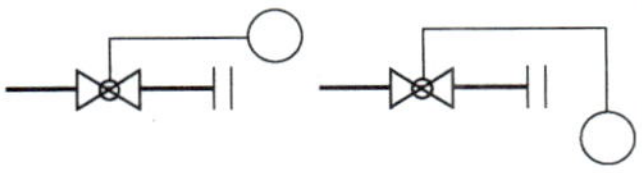 平面　　　系统	水力液位控制阀
13	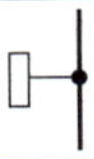	感应式冲洗阀			
14	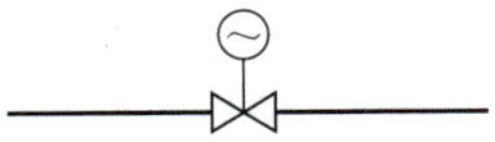	电动闸阀	16	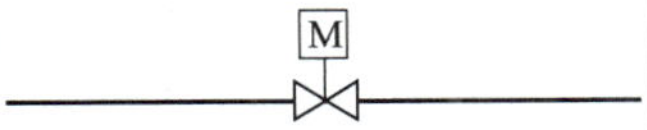	电磁阀

（6）常用卫生设备和仪表图例（表3-6）

表3-6　常用卫生设备和仪表图例

序号	图例	名称	序号	图例	名称
1		立式洗脸盆	7		挂式小便器
2	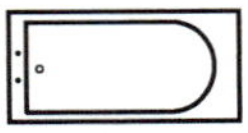	浴盆	8		淋浴喷头
3		洗涤盆	9	 平面　　　系统	卧式水泵
4		污水池			
5		蹲式大便器	10		压力表
6	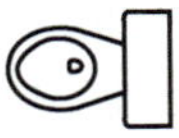	坐式大便器	11		水表

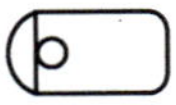

（7）标高的标注

给排水施工图中用标高来表示管道和设备的安装高度，单位为 m。沟渠、管道的起点、转角点、连接点、变坡点和交叉点等处应标注标高。压力管道宜标注管中心标高，重力流管道宜标注管内底标高。室内管道和设备应标注相对标高，室外管道应标注绝对标高。

（8）管道编号

当建筑物的给水引入管或排出管的数量超过 1 根时，宜进行系统编号。给水系统以每一条引入管为一个系统，排水系统以每一条排出管或几条排出管汇集至室外检查井为一个系统，如 2 号给水系统标注为 JL-2，3 号排水系统标注为 PL-3。

（9）管径标注

低压流体输送用的焊接钢管、镀锌焊接钢管、铸铁管等管道的管径常用公称直径 DN 表示，如 DN75；无缝钢管、直缝或螺旋缝电焊钢管、有色金属管与不锈钢管等管道的管径常用外径 D×壁厚表示，如 D108×4；耐酸瓷管、混凝土管、钢筋混凝土管与陶土管等管道的管径常用内径 d 表示，如 d230；塑料管的管径常用外径 De 表示，如 De110。

(10) 管道压力标注

管材的承压能力可以由三种参数来表示。第一种参数是公称压力 PN，后面加以数字表示公称压力的大小，单位为 MPa，指管材在基准温度时所能承受的最大压力。如某耐高压管材上标注 PN20，则表示该管材的公称压力为 20MPa。第二种参数是试验压力 PS，后面加以数字表示试验压力的大小，单位为 MPa，指管材在出厂前进行压力试验时的强度值。第三种参数是工作压力 P，后面加以数字表示工作压力的大小，单位为 MPa，指管材在工作温度下的操作压力。

3.2 建筑给排水工程计量与计价

3.2.1 建筑给排水系统基础知识

1. 给排水管道

（1）常用管材

给排水工程常用管材类型包括金属管、塑料管、复合管三类。管材的选用应综合考虑管道的工作压力、敷设地段的条件、有无腐蚀性、放散电流影响、强烈振动、施工方法及造价等因素。一般情况下，室内生活给水管道选用塑料管、镀锌钢管、复合管、铜管或不锈钢管等耐腐蚀且易于安装的管材。埋设在室外土壤内的给水管材应选用耐腐蚀且抗荷载能力高的铸铁管材。下面着重介绍几种常用管材的分类、特性和连接方式。

1）钢管。钢管承载力大、可塑性好、便于焊接，但耐腐性差，须采取可靠的防腐措施。钢管分为焊接钢管和无缝钢管两大类，焊接钢管按防腐措施不同又可分为镀锌钢管和不镀锌钢管。其中，镀锌钢管在生活饮用水管道或某些水质要求较高的工业用水管道中较为常用，俗称白铁管，其规格常用公称直径 DN 表示，连接方式常用螺纹连接（适用于 DN100 及以下的管道）、法兰连接或沟槽连接（适用于 DN80 以上的管道）。无缝钢管是用普通碳素钢、优质碳素钢或低合金钢制造而成，其规格采用管外径 D×壁厚表示，如 D20×2.5，无缝钢管通常采用焊接连接或法兰连接。

2）铸铁管。铸铁管耐腐蚀性强、使用期长、价格低，但性脆、长度小、质量大，主要用于给排水、采暖和燃气管道。铸铁管规格采用公称直径 DN 表示，常用连接方式为承插连接（含柔性接口和刚性接口两类）与法兰连接。其中，法兰连接的铸铁管用法兰固定，内垫橡胶法兰垫片密封。柔性接口铸铁管用橡胶圈密封；刚性接口铸铁管一般承口较大，直管插入后用水泥密封，此工艺现已基本淘汰。

3）铜管。铜管不易锈蚀，导热性好，低温强度高，但价格比较昂贵。铜管常用于制造换热设备（如冷凝器等），也用于制氧设备中装配低温管路，直径小的铜管常用于输送有压力的液体（如润滑系统、油压系统等）及用作仪表的测压管等。

4）塑料管。安装工程中的塑料管种类繁多，在建筑工程中应用广泛，如给水硬聚氯乙烯（U-PVC）管、聚乙烯（PE）管、交联聚乙烯（PEX）管、聚丙烯（PP-R）管、改性聚丙烯（PPC）管、玻璃纤维增强聚丙烯（FRPP）管等。塑料管表面光滑、耐腐蚀、重量轻、具有足够的耐压强度、加工方便，但受紫外线照射易老化、耐热性差。常用接口方式为粘接、法兰连接，PE 管还可采用电热熔接、热熔对接。

其中，PP-R 管常用于给水管道系统中，是民用建筑工程中采用最多的一种供水管道；PE 管材给水管道的应用温度低于 40℃，故无法用于热水输送，常用于室外供水、燃气供应及农田灌溉工程；U-PVC 管以卫生级聚氯乙烯（PVC）树脂为主要原料，具有物化性能优良、耐化学腐蚀、抗冲强度高、流体阻力小、质轻耐用，安装方便等优点，常用于建筑排水工程，但由于 U-PVC 管道有轻微毒性，因此主要用于排污管道。

5）复合管。复合管材是以金属管材为基础，内、外焊接聚乙烯、交联聚乙烯等非金属材料成型，具有金属管材和非金属管材的优点。目前市场较普遍的有铝塑复合管、钢塑复合管、钢骨架 PE 管、涂塑钢管等。铝塑复合管的内外壁均为聚乙烯，中间以铝合金为骨架，具有质量轻、耐压强度好、阻力小、安装方便、可挠曲、美观等优点，常用连接方式为卡套式连接。

（2）管道管径的表示方式

给排水工程中以管径表示该管道横截面的大小，常见的表示方法介绍如下：

1）公称直径 DN。公称直径又称平均外径，是国家规定的口径，指容器、管道及其附件的标准化直径系列，在管道中指的是小于外径并大于内径的某个尺寸。钢管、阀门、水表等一般用公称直径表示，需要特别注意的是相应于管道的某一公称直径，其外径是一定值，内径随壁厚而变化。塑料管、复合管、铜管公称直径及公称外径对照关系见表 3-7。

表 3-7 塑料管、复合管、铜管公称直径及公称外径对照表

公称直径/mm	公称外径/mm		公称直径/mm	公称外径/mm	
	塑料管、复合管	铜管		塑料管、复合管	铜管
15	20	18	100	110	108
20	25	22	125	125	—
25	32	28	150	160	—
32	40	35	200	200	—
40	50	42	250	250	—
50	63	54	300	315	—
65	75	76	400	400	—
80	90	89			

2）外径 D×壁厚。圆形的物体外圆的直径称为外径，通常直接用游标卡尺测得。无缝钢管一般用外径×壁厚表示。

3）公称外径 De。国家规定的外径，塑料管、复合管一般用公称外径表示。

（3）管道的连接方式

管道连接是指按照设计图的要求，将已经加工预制好的管段连接成一个完整的系统。在施工中，应根据所用管道的管材选择不同的连接方法。例如，金属钢管的连接方式有螺纹连

接、法兰连接、沟槽连接、焊接连接等；塑料管及复合管常用的连接方式以热熔连接最为可靠，其操作方便，气密性好，接口强度高。

1）螺纹连接。螺纹连接一般适用于较小管径（DN100以内）、较低工作压力（1MPa以内）的焊接钢管的连接和带螺纹的阀类及设备连接管的连接。

2）法兰连接。法兰连接就是把两个管道、管件或器材，先各自固定在一个法兰盘上，然后在两个法兰盘之间加上法兰垫，用螺栓将两个法兰盘拉紧使其紧密结合，完成连接。有的管件和器材自带法兰盘，也属于法兰连接。

3）沟槽连接。沟槽连接也叫卡箍连接，是一种新型的钢管连接方式，具有许多突出的优点，《自动喷水灭火系统设计规范》（GB 50084—2017）、《消防给水及消火栓系统技术规范》（GB 50974—2014）规定，系统管道的连接应采用沟槽式连接件或螺纹、法兰连接；其中自动喷淋系统中直径等于或大于100mm的管道、消防给水系统中直径大于50mm的管道，均应分段采用法兰或沟槽式连接件连接。

4）焊接连接。管道的焊接广泛采用电焊和气焊。电焊适合于焊接厚度4mm以上的焊件，气焊适用于焊接厚度4mm以下的薄焊件。

5）热熔连接。热熔连接是指在非金属与非金属之间，经过加热升温至（液态）熔点后进行连接的一种连接方式。热熔连接广泛应用于PP-R管、PB管、PE-RT管、金属复合管、曲弹矢量铝合金衬塑复合管等新型管材与管件的连接。

热熔连接具有连接简便、使用年限久、不易腐蚀等优点。热熔连接根据工艺不同又可分为热熔承插连接和热熔对接连接，如U-PVC塑料排水管主要采用热熔承插连接。

（4）管道安装工艺流程

室内给水管道安装工艺：安装准备→预留孔洞→预制加工→干管安装→支管安装→管道试验→消毒冲洗→管道保温、防腐。

室内排水管道安装工艺：安装准备→预留孔洞→预制加工→干管安装→立管安装→支管安装→管道灌水、通球试验→卫生洁具安装→通水试验。

2. 管道附件

（1）常用管道附件介绍

附件是安装在管道及设备上的启闭和调节装置的总称，可分为配水附件和控制附件。配水附件用来调节和分配流量，一般指安装在卫生器具和用水点的水嘴。控制附件可用于调节水量、水压、控制水流方向和关断水流，主要包括各式阀门。民用建筑物中常用的管道附件包括闸阀、截止阀、止回阀、蝶阀、球阀、减压阀、排气阀、浮球阀、塑料阀门、水表等。

1）闸阀。闸阀是利用闸板升降控制开闭的阀门。流体通过阀门时流向不变，阻力小，但严密性较差。闸阀的安装不分方向，可作为截断装置，一般安装在需要调节大小和启闭频繁的管路上。

2）截止阀。截止阀体型比同直径的闸阀长些，流体通过截止阀时要转弯改变流向，其流体阻力较闸阀大。截止阀安装时应"低进高出"，方向不可装反。

3）止回阀。止回阀又称逆止阀、单流阀，是一种根据阀瓣前后压力差而自动启闭的阀门。因此，止回阀的安装有严格的方向，只允许介质向一个方向流通。止回阀用于阻止介质倒流的管路上，如用于水泵出口的管路上作为水泵停泵时的保护装置。

4）安全阀。安全阀是自动保险装置，当设备或管道系统中介质的压力超过工作压力或设定压力值时，安全阀自动开启，排放出部分介质（气或液）；当设备或管道系统中的压力低于工作压力或设定的压力值时，安全阀便自动关闭。

5）蝶阀。蝶阀又称翻板阀，是一种结构简单的调节阀，其关闭件（闸瓣或蝶板）为圆盘，通过围绕阀轴旋转来达到开启与关闭的目的，可用于低压管道介质的开关控制。蝶阀在管道上主要起切断和节流作用。

6）减压器。即减压阀，是将介质压力降低，并使出口压力自动保持稳定的阀门。

7）补偿器。补偿器也称为膨胀节或伸缩节，用于补偿吸收管道轴向、横向、角向变形。

8）疏水阀。疏水阀主要作用是将蒸汽系统中的凝结水、空气和二氧化碳气体尽快排出，同时最大限度地自动防止蒸汽的泄露。

9）倒流防止器。倒流防止器是一种采用止回部件组成的可防止给水管道水倒流的装置。

10）水表。水表指用于计量建筑物用水量的仪表，可用铸铁、铸钢、铜合金等铸造或锻造而成，常用的有旋翼式和螺翼式两种。水表按使用类型可分为民用水表与工业用水表；按测量原理分为容积式水表、速度式水表；按介质分为冷水水表、热水水表；按介质压力分为普通水表、高压水表；按计数器分为指针式水表、字轮式水表；按计数器是否浸水分为干式水表、湿式水表；按连接方式分为螺纹式水表、法兰式水表等；按自动化程度分为一般式水表、智能式水表；按产品形式有单个水表和水表箱。

（2）阀门型号表示方法

阀门型号的表示方法如图 3-7 所示，如 Z941H-25P 表示不锈钢电动闸阀，工程压力为 2.5MP，阀座密封面材料为 Cr13 钢，结构形式为明杆楔式单闸阀板，法兰连接。

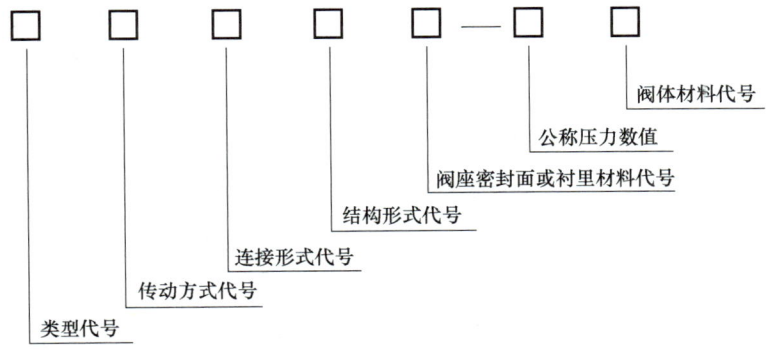

图 3-7　阀门型号表示方法

3. 支架及其他

（1）套管

按相关规范规定，管道穿越楼板或墙体时应安装套管。如有防水要求的应安装防水套管,有严格防水要求的应安装柔性防水套管。套管一般根据材质可分为钢套管与塑料套管,根据类型可分为普通套管与防水套管。套管在施工图上一般不会标识出来,因此在清单列项和计算工程量时,往往会少算套管,或分不清该用哪种套管。

1)普通套管。普通套管安装前,应预留孔洞。在土建主体施工时即应配合土建预留孔洞;土建主体施工完毕后,再进行管道的安装,管道安装时要注意装上套管。

2)防水套管。土建主体施工的同时,在绑扎钢筋时要将防水套管预埋到位。刚性防水套管适用于有一般防水要求的构筑物,如管道穿越有防水要求的屋面、地下室外墙等位置。柔性防水套管适用于管道穿过墙壁之处有振动或有严密防水要求的构筑物,如人防墙、水池等防水要求很高的地方。

(2) 管道支架

在任何有管道敷设的地方都会使用管道支架,如:当塑料排水支管在楼板底安装时可用管卡固定;当塑料排水主管在架空层敷设时需用角钢支架固定;当金属管道沿梁底敷设时,一般采用角钢吊架固定;当多条金属管道并排沿梁底敷设时,一般采用槽钢支架固定;当金属管道沿墙壁垂直敷设时,常采用角钢支架;当管道沿地板水平敷设时,常采用水平托架支撑。管道支架在施工图上一般不会标识出来,计量计价时应根据相关设计交底文件取定。

4. 卫生器具

卫生器具的结构、形式和材料各不相同,应根据其用途、设置地点、维护条件和安装条件选用。为满足卫生清洁的要求,卫生器具一般采用不透水、无气孔、表面光滑、耐腐蚀、耐磨损、耐冷热、便于清扫、有一定强度的材料制造,如陶瓷、塑料、水磨石、复合材料等。常用卫生器具的分类见表3-8。

表 3-8 常用卫生器具分类

分类	卫生器具	备注
便溺器具	大便器	排除粪便的卫生器具,分为坐式、蹲式和槽式。家庭流行低水箱直冲式,公共场所用手压或脚踏延时自闭阀直冲式和感应自动冲洗式
	小便器	设于公共建筑男卫生间内,分为挂式、立式和槽式,冲洗方式分为手动式与自动式
	冲洗设备	便溺设备的配套设备,有冲洗水箱和冲洗阀
盥洗、淋浴器具	洗脸盆	设置于盥洗室、浴室、卫生间内。种类繁多,有立式、台式、挂式;按供水分为冷水式、热水式、冷热水式
	盥洗槽	用瓷砖、水磨石等材料现场建造的卫生设备,设置于同时有多人使用的场所
	浴盆	设置于住宅、宾馆、医院等的卫生间或公共浴室内
	淋浴器	多用于住宅、公共浴室、集体宿舍和体育馆内。常用淋浴器由金属软管、莲蓬头(花洒)和冷热水阀门组成,有成套型和各种组件组成的组件型
	净身盆	与大便器配套安装,供便溺后清洗

（续）

分类	卫生器具	备注
洗涤器具	洗涤盆	设置于厨房或公共食堂内，用于洗涤碗碟、蔬菜等。其水嘴分为单水嘴、双水嘴，开关分为肘式开关、脚踏开关等
	化验盆	设置于工厂、化验室和实验室内
	污水盆	设置于公共卫生间内，用于洗涤拖把或倾倒污水
地漏	地漏	设置于地面泄水处，用铸铁、不锈钢、铝合金、塑料等制作，规格为 DN50～DN150

3.2.2 给排水管道计量与计价

1. 给排水管道工程量清单

（1）给排水管道工程量清单项目（表3-9）

表 3-9 给排水、采暖、燃气管道（编码：031001）

项目编码	项目名称	项目特征	计量单位	工程量计算规则	工作内容
031001001	镀锌钢管	安装部位，介质，规格、压力等级，连接形式，压力试验及吹、洗设计要求，警示带形式	m	按设计图示管道中心线以长度计算	管道安装，管件制作、安装，压力试验，吹扫、冲洗，警示带铺设
031001002	钢管				
031001003	不锈钢管				
031001004	铜管				
031001005	铸铁管	安装部位，介质，材质、规格，连接形式，接口材料，压力试验及吹、洗设计要求，警示带形式			管道安装，管件安装，压力试验，吹扫、冲洗，警示带铺设
031001006	塑料管	安装部位，介质，材质、规格，连接形式，阻火圈设计要求，压力试验及吹、洗设计要求，警示带形式			管道安装，管件安装，塑料卡固定，阻火圈安装，压力试验，吹扫、冲洗，警示带铺设
031001007	复合管	安装部位，介质，材质、规格，连接形式，压力试验及吹、洗设计要求，警示带形式			管道安装，管件安装，塑料卡固定，压力试验，吹扫、冲洗，警示带铺设

（2）清单项目说明

1）安装部位，指管道安装在室内、室外。

2）输送介质包括给水、排水、中水、雨水、热媒体、燃气、空调水等。

3）方形补偿器制作安装应含在管道安装综合单价中。

4）铸铁管安装适用于承插铸铁管、球墨铸铁管、柔性抗震铸铁管等。

5）塑料管安装适用于 U-PVC、PVC、PP-C、PP-R、PE、PB 管等塑料管材。

6）复合管安装适用于钢塑复合管、铝塑复合管、钢骨架复合管等复合型管道安装。

7）排水管道安装包括立管检查口、通气帽。排水通气管不得与风道或烟道连接，且应符合下列规定：①通气管应高出屋面 300mm，且必须大于最大积雪厚度；②在通气管出口 4m 以内有门、窗时，通气管应高出门、窗顶 600mm 或引向无门、窗的一侧；③在经常有人停留的平屋顶上，通气管应高出屋面 2m，并应根据防雷要求设置防雷装置。

8）压力试验按设计要求描述试验方法，如水压试验、气压试验、泄露性试验、闭水试验、通球试验、真空试验等。隐蔽或埋地的排水管道在隐蔽前必须做灌水试验。为了测试建筑管道的防堵塞能力，室内排水立管或干管在安装结束后，需用直径不小于管径 2/3 的橡胶球、铁球或木球进行管道通球试验，通球率必须达到 100%。

9）吹、洗设计要求描述吹扫、冲洗方法，如水冲洗、消毒冲洗、空气吹扫等。生活给水管道在交付使用前必须消毒，并经有关部门取样检验，符合《生活饮用水卫生标准》（GB 5749—2022）方可使用。

10）阻火圈的外壳由金属材料制作，内填充阻燃膨胀芯材，套在硬聚氯乙烯管道外壁，固定在楼板或墙体部位，火灾发生时芯材受热迅速膨胀，挤压 U-PVC 管道，在较短时间内封堵管道穿洞口，阻止火势沿洞口蔓延。高层建筑塑料管道明敷穿越楼层，且管外径大于或等于 110mm 时或横管穿越防火墙时需要设置阻火圈。阻火圈一般设置于明敷立管的穿越楼板处的下方，支管接入立管穿越管道井壁处，或横管穿越防火墙的两侧。

（3）工程量计算说明

管道工程量计算不扣除阀门、管件（包括减压器、疏水器、水表、伸缩器等组成安装）及附属构筑物所占长度；方形补偿器以其所占长度列入管道安装工程量。水平管的长度根据建筑物平面轴线尺寸和设备位置尺寸进行计算；立管长度根据管道系统图、剖面图的标高进行计算。

2. 给排水管道预算定额项目

给排水管道章节的定额适用于室内外生活用给排水管道的安装，包括镀锌钢管、钢管、不锈钢管、铜管、铸铁管、塑料管、复合管等不同材质的管道安装及室外管道碰头等项目。

（1）工程量计算规则

1）各种管道安装，按室内外、材质、连接形式、规格分别列项，以"m"为计量单位。定额中铜管、塑料管、复合管（除钢塑复合管外）按外径表示，其他管道均按公称直径表示。

2）各类管道安装，工程量均按设计管道中心线长度，以"m"为计量单位，不扣除阀门、管件、附件（包括器具组成）及井类所占的长度。

3）室内给排水管道与卫生器具连接的分界线：

① 给水管道工程量计算至卫生器具（含附件）前与管道系统连接的第一个连接件（角阀、三通、弯头、管箍等）。

② 排水管道工程量自卫生器具出口处的地面或墙面的设计尺寸算起；与地漏连接的排水管道自地面设计尺寸算起，不扣除地漏所占长度。

4）阻火圈安装，成品防火套管安装，按工作介质管道直径，区分不同规格以"个"为计量单位。

（2）预算定额项目所包括的工作内容

金属管包括调直、切管、套丝、组对、连接，管道及管件安装，水压试验及水冲洗等；塑料管包括切管、组对、预热、熔接，管道及管件安装，水压试验及水冲洗等；复合管包括切管、卷削、组对、预热、熔接，管道及管件安装，水压试验及水冲洗等；阻火圈安装包括就位、固定。

在根据工程量清单进行定额计价时，通过比较清单工作内容和定额项目特征与工作内容选择定额项目，对于预算定额没有包括的工作内容应根据定额说明的要求计算相应的工程量。

（3）定额应用相关说明

1）室外管道安装定额不分地上与地下，均执行同一子目。

2）镀锌钢管（螺纹连接）定额适用于室内外焊接钢管的螺纹连接。

3）钢管沟槽连接定额适用于镀锌钢管、焊接钢管及无缝钢管等沟槽连接的管道安装。不锈钢管、铜管、复合管的沟槽连接可参照执行。

4）给水管道安装项目中，均包括相应管件安装、水压试验及水冲洗工作内容。各种管件数量是综合取定的，执行定额时，定额中消耗量均不做调整。《第十册 给排水、采暖、燃气工程》定额中管件含量中不含与螺纹阀门配套的活接、对丝，其用量含在螺纹阀门安装项目中；但包括了与阀门、设备等连接的转换件。

5）给水管道安装项目中，包括水压试验及水冲洗内容，管道的消毒冲洗应按《第十册 给排水、采暖、燃气工程》定额中的"支架及其他"的相应项目另行计算。排（雨）水管道包括灌水（闭水）及通球试验工作内容；排水管道不包括止水环、透气帽本体材料，发生时按实际数量另计材料费。

6）管道安装项目中，均不包括管道穿墙、楼板套管制作安装、预留孔洞、堵洞、打洞、凿槽等工作内容，发生时，应按《第十册 给排水、采暖、燃气工程》定额中的"支架及其他"的相应项目另行计算，但已包含了管道预埋施工的配合工作内容。

7）钢管焊接安装项目中均综合考虑了成品管件和现场煨制弯管、摔制大小头、挖眼三通的工作内容。

8）室内柔性铸铁排水管（机械接口）定额按带法兰承口的承插式管材考虑。

9）雨水管系统中雨水斗的安装执行定额《第十册 给排水、采暖、燃气工程》定额中的"卫生器具"的相应项目。

10）雨水管有承压设计要求时，可套用管道水压试验定额。

11）塑料管热熔连接公称外径 DN125 及以上管径按热熔对接连接考虑。

12）压力排水管道根据材质、连接形式执行给水管道安装定额。

13）铸铁给水管定额消耗量中，管件未含与阀门或设备连接的法兰附件，发生时另行计算，执行《第十册 给排水、采暖、燃气工程》定额中的"管道附件"的相应定额。

14)《第十册 给排水、采暖、燃气工程》包括以下工作内容：①管道及接头零件安装；②水压试验及冲洗或灌水试验、通球试验；③室内DN32以内给水管成品管卡的安装；④排水管定额中均包括止水环安装；⑤塑料排水管、铸铁排水管、雨水管定额中除DN150以上管道外均包括管卡及托吊支架制作安装。

15)《第十册 给排水、采暖、燃气工程》不包括以下工作内容：①管道基础、井类，执行《福建省市政工程预算定额》《福建省房屋建筑与装饰工程预算定额》；②管道安装中的法兰、阀门及补偿器的制作、安装，按相应项目另行计算；③排水管安装中的止水环、透气帽材料费；④DN32以上给水管道支架、托钩；⑤给排水管道预留孔洞、堵洞、打洞、凿槽；⑥DN150以上排水管道的托吊支架制作安装。

3.2.3 管道附件安装计量与计价

1. 管道附件安装工程量清单

（1）管道附件安装工程量清单项目（表3-10）

表3-10 管道附件（编码：031003）

项目编码	项目名称	项目特征	计量单位	工程量计算规则	工作内容
031003001	螺纹阀门	类型、材质、规格、压力等级、连接形式、焊接方法	个	按设计图示数量计算	安装，电气接线，调试
031003002	螺纹法兰阀门				
031003003	焊接法兰阀门				
031003004	带短管甲乙阀门	材质、规格、压力等级、连接形式、接口方式及材质			
031003005	塑料阀门	规格、连接形式			安装，调试
031003006	减压器	材质、规格、压力等级、连接形式、附件配置	组		组装
031003007	疏水器				
031003008	除污器（过滤器）	材质、规格、压力等级、连接形式			
031003009	补偿器	类型、材质、规格、压力等级、连接形式	个		安装
031003010	软接头（软管）	材质、规格、连接形式	个（组）		
031003011	法兰	材质、规格、压力等级、连接形式	副（片）		
031003012	倒流防止器	材质、型号、规格、连接形式	套		

（续）

项目编码	项目名称	项目特征	计量单位	工程量计算规则	工作内容
031003013	水表	安装部位（室内外）、型号、规格、连接形式，附件配置	组（个）	按设计图示数量计算	组装
031003018	沟槽阀门	类型、材质、规格、压力等级、连接形式	个		阀门安装

（2）清单项目说明

1）法兰阀门安装包括法兰连接，不得另计。阀门安装如仅为一侧法兰连接，应在项目特征中描述。

2）塑料阀门连接形式需注明热熔连接、粘接、热风焊接等方式。

3）减压器规格按高压侧管道规格描述。

4）减压器、疏水器、倒流防止器等项目包括组成与安装工作内容，项目特征应根据设计要求描述附件配置情况，或根据××图集或××施工图做法描述。

5）法兰是管道连接和拆卸非常方便的一种管件，用钢、铸铁或增强塑料制成。建筑给排水系统中常用平面法兰，通过焊接或螺纹与管道连接。

2. 管道附件安装预算定额项目

管道附件安装章节定额包括螺纹阀门、法兰阀门、塑料阀门、沟槽阀门、法兰、减压器、疏水器、除污器、水表、热量表、倒流防止器、水锤消除器、补偿器、软接头（软管）、塑料排水管消声器、浮标液面计、浮标水位标尺、喷泉喷头等安装。

（1）工程量计算规则

1）各种阀门、补偿器、软接头、普通水表、IC卡水表、水锤消除器、塑料排水管消声器安装，均按照不同连接方式、公称直径，以"个"为计量单位。

2）减压器、疏水器、水表、倒流逆止器、热量表组成安装，按照不同组成结构、连接方式、公称直径，以"组"为计量单位。减压器安装按高压侧的直径计算。

3）卡紧式软管按照不同管径，以"根"为计量单位。

4）法兰均区分不同公称直径，以"副"为计量单位。承插盘法兰短管按照不同连接方式、公称直径，以"副"为计量单位。

（2）定额项目所包括的工作内容

螺纹阀门包括切管、套丝、阀门连接、水压试验；法兰阀门包括制垫、加垫、阀门连接、紧螺栓、水压试验；塑料阀门包括切管、清理、阀门熔接、水压试验；沟槽阀门包括切管、沟槽滚压、阀门安装、水压试验；法兰安装切管、套丝、制垫、加垫、上法兰、组对、紧螺栓、试压检查；减压器、疏水器、除污器、水表、倒流防止器、软接头等，包括切管、套丝、组对、制垫、加垫、安装，旁通管安装，水压试验等。

（3）定额应用相关说明

1）阀门安装均综合考虑了标准规范要求的强度及严密性试验工作内容。当采用气压试验时，除定额人工外，其他相关消耗量可进行调整。

2）安全阀安装后进行压力调整的，其人工乘以系数 2.0。螺纹三通阀安装按螺纹阀门安装项目乘以系数 1.3。

3）与螺纹阀门配套的连接件，如设计与定额中材质不同时，可按设计进行调整。

4）法兰阀门、法兰式附件安装项目均不包括法兰安装，应另行套用相应法兰安装项目。

5）每副法兰和法兰式附件安装项目中，均包括一个垫片和一副法兰螺栓的材料用量。各种法兰连接用垫片均按石棉橡胶板考虑，如工程要求采用其他材质，可按实调整。

6）减压器、疏水器安装均按组成安装考虑，分别依据《国家建筑标准设计图集》01SS105 和 05R407 编制。疏水器组成安装未包括止回阀安装，若安装止回阀执行阀门安装相应项目。单独安装减压器、疏水器时执行阀门安装相应项目。

7）除污器组成安装依据《国家建筑标准设计图集》03R402 编制，适用于立式、卧式和旋流式除污器组成安装。单个过滤器安装执行阀门安装相应项目人工乘以系数 1.2。

8）普通水表、IC 卡水表安装不包括水表前的阀门安装。水表安装定额是按与钢管连接编制的，当与塑料管连接时其人工乘以系数 0.6，材料、机械消耗量可按实调整。

9）水表组成安装是依据《国家建筑标准设计图集》05S502 编制的。法兰水表（带旁通管）组成安装中三通、弯头均按成品管件考虑。

10）倒流防止器组成安装是根据《国家建筑标准设计图集》12S108—1 编制的，按连接方式不同分为带水表与不带水表安装。

11）器具组成安装项目已包括标准设计图集中的旁通管安装，旁通连接管所占长度不再另计管道工程量。

12）器具组成安装均分别依据现行相关标准图集编制的，其中连接管、管件均按钢制管道、管件及附件考虑。如实际采用其他材质组成安装，则按相应材质分别计算。器具附件组成如实际与定额不同，可按法兰、阀门等附件安装相应项目分别计算或调整。

13）法兰式软接头安装适用于法兰式橡胶及金属挠性接头安装。

14）"管道附件"所有安装项目均不包括固定支架的制作安装，发生时执行《第十册 给排水、采暖、燃气工程》定额中的"支架及其他"的相应项目。

【例 3-1】 根据某老年活动中心的"给排水设计说明"中有关"管道材料"的部分可知：

1）生活给水管：屋面给水管，进出水箱管，水箱上水管，采用钢塑复合管，丝扣连接；其余直径 DN80 及以下的采用 PP-R 给水管，热熔连接，DN80 以上的采用钢丝网滑架复合给水管，电热熔连接。

2）室内生活排水管、雨水管，采用 U-PVC 塑料管，粘接；室外排水管采用 U-PVC 加筋排水管，承插连接。

请结合本例工程卫生间 A 给排水平面图及大样图（图 3-8）、一层给排水平面图（图 3-9），试编制本例工程卫生间 A 给排水管道工程量清单并报价。

给排水工程管道工程量清单编制

第 3 章 建筑给排水工程计量与计价

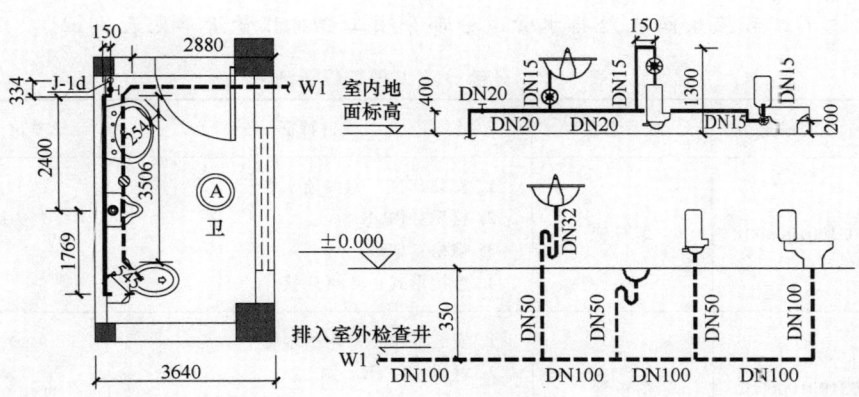

图 3-8 卫生间 A 给排水平面图及大样图

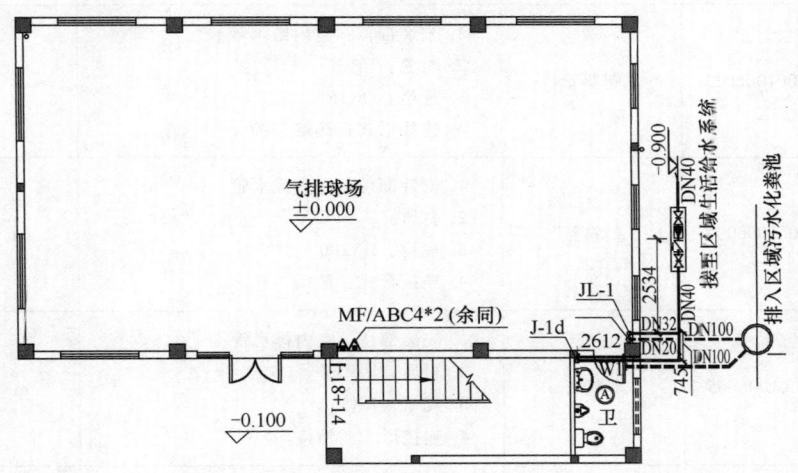

图 3-9 一层给排水平面图

解：（1）根据题目要求及相关说明，本例工程卫生间 A 给排水管道工程量计算见表 3-11。

表 3-11 工程量计算表

序号	项目名称	计量单位	工程量	计算式
1	给水管道 PP-R（DN40）	m	2.547	2.547
2	给水管道 PP-R（DN20）	m	7.547	0.745+2.612+↑0.9[埋深]+↑0.4+0.334+0.15+2.4
3	给水管道 PP-R（DN15）	m	2.919	1.769+↑0.1+↑(1.3-0.4)+0.15
4	排水管道 U-PVC（DN100）	m	10.835	2.271+1.029+2.88+0.254+3.506+0.545+↑0.35
5	排水管道 U-PVC（DN50）	m	1.05	0.35×3
6	截止阀	个	1	1
7	闸阀	个	1	1
8	止回阀	个	1	1
9	地漏	个	1	1

（2）本例工程卫生间 A 给排水管道分部分项工程工程量清单见表 3-12。

表 3-12 分部分项工程工程量清单

序号	项目编码	项目名称	项目特征	计量单位	工程量
1	031001006001	塑料管	1. 安装部位：室内给水管 2. 材质：PP-R 3. 规格：DN40 4. 连接形式：热熔连接	m	2.547
2	031001006002	塑料管	1. 安装部位：室内给水管 2. 材质：PP-R 3. 规格：DN20 4. 连接形式：热熔连接	m	7.547
3	031001006003	塑料管	1. 安装部位：室内给水管 2. 材质：PP-R 3. 规格：DN15 4. 连接形式：热熔连接	m	2.919
4	031001006004	塑料管	1. 安装部位：室内排水管 2. 材质：U-PVC 3. 规格：DN100 4. 连接形式：粘接	m	10.835
5	031001006005	塑料管	1. 安装部位：室内排水管 2. 材质：U-PVC 3. 规格：DN50 4. 连接形式：粘接	m	1.05
6	031003001001	螺纹阀门	1. 连接形式：螺纹连接 2. 类型：截止阀 3. 规格、压力等级：DN20；J11T-16	个	1
7	031003001002	螺纹阀门	1. 连接形式：螺纹连接 2. 类型：闸阀（明杆式） 3. 规格、压力等级：DN40；Z15T-10	个	1
8	031003001003	螺纹阀门	1. 连接形式：螺纹连接 2. 类型：止回阀 3. 规格、压力等级：DN40；H44T-10	个	1
9	031004014001	给、排水附（配）件	1. 名称：地漏（含存水弯） 2. 型号、规格：DN50 3. 材质：U-PVC	个	1

（3）本例工程卫生间 A 给排水管道分部分项工程工程量清单计价（含定额）见表 3-13。

表 3-13 分部分项工程工程量清单计价表（含定额）

序号	项目编码	项目名称	项目特征	计量单位	工程量	金额（元）	
						综合单价	合计
1	031001006001	塑料管	1. 安装部位：室内给水管 2. 材质：PP-R 3. 规格：DN40 4. 连接形式：热熔连接	m	2.55	52.93	134.99
1.1	31001319	室内塑料给水管（热熔连接）外径 50mm 以内		m	2.55	52.27	133.13
1.2	31011136	管道消毒、冲洗（公称直径 40mm 以内）		m	2.55	0.73	1.86
2	031001006002	塑料管	1. 安装部位：室内给水管 2. 材质：PP-R 3. 规格：DN20 4. 连接形式：热熔连接	m	7.55	41.67	314.61
2.1	31001316	室内塑料给水管（热熔连接）外径 25mm 以内		m	7.55	41.08	310.15
2.2	31011133	管道消毒、冲洗（公称直径 20mm 以内）		m	7.55	0.59	4.46
3	031001006003	塑料管	1. 安装部位：室内给水管 2. 材质：PP-R 3. 规格：DN15 4. 连接形式：热熔连接	m	2.92	38.63	112.79
3.1	31001315	室内塑料给水管（热熔连接）外径 20mm 以内		m	2.92	38.11	111.24
3.2	31011132	管道消毒、冲洗（公称直径 15mm 以内）		m	2.92	0.53	1.55
4	031001006004	塑料管	1. 安装部位：室内排水管 2. 材质：U-PVC 3. 规格：DN100 4. 连接形式：粘接	m	10.835	63.57	688.72
4.1	31001363	室内塑料排水管（粘接）外径 110mm 以内		m	10.835	63.57	688.72

（续）

序号	项目编码	项目名称	项目特征	计量单位	工程量	金额（元）	
						综合单价	合计
5	031001006005	塑料管	1. 安装部位：室内排水管 2. 材质：U-PVC 3. 规格：DN50 4. 连接形式：粘接	m	1.05	49.12	51.58
5.1	31001362	室内塑料排水管（粘接）外径75mm以内		m	1.05	49.12	51.58
6	031003001001	螺纹阀门	1. 连接形式：螺纹连接 2. 类型：截止阀 3. 规格、压力等级：DN20；J11T-16	个	1	57.78	57.78
6.1	31005003	螺纹铜截止阀 DN20		个	1	57.78	57.78
7	031003001002	螺纹阀门	1. 连接形式：螺纹连接 2. 类型：闸阀（明杆式） 3. 规格、压力等级：DN40；Z15T-10	个	1	185.09	185.09
7.1	31005006	螺纹闸阀 DN50		个	1	185.09	185.09
8	031003001003	螺纹阀门	1. 连接形式：螺纹连接 2. 类型：止回阀 3. 规格、压力等级：DN40；H44T-10	个	1	145.41	145.41
8.1	31005006	螺纹止回阀 DN40		个	1	145.41	145.41
9	031004014001	给、排水附（配）件	1. 名称：地漏（含存水弯） 2. 型号、规格：DN50 3. 材质：U-PVC	个	1	37.5	37.5
9.1	31006097	地漏安装（公称直径50mm以内带存水弯）		个	1	37.5	37.5

（4）根据市场询价获得以下信息（价格均为不含税价）：螺纹闸阀（DN50）的单价为 87.59 元/个；地漏（DN50）的单价为 2.02 元/m。

3.2.4 支架及其他工程计量与计价

1. 支架及其他工程工程量清单

（1）支架及其他工程工程量清单项目（表3-14）

表3-14 支架及其他

项目编码	项目名称	项目特征	计量单位	工程量计算规则	工作内容
031002001	管道支架	材质、管架形式	1. kg 2. 套	1. 以千克计量，按设计图示质量计算 2. 以套计量，按设计图示数量计算	制作、安装
031002002	设备支架	材质、形式			
031002003	套管	名称、类型、材质、规格、填料材质	个	按设计图示数量计算	制作、安装、除锈、刷油
031003020	成品水表箱	材质、规格、安装部位	个		箱体安装、墙体修凿

（2）清单项目说明

1）单件支架质量100kg以上的管道支架执行设备支架制作安装。

2）成品支架安装执行相应管道支架或设备支架项目，不再计取制作费，支架本身价值含在综合单价中。

3）套管制作安装，适用于穿基础、墙、楼板等部位的防水套管、填料套管、无填料套管及防火套管等，应分别列项。

4）凿槽（沟）、打洞项目，应按《通用安装工程工程量计算规范》（GB 50856—2013）及福建省《安装实施细则》中"附录 D　电气设备安装工程"的相关项目编码列项。

2. 支架及其他工程预算定额项目

支架及其他工程章节定额包括管道支架、设备支架和各种套管制作安装，管道水压试验，管道消毒、冲洗，成品表箱安装，剔堵槽、沟，机械钻孔，预留孔洞，堵洞，管道挖土方等项目。

（1）工程量计算规则

1）管道、设备支架制作安装，按设计图示单件质量，以"kg"为计量单位。室内钢管、铸铁管道支架用量参考见表3-15。

表3-15 室内钢管、铸铁管道支架用量参考表　　　　（单位：kg/m）

序号	公称直径/mm 以内	钢管			铸铁管	
		给水、采暖、空调水		燃气	给水、排水	雨水
		保温	不保温			
1	15	0.58	0.34	0.34	—	—
2	20	0.47	0.30	0.30	—	—

(续)

序号	公称直径/mm 以内	钢管		燃气	铸铁管	
		给水、采暖、空调水			给水、排水	雨水
		保温	不保温			
3	25	0.50	0.27	0.27	—	—
4	32	0.53	0.24	0.24	—	—
5	40	0.47	0.22	0.22	—	—
6	50	0.60	0.41	0.41	0.47	—
7	65	0.59	0.42	0.42	—	—
8	80	0.62	0.45	0.45	0.65	0.32
9	100	0.75	0.54	0.50	0.81	0.62
10	125	0.75	0.58	0.54	—	—
11	150	1.06	0.64	0.59	1.29	0.86
12	200	1.06	1.33	1.22	1.41	0.97
13	250	0.76	1.42	1.30	1.60	1.09
14	300	1.81	1.48	1.35	2.03	1.20
15	350	2.96	2.22	2.03	3.12	—
16	400	3.07	2.36	2.16	3.15	—

2）管道保护管制作与安装，分为钢制和塑料两种材质，区分不同规格，按设计图示管道中心线长度，以"m"为计量单位。

3）预留孔洞、堵洞项目，按工作介质管道直径，分规格以"个"为计量单位。

4）管道水压试验、消毒冲洗，按设计图示管道长度，分规格以"m"为计量单位。

5）一般穿墙套管，柔性、刚性套管及刚性防水翼环，按工作介质管道的公称直径，分规格以"个"为计量单位。

6）成品表箱安装，按箱体半周长，区分安装方式以"个"为计量单位。

7）机械钻孔项目，区分混凝土楼板钻孔及混凝土墙体钻孔，按钻孔直径以"个"为计量单位。

8）剔堵槽沟项目，区分砖结构及混凝土结构，按截面尺寸以"m"为计量单位。

9）管道挖土方，区分不同管径、不同深度，单根管道的以"m"为计量单位计算，两根及两根以上管道的以"m^3"为计量单位计算。

（2）定额项目所包括的工作内容

管道支架制作包括切断、调直、煨制、钻孔、组对、焊接；管道支架安装包括打、堵洞眼或栽（埋）螺栓、安装；一般套管制作安装包括切管、焊接、除锈刷漆、安装、填塞密封材料、堵洞等；防水套管制作包括放样、下料、切割、组对、焊接、刷防锈漆；防水套管安装包括配合预留孔洞及混凝土浇筑、套管就位、安装、填塞密封材料、紧螺栓；防火套管安装包括就位、固定、堵洞；管道水压试验包括准备工作、制堵盲板、装设临时泵和临时管线、灌水、加压、停压检查；管道消毒、冲洗包括溶解漂白粉、灌水、消毒冲洗；成品表箱安装包括场内搬运、凿墙、安装固定、找正找平、修复嵌缝；剔堵槽、沟包括划线、剔槽、堵抹、调运砂浆、清理等；预留孔洞包括制作模具、定位、固定、配合浇筑、拆模、清理；管道挖土方包括放灰线、挖土、抛土于管沟外并留出走道、整理修底壁、回填土、夯实。

（3）定额应用相关说明

1）刚（柔）性防水套管制作安装，套管规格大于 DN500 的，执行《第八册　工业管道工程》定额中的相应项目。

2）管道支架制作安装项目，适用于室内外管道的管架制作与安装。如单件质量大于 100kg 时，应执行本章设备支架制作安装相应项目。

3）管道、设备支架的除锈，刷油，执行《第十一册　刷油、防腐蚀、绝热工程》定额中的相应项目。

4）刚性防水套管和柔性防水套管安装项目中，包括了配合预留孔洞及浇筑混凝土工作内容。一般套管制作安装项目，均未包括预留孔洞工作，发生时按本章所列预留孔洞项目另行计算。

5）套管制作安装项目已包括堵洞工作内容。支架及其他工程预算定额所列堵洞项目，适用于管道在穿墙、楼板不安装套管时的洞口封堵。

6）套管内填料按油麻编制，如与设计不符时，可按工程要求调整换算填料。无填料套管制作安装扣除消耗量中的填料（油麻及密封膏），其余不变。

7）保温管道穿墙、板采用套管时，按保温层外径规格执行套管相应项目。

8）水压试验项目仅适用于因工程需要而发生且非正常情况的管道水压试验。管道安装定额中已经包括了规范要求的水压试验，不得重复计算。

9）因工程需要再次发生管道冲洗时，执行支架及其他工程预算定额中的消毒冲洗项目，同时扣减定额中漂白粉消耗量，其他消耗量乘以系数 0.6。

10）成品表箱安装适用于水表、热量表、燃气表箱的安装。

11）机械钻孔项目是按混凝土墙体及混凝土楼板考虑的，厚度是综合取定的。当实际墙体厚度超过 300mm，楼板厚度超过 220mm 时，按相应项目乘以系数 1.2；砖墙及砌体墙钻孔按机械钻孔项目乘以系数 0.4。

12）管道挖填土方定额，已综合考虑了一～四类土，实际土类不同不做调整；遇岩石时，按岩石类别另行计算。

【例 3-2】　根据某老年活动中心的"给排水设计说明"中有关"管道材料"的部分可知：①室内生活排水管、雨水管采用 U-PVC 塑料管，粘接；②室外排水管采用 U-PVC 加筋排水管，承插连接。管道土方为三类土，采用人工挖土方形式。

请结合本例工程一层给排水平面图（图 3-9）、生活排水原理图（图 3-10），试编制本例工程排水管道 WL-1 管道系统（不含水平管道）

给排水工程管道附件工程量清单编制

工程量清单并报价。

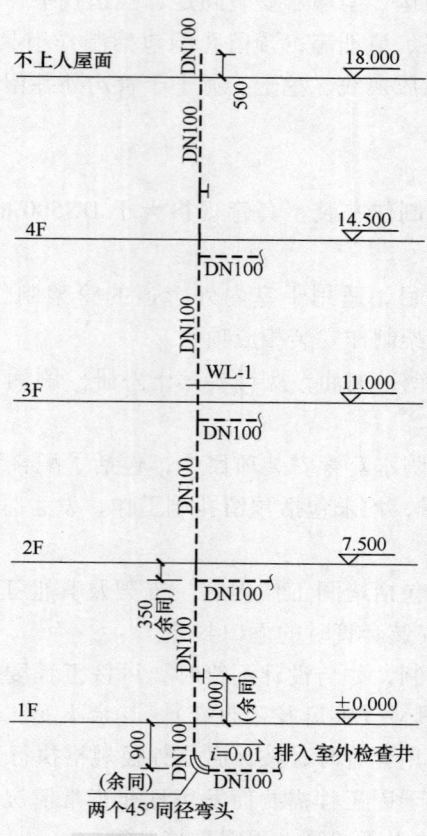

图 3-10　生活排水原理图

解：（1）根据题目要求及相关说明，本例工程排水管道 WL-1 管道系统工程量计算见表 3-16。

表 3-16　工程量计算表

序号	项目名称	计量单位	工程量	计算式
1	排水管道 U-PVC（DN100）	m	22.279	（0.5+18）+（0.9+2.879）【埋深引入管长度】
2	一般套钢管	个	3	3
3	刚性防水套管	个	1	1
4	阻火圈	个	3	3
5	预留孔洞	个	3	3
6	通气帽	个	1	1
7	管道土方	m	2.592	2.592

（2）本例工程排水管道 WL-1 管道系统分部分项工程工程量清单见表 3-17。

表 3-17 分部分项工程工程量清单表

序号	项目编码	项目名称	项目特征	计量单位	工程量
1	031001006004	塑料管	1. 安装部位：室内排水管 2. 材质：U-PVC 3. 规格：DN100 4. 连接形式：粘接	m	22.28
2	031002003001	套管	1. 材质：一般钢套筒 2. 规格：介质管道 DN100mm	个	3
3	031002003002	套管	1. 材质：刚性防水套筒 2. 规格：介质管道 DN100	个	1
4	011615001001	开孔（打洞）	1. 部位：混凝土楼板 2. 孔洞尺寸：DN150	个	3
5	010101007003	挖一般土方	1. 开挖形式：人工挖土方 2. 挖土深度：0.9m	m	2.59

（3）本例工程排水管道 WL-1 管道系统分部分项工程工程量清单计价（含定额）见表 3-18。

表 3-18 分部分项工程工程量清单计价表（含定额）

序号	项目编码	项目名称	项目特征	计量单位	工程量	金额（元）	
						综合单价	合计
1	031001006004	塑料管	1. 安装部位：室内排水管 2. 材质：U-PVC 3. 规格：DN100 4. 连接形式：粘接	m	22.28	69.86	1556.41
1.1	31001363	室内塑料排水管（粘接）外径 110mm 以内		m	22.28	63.81	1421.69
1.2	31011098	阻火圈安装（公称直径 100mm 以内）		个	3	42.79	128.37
1.3	BC03001	竖向通气帽		个	1	6.34	6.34
2	031002003001	套管	1. 材质：一般钢套筒 2. 规格：介质管道 DN100	个	3	92.57	277.71

(续)

序号	项目编码	项目名称	项目特征	计量单位	工程量	金额（元）	
						综合单价	合计
2.1	31011014	一般钢套管制作安装（介质管道公称直径100mm以内）		个	3	92.57	277.71
3	031002003002	套管	1. 材质：刚性防水套筒 2. 规格：介质管道 DN100	个	1	245.31	345.31
3.1	31011055	刚性防水套管制作（介质管道公称直径100mm以内）		m	1	264.44	264.44
3.2	31011067	刚性防水套管安装（介质管道公称直径100mm以内）		m	1	80.87	80.87
4	011615001001	开孔（打洞）	1. 部位：混凝土楼板 2. 孔洞尺寸：DN150	个	3	15.56	46.95
4.1	31011181	预留孔洞（混凝土楼板 公称直径150mm以内）		个	3	15.56	46.95
5	010101007003	挖一般土方	1. 开挖形式：人工挖土方 2. 挖土深度：0.9m	m	2.59	76.98	199.53
5.1	31011212	管道挖土方（管道挖填土方 管道公称直径100mm以内 1m深）		m	2.59	76.98	199.53

（4）根据市场询价获得以下信息（价格均为不含税价）：塑料排水管（φ110）的单价为14.7元/m；室内塑料排水管粘接管件（φ110）的单价为9.310元/m；竖向透气帽的单价为5元/个。

3.2.5 卫生器具安装计量与计价

常见卫生器具安装范围如图 3-11 所示。

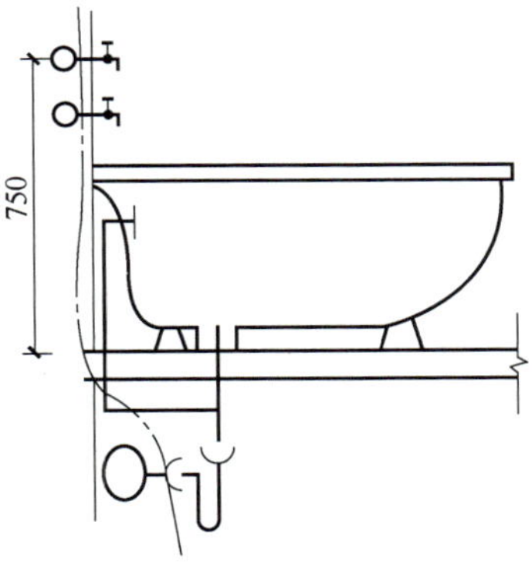

a) 浴盆安装范围

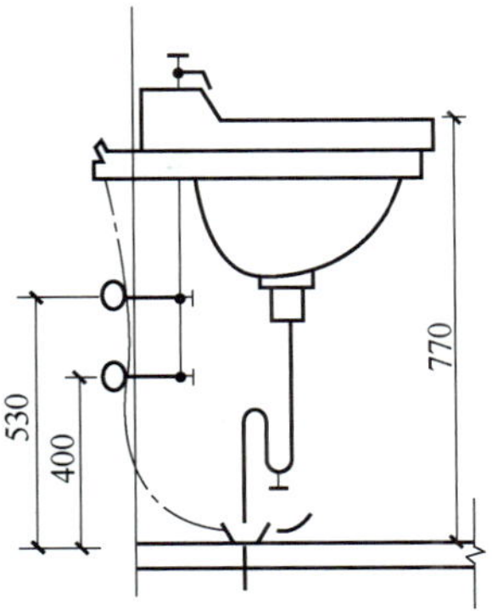

b) 洗手盆安装范围

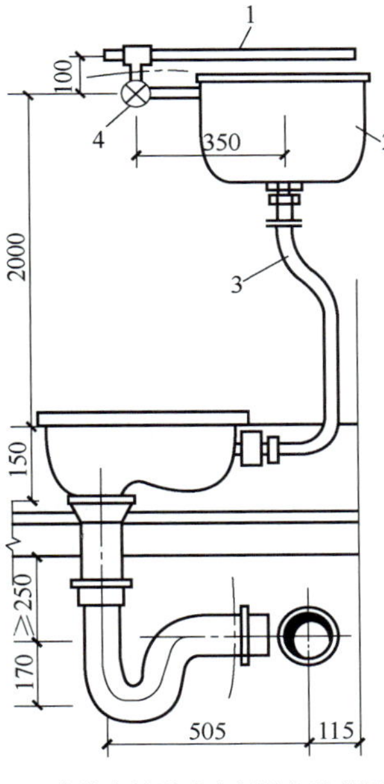

c) 高位水箱蹲式大便器安装范围
1—水平管　2—水箱
3—DN25冲洗管　4—DN15进水阀

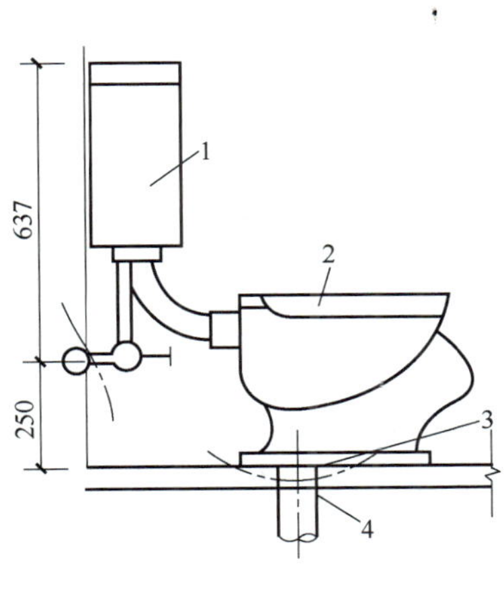

d) 坐式低水箱大便器安装范围
1—水箱　2—坐式大便器
3—油灰　4—ϕ100铸铁管

图 3-11　常见卫生器具安装范围

1. 卫生器具安装工程量清单

（1）卫生器具安装工程量清单项目（表 3-19）

（2）清单项目说明

1）成品卫生器具项目中的附件安装，主要指给水附件包括水嘴、阀门、喷头等，排水配件包括存水弯、排水栓、下水口等及配备的连接管。

2）洗脸盆适用于洗脸盆、洗发喷、洗手盆安装。

表 3-19　卫生器具（编码：031004）

项目编码	项目名称	项目特征	计量单位	工程量计算规则	工作内容
031004001	浴缸	材质、规格、类型、组装形式、附件名称、数量	组	按设计图示数量计算	器具安装，附件安装
031004003	洗脸盆				
031004004	洗涤盆				
031004006	大便器				
031004007	小便器				
031004008	其他成品卫生器具				
031004010	淋浴器	材质，规格，组装形式，附件名称，数量	套		
031004011	淋浴间				
031004013	大、小便槽自动冲洗水箱	材质，类型，规格、水箱配件，支架形式及做法，器具及支架除锈、刷油设计要求			制作，安装，支架制作、安装，除锈、刷油
031004014	给、排水附（配）件	材质，型号，规格，安装方式	个（组）		安装
031004018	饮水器	类型，型号，规格，安装方式	套		

3）给排水附（配）件是指独立安装的水嘴、地漏、地面扫除口等。

4）器具安装中若采用混凝土或基础，应按现行《房屋建筑与装饰工程工程量计算规范》（GB 50854—2013）及福建省《安装实施细则》的相关项目编码列项。

2. 卫生器具安装预算定额项目

卫生器具安装预算定额中所有卫生器具安装项目，是参照《国家建筑标准设计图集》S3 即《给水排水标准图集　排水设备及卫生器具安装（2010年合订本）》中有关标准图编制的，包括浴缸（盆）、净身盆、洗脸盆、洗涤盆、化验盆、大便器、小便器、烘手器、淋浴器、淋浴间、桑拿浴房、大小便器自动冲洗水箱、给排水附件、小便槽冲洗管制作安装、蒸汽-水加热器、冷热水混合器、饮水器和隔油器等器具安装项目。

（1）工程量计算规则

1）各种卫生器具安装，均按设计图示数量计算，以"组"或"套"为计量单位。

2）大便槽、小便槽自动冲洗水箱安装，分容积按设计图示数量，以"套"为计量单位。大小便槽自动冲洗水箱制作不分规格，以"kg"为计量单位。

3）小便槽冲洗管制作与安装，按设计图示长度以"m"为计量单位，不扣除管件所占的长度。

4）感应式冲水器安装，以"组"为计量单位。

5）水龙头安装，以"个"为计量单位。

6）排水栓安装，以"组"为计量单位。

7）地漏、地面扫除口安装，以"个"为计量单位。

8）雨水斗安装，以"个"为计量单位。

9）饮水器安装，以"套"为计量单位。

（2）定额项目所包括的工作内容

成品卫生器具安装包括打螺栓孔、托架安装、洗脸盆及附件安装、与上下水管连接、试水等；淋浴间安装包括开箱检查、本体及附件安装、与上下水管连接、找平找正、试水；大、小便槽冲洗水箱安装包括托架安装、水箱安装、接管、试水；给排水附件安装包括安装、与下水管连接、试水等；饮水器安装包括饮水器和附件安装、接管、试水；感应式冲水器安装包括场内搬运、感应式冲水器安装、管道连接、试水。

（3）定额应用相关说明

1）各类卫生器具安装项目除另有标注外，均适用于各种材质。

2）各类卫生器具安装项目包括卫生器具本体、配套附件、成品支托架安装。各类卫生器具配套附件是指给水附件（水嘴、金属软管、阀门、冲洗管、喷头等）和排水附件（下水口、排水栓、存水弯、与地面或墙面排水口间的排水连接管等）。

3）仅安装存水弯、不安装洁具的，存水弯材料费另行计算。

4）各类卫生器具所用附件已列出消耗量，如随设备或器具配套供应时，其消耗量不得重复计算。各类卫生器具支托架如现场制作，则执行《第十册 给排水、采暖、燃气工程》定额中的"支架及其他"相应项目。

5）液压脚踏卫生器具安装执行卫生器具安装预算定额的相应项目，人工乘以系数1.3，液压脚踏装置材料消耗量另行计算。当水嘴、喷头等配件随液压阀及控制器成套供应时，应扣除定额中的相应材料，不得重复计取。卫生器具所用液压脚踏装置包括配套的控制器、液压脚踏开关及其液压连接软管等配套附件。

6）大小便冲洗（弯）管均按成品考虑。大便器安装已包括了柔性连接头或胶皮碗。

7）大小便槽自动冲洗水箱安装中，已包括水箱和冲洗管的成品支托架、管卡安装，水箱支托架及管卡的制作及刷漆，应按相应定额项目另行计算。

8）与卫生器具配套的电气安装，应执行《第四册 电气设备安装工程》相应项目。

9）各类卫生器具的混凝土或砖基础、周边砌筑、瓷砖粘贴、蹲式大便器蹲台砌筑、台式洗脸盆的台面，浴厕配件安装，应执行《福建省房屋建筑与装饰工程预算定额》相应项目。

10）饮水器安装的阀门安装，可按相应项目另行计算。

11）整体式淋浴间、成品桑拿浴房、按摩浴盆和成套洗脸台如厂家包含安装费，则不应另套卫生器具安装预算定额。

12）雨水斗安装、地漏安装不分材质，均套用同一定额。

13）卫生器具安装预算定额所有项目的安装不包括预留、堵孔洞，发生时执行相应项目。

【例 3-3】 根据某老年活动中心卫生间 A 给排水平面图及大样图（图 3-8）、一层给排水平面图（图 3-9），试编制本例工程卫生间 A 的卫生器具安装工程量清单并报价。

解：（1）根据题目要求及相关说明，本例工程卫生间 A 的卫生器具安装工程量计算见表 3-20。

卫生器具工程量
清单编制

表 3-20 工程量计算表

序号	项目名称	计量单位	工程量	计算式
1	洗脸盆	组	1	1
2	壁挂式小便器	组	1	1
3	连体式坐便器	组	1	1
4	地漏	个/组	1	1

（2）本例工程卫生间 A 的卫生器具安装分部分项工程工程量清单见表 3-21。

表 3-21 分部分项工程工程量清单表

序号	项目编码	项目名称	项目特征	计量单位	工程量
1	031004003001	洗脸盆	1. 安装形式：挂墙式、成组安装 2. 类型：冷水 3. 材质：陶瓷	组	1
2	031004007001	小便器	1. 安装形式：壁挂式 2. 材质：陶瓷 3. 冲洗方式：感应冲水	组	1
3	031004006001	大便器	1. 规格形式：连体式坐便器 2. 材质：陶瓷 3. 冲洗方式：手动冲水	组	1
4	031004014004	地漏	1. 材质：U-PVC 2. 规格：介质管道 DN100	个	1

（3）本例工程卫生间 A 的卫生器具安装分部分项工程工程量清单计价（含定额）见表 3-22。

表 3-22 分部分项工程工程量清单计价表（含定额）

序号	项目编码	项目名称	项目特征	计量单位	工程量	金额（元）	
						综合单价	合计
1	031004003001	洗脸盆	1. 安装形式：挂墙式、成组安装 2. 类型：冷水 3. 材质：陶瓷	组	1	627.5	627.5

(续)

序号	项目编码	项目名称	项目特征	计量单位	工程量	金额（元）	
						综合单价	合计
1.1	31006012	洗脸盆（挂墙式成组安装 单嘴）		组	1	627.5	627.5
2	031004007001	小便器	1. 安装形式：壁挂式 2. 材质：陶瓷 3. 冲洗方式：感应冲水	组	1	915.92	915.92
2.1	31006047	壁挂式小便器安装（感应开关埋入式）		套	1	896.26	896.26
2.2	30415081	低压电器装置接线（自动冲洗感应器接线）		台	1	19.66	19.66
3	031004006001	大便器	1. 规格形式：连体式 2. 材质：陶瓷 3. 冲洗方式：手动冲水	组	1	523.28	523.28
3.1	31006042	坐式大便器安装（连体水箱）		组	1	523.28	523.28
4	031004014004	地漏	1. 材质：U-PVC 2. 规格：介质管道 DN100	个	1	27.5	37.5
4.1	31006097	地漏安装（公称直径 50mm 以内 带存水弯）		个	1	27.5	37.5

（4）根据市场询价获得以下信息（价格均为不含税价）：洗脸盆（挂墙式 组成安装 单嘴）的价格为 435 元/个；挂斗式小便器（含感应器等附件）的价格为 658 元/套；坐式大便器安装（连体水箱）的价格为 329 元/个；地漏（DN50）的价格为 2.02 元/个。

3.3 建筑给排水系统管道除锈与刷油计量与计价

3.3.1 管道除锈与刷油基础知识

大气、水及土壤对金属有腐蚀作用，因此，管道、设备及附属钢结构外部涂层是防腐蚀的重要措施。

1. 除锈（表面处理）

黑色金属（钢材）置于室外或露天条件下易生锈，不但影响外观质量，还会影响喷漆、防腐等工艺的正常进行，使涂层破坏、剥落和脱层。例如，油脂、水垢、灰尘等都会直接影响防腐层与基体表面的黏合和附着。因此，在金属管道和设备施工前，应重视表面处理。

（1）钢材表面原始锈蚀分级

A 级——全面覆盖着氧化皮而几乎没有铁锈的钢材表面。

B 级——已发生锈蚀，且部分氧化皮已经剥落的钢材表面。

C 级——氧化皮已因锈蚀而剥落或者可以刮除，且有少量点蚀的钢材表面。

D 级——氧化皮已因锈蚀而全面剥离，且已普遍发生点蚀的钢材表面。

（2）除锈方法

钢材除锈的方法有手工除锈、机械除锈、化学除锈及火焰除锈四种。其中，安装工程中常用的管道除锈方法是机械除锈中的喷砂除锈法。

1）手工除锈。手工除锈是一种最简单的方法，主要使用砂轮片、刮刀、锉刀、钢丝刷、纱布等简单工具摩擦外表面，将金属表面的锈层、氧化皮、铸砂等刮去，再用有机溶剂，如汽油、丙酮、苯等将浮锈和油污洗净。手工除锈劳动强度大、效率低、质量差，一般用于较小的物件表面除锈或无法使用机械除锈的场合。

2）机械除锈。机械除锈是利用机械产生的冲击、摩擦作用对工件表面除锈，适用于大型金属表面的处理，可分为干喷砂法、湿喷砂法、密闭喷砂法、抛丸法、滚磨法和高压水流除锈法等。其中，干喷砂法是目前广泛采用的方法，其靠砂子的打击去除金属材料表面的污物，使之露出金属光泽。干喷砂法的优点是效率高、质量好、设备简单，但操作时灰尘弥漫，劳动条件差。

3）化学除锈。又称酸洗除锈，该法用浓度为 10%~20%、温度为 18~60℃ 的稀硫酸溶液浸泡金属物件，清除金属表面的锈层、氧化皮；再用水冲洗，碱溶液中和，热水冲洗，热空气干燥。化学除锈一般用于对表面处理要求不高、形状复杂的设备或零部件已经在无喷砂设备的条件下的除锈。

4）火焰除锈。火焰除锈是先将基体表面的锈层铲掉，再用火焰烘烤或加热，并配合使用动力钢丝刷清理加热的表面。此方法适用于除去锈的防腐层（漆膜）或带有油浸过的金属表面工程，不适用于薄壁的金属设备、管道，也不能使用在退火钢或可淬硬钢的除锈工程。

（3）钢材表面除锈质量等级

1）手工、动力工具除锈分轻、中两种，区分标准如下：

轻锈：部分氧化皮开始破裂脱落，红锈开始发生。

中锈：部分氧化皮破裂脱落，呈堆粉状，除锈后用肉眼能见到腐蚀小凹点。

2）手工、动力工具除锈过的钢材表面分为 St2 和 St3 两个标准。

St2 标准：钢材表面应无可见的油脂和污垢，并且没有附着不牢的氧化皮、铁锈和油漆涂层等附着物。

St3 标准：钢材表面应无可见的油脂和污垢，并且没有附着不牢的氧化皮、铁锈和油漆涂层等附着物。St3 标准比 St2 标准除锈更为彻底，底材显露出部分的表面应具有金属光泽。

3）喷射除锈过的钢材表面分为 Sa2、Sa2.5 和 Sa3 三个级别。

Sa2 级：彻底的喷射或抛射除锈——钢材表面无可见的油脂、污垢，并且氧化皮、铁锈和油漆层等附着物已基本清除，其残留物应是牢固附着的。

Sa2.5 级：非常彻底的喷射或抛射除锈——钢材表面无可见的油脂、污垢、氧化皮、铁锈和油漆层等附着物，任何残留的痕迹应仅是点状或条纹状的轻微色斑。

Sa3 级：使钢材表观洁净的喷射或抛射除锈——钢材表面应无可见的油脂、污垢、氧化皮、铁锈和油漆层等附着物，该表面应显示均匀的金属色泽。

4）火焰除锈的质量等级为 F1 级——钢材表面应无氧化皮、铁锈和油漆等附着物，任何残留的痕迹应仅为表面变色。

5）化学除锈的质量等级为 Pi 级——金属表面应无可见的油脂和污垢，酸洗未尽的氧化皮、铁锈和油漆涂层的个别残留点允许用手工或机械方法除去，最终该表面应显露金属原貌，无再度锈蚀。

2. 刷油

刷油是在金属表面涂刷或喷涂普通油漆涂料，与空气、水分、腐蚀介质隔离，以保护金属表面不受侵蚀。刷油是安装工程施工中的一项重要工作，设备、管道及金属结构经除锈（表面处理）后，即可在其表面刷油。刷油的方法有涂刷法、喷涂法、浸涂法、电泳涂装法等。刷油工程常用的材料有：红丹防锈漆、防锈漆、银粉漆、厚漆、调和漆、磁漆、耐酸漆、沥青漆、沥青船底漆、环氧富锌漆、醇酸磁漆、热沥青、有机硅耐热漆等。

3.3.2 管道刷油工程计量与计价

1. 管道刷油工程工程量清单

(1) 管道除锈与刷油工程工程量清单项目（表 3-23）

表 3-23 刷油工程（编码：031201）

项目编码	项目名称	项目特征	计量单位	工程量计算规则	工作内容
031201001	管道刷油	除锈级别，油漆品种，涂刷遍数、漆膜厚度，标志色方式、品种	1. m² 2. m	1. 以平方米计量，按设计图示表面积尺寸以面积计算 2. 以米计量，按设计图示尺寸以长度计算	除锈，调配、涂刷
031201002	设备与矩形管道刷油				
031201003	金属结构刷油	除锈级别，油漆品种，结构类型，涂刷遍数、漆膜厚度	1. m² 2. kg	1. 以平方米计量，按设计图示表面积尺寸以面积计算 2. 以千克计量，按金属结构的理论质量计算	

(2) 清单项目说明

1）涂刷部位：指涂刷表面的部位，如设备、管道等部位。

2）结构类型：指涂刷金属结构的类型，如一般钢结构、管廊钢结构、大型型钢钢结构

等类型,其中:

① 一般钢结构包括梯子、栏杆、管道支吊架、平台及其他金属构件等。

② 大型型钢钢结构是指H型钢及任何一边大于300mm以上的型钢。

③ 管廊钢结构指除一般钢结构及大型型钢钢结构以外的钢结构。

(3) 工程量计算说明

1) 管道刷油以米计算,按图示中心线以延长米计算,不扣除附属构筑物、管件及阀门等所占长度。

2) 一般钢结构、管廊钢结构以"kg"为计量单位,大型型钢钢结构以"m²"为计量单位。

3) 设备筒体、管道表面积计算式为 $S=\pi DL$,其中,π 为圆周率,D 为直径,L 为设备筒体高或管道延长米。

4) 设备筒体、管道表面积包括管件、阀门、法兰、人孔、管口凹凸部分。

5) 带封头的设备面积计算式为 $S=\pi DL+\pi KN\dfrac{D}{2}$,其中,$K$ 为1.05,N 为封头个数。

2. 管道除锈与刷油工程预算定额项目

管道除锈与刷油工程预算定额适用于新建、扩建项目中的金属面、管道、设备、通风管道、金属结构与玻璃布面、石棉布面、玛蒂脂面、抹灰面等刷(喷)油漆工程,包含除锈、管道刷油、设备刷油、金属结构刷油等项目。

(1) 工程量计算规则

1) 金属面除锈区分不同形式,设备、管道以"m²"为计量单位,一般金属结构和管廊钢结构以"kg"为计量单位;H型钢制结构(包括400mm以上的型钢)以"m²"为计量单位。

2) 刷油按不同油漆,设备、管道以"m²"为计量单位,一般金属结构和管廊钢结构以"kg"为计量单位,H型钢制结构(包括400mm以上的型钢)以"m²"为计量单位。

(2) 定额项目所包括的工作内容

手工除锈、动力工具除锈包括除锈、除尘;喷射除锈包括运砂、喷砂、砂子回收、现场清理及工机具维护;化学除锈包括配液、酸洗、中和、吹干、检查;抛丸除锈包括运料、装料、开启抛丸机抛丸、吊运、堆放、检查、回收丸料;刷油包括调配、涂刷;喷漆包括调配、喷漆。

(3) 定额应用相关说明

1) 各种管件、阀件及设备上人孔、管口凸凹部分的除锈已综合考虑在定额内。

2) 喷射除锈按Sa2.5级标准确定。若变更级别标准,如按Sa3级,则人工、材料、机械乘以系数1.1;按Sa2级或Sa1级,则人工、材料、机械乘以系数0.9。

3) 手工和动力工具除锈按St2标准确定。若变更级别标准,如按St3标准,定额乘以系数1.1。

4) 因施工需要发生的二次除锈,应另行计算。

5) 管道除锈与刷油工程预算定额不包括除微锈(标准:氧化皮完全紧附,仅有少量锈点），发生时按轻锈定额乘以系数 0.2。

6）金属面刷沥不包括除锈工作内容。

7）各种管件、阀件和设备上人孔、管口凹凸部分的刷油已综合考虑在定额内，不另行计算。

8）管道除锈与刷油工程预算定额按安装地点就地刷（喷）油漆考虑。如安装前管道集中刷油，人工乘以系数 0.45（暖气片除外）。如安装前集中喷涂，执行刷油子目，人工乘以系数 0.45，材料乘以系数 1.16，增加其他机械费（其费用按调整后的人工乘以系数 0.92）。

9）管道除锈与刷油工程预算定额的主材与稀干料可换算，但人工与材料消耗量不变。

【例 3-4】 已知某工程消防管道采用镀锌管件，消防管道工程量见表 3-24；管道支架用量参考表 3-15。根据管道保护及防腐处理要求：所有管道支、吊架除锈后红丹打底，外刷与管道相同颜色漆两道，试编制本例工程消防管道安装及管道支架防腐工程量清单并报价。

管道防腐工程
工程量清单编制

表 3-24 某工程消防管道工程量合计表

序号	管径	计量单位	工程量
1	DN65	m	15
2	DN100	m	117
3	DN125	m	212

解：（1）根据题目要求及相关说明，本例工程消防管道安装及管道支架防腐工程量计算见表 3-25。

表 3-25 工程量计算表

序号	项目名称	计量单位	工程量	计算式
1	管道支架	kg	192.44	6.3+63.18+122.96
1.1	管道支架 DN65	kg	6.3	15×0.42
1.2	管道支架 DN100	kg	63.18	117×0.54
1.3	管道支架 DN125	kg	122.96	212×0.58
2	管道刷漆	m²	127.155	3.5325+40.412+83.21
2.1	管道支架 DN65（外径 75）	m²	3.5325	3.14×0.075×15
2.2	管道支架 DN100（外径 110）	m²	40.412	3.14×0.11×117
2.3	管道支架 DN125（外径 125）	m²	83.21	3.14×0.125×212
3	支架除锈	kg	192.44	192.44
4	支架刷油漆	kg	192.44	192.44

(2) 本例工程消防管道安装及管道支架防腐分部分项工程工程量清单见表3-26。

表 3-26 分部分项工程工程量清单表

序号	项目编码	项目名称	项目特征	计量单位	工程量
1	031002001001	管道支架	1. 材质：一般钢材支架 2. 管架形式：单件100kg以内	kg	192.44
2	031201001001	管道刷油	1. 油漆品种：红丹漆 2. 涂刷遍数：2	m^2	127.16
3	031201003001	金属结构除锈、刷油	1. 除锈级别：轻锈 2. 油漆品种：红丹漆 3. 涂刷遍数：2	kg	194.44

(3) 本例工程消防管道安装及管道支架防腐分部分项工程工程量清单计价表（含定额）见表3-27。

表 3-27 分部分项工程工程量清单计价表（含定额）

序号	项目编码	项目名称	项目特征	计量单位	工程量	金额（元） 综合单价	金额（元） 合计
1	031002001001	管道支架	1. 材质：一般钢材支架 2. 管架形式：单件100kg以内	kg	192.44	18.06	3475.48
1.1	31011001	管道支架制作（单件100kg以内）		kg	192.44	12.70	2444.00
1.2	31011002	管道支架安装（单件100kg以内）		kg	192.44	5.36	1031.48
2	031201001001	管道刷油	1. 油漆品种：红丹漆 2. 涂刷遍数：2	m^2	127.155	9.13	1160.93
2.1	31102001	管道刷油（红丹防锈漆 第二遍）		m^2	127.155	9.13	1160.93
3	031201003001	金属结构刷油	1. 除锈级别：轻锈 2. 油漆品种：红丹漆 3. 涂刷遍数：2	kg	194.44	1.56	303.33
3.1	31101005	手工除锈（一般钢结构 轻锈）		kg	192.44	0.56	108.89
3.2	31102049	一般钢结构（红丹防锈漆 第二遍）		kg	192.44	1.0	194.44

复习题

1. 建筑给排水工程中，室内外管道的界线如何取定？
2. 在给排水管道工程量计算中，室内给排水管道与卫生器具连接的分界线应如何考虑？

3. 给排水管道系统计价中，给水管道的消毒冲洗工作、排水管道中的通气帽，应如何进行计价？
4. 防水套管与一般套管在定额套用时有什么区别？
5. 针对不同除锈方法、除锈等级，定额中如何规定其换算方法？请在计价软件中完成该操作。
6. 请根据本章例题思路，完成某老年中心工程中卫生间 B 的给排水工程工程量清单并报价，相关条件项依据图 3-5 和图 3-6 确定。
7. 某公寓局部给排水系统如图 3-12 所示。给水管选用 PP-R 管，安装完后要按照相关规范要求消毒冲洗，给水管道系统在每层设置 IC 卡水表；排水管选用 U-PVC 管。给水管道安装完毕且在隐蔽前，需做压力试验，排水管道隐蔽前需做灌水试验。图中管道和附件的连接方式均为热熔连接，屋面为上人屋面，伸顶通气管出屋面高度为 2m。进户、出户管道无穿墙套管，立管穿 1F 地面时无须设置套管。按照现行安装工程计量计价规范的相关规定，列式计算该给排水工程的清单工程量（注：忽略室外二方开挖、回填等项目，只列出安装工程专业项目，如有需参数才能计算的量，可只列项，不算量）。

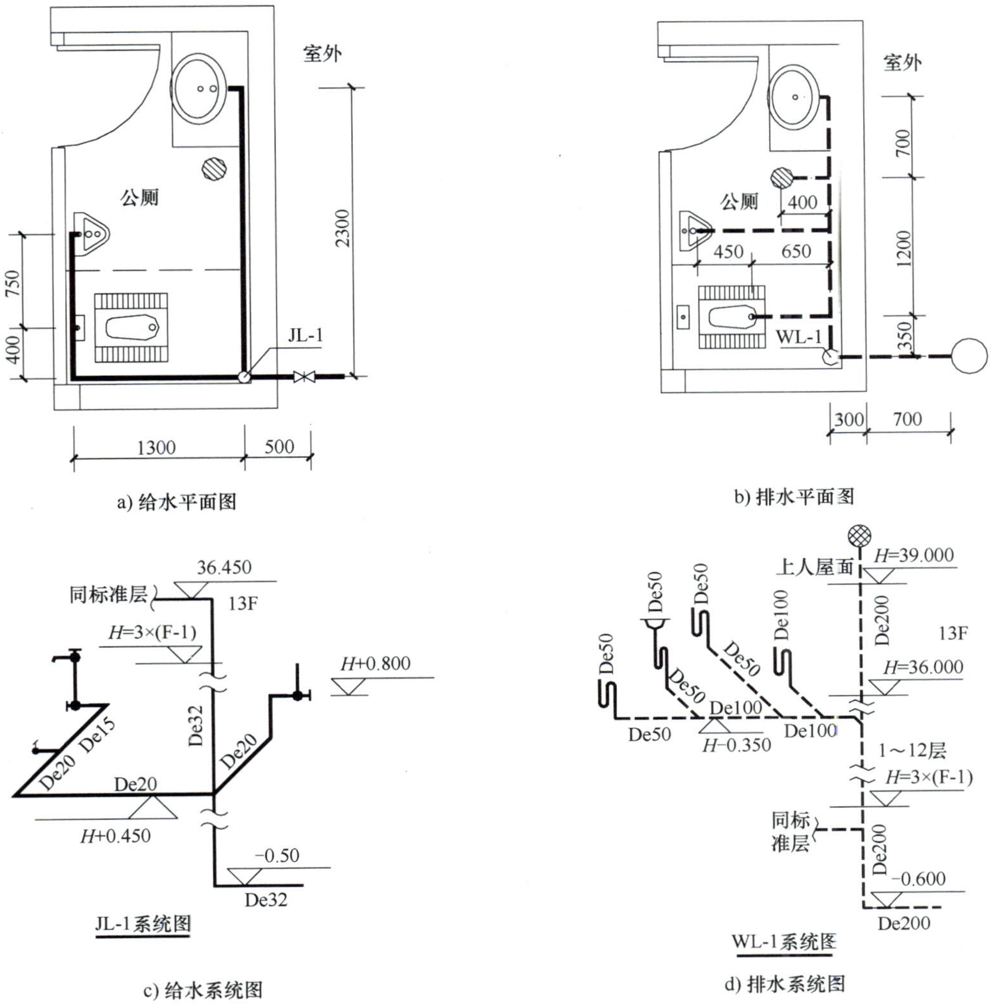

图 3-12 某公寓局部给排水工程施工图

第4章 建筑消防工程计量与计价

内容简介

本章主要介绍建筑消防工程基础知识、火灾自动报警系统基础知识，消防工程施工图识读、图例的表达，建筑消防工程工程量清单的项目设置、工程量计算和计价等内容，并结合BIM建模和软件操作展示消防工程计量与计价的过程。

4.1 建筑消防工程基础知识

建筑消防工程按灭火范围和设置的位置可分为室内消防系统和室外消防系统。

室内消防工程按灭火介质不同，可以分为水灭火系统、气体灭火系统、干粉灭火系统、泡沫灭火系统，如图4-1所示。

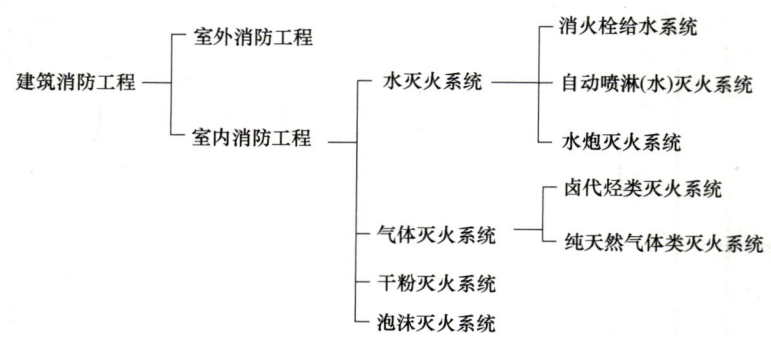

图4-1 建筑消防工程分类

（1）水灭火系统

水灭火系统是指以水为主要灭火剂的消防系统，这是目前用于扑灭建筑一般性火灾的最经济有效的消防系统。

（2）气体灭火系统

气体灭火系统是指灭火时以喷射状态的气体作为灭火介质的灭火系统。该系统主要用在不适于设置水灭火系统以及其他灭火系统的环境中，如通信机房、精密仪器室、计算机房、档案室、资料室等。气体灭火系统按灭火剂品种主要分为卤代烃类灭火系统和纯天然气体类灭火系统，包括七氟丙烷灭火系统、IG541灭火系统、二氧化碳灭火系统等。

（3）干粉灭火系统

干粉灭火系统以氮气为动力，向干粉罐内提供压力，将干粉罐内的干粉灭火剂通过管路输送到干粉炮、干粉枪或固定喷嘴喷出，以达到扑救易燃、可燃液体、可燃气体和电气设备火灾的目的。干粉灭火系统一般与火灾自动探测系统联动。常见的ABC干粉（磷酸铵盐干粉）灭火器则属于无管网干粉灭火。

（4）泡沫灭火系统

泡沫灭火系统是指通过泡沫比例混合器将泡沫灭火剂与水按比例混合成泡沫混合液，经过泡沫产生装置形成空气泡沫后实施灭火的灭火系统。它由消防水泵、消防水源、泡沫灭火剂储存装置、泡沫比例混合装置、泡沫产生装置及管道组成。泡沫灭火设备按泡沫灭火剂的不同，分为化学泡沫灭火设备和空气泡沫灭火设备。由于化学泡沫液的灭火性能、稳定性及适用安全性较差，反应设备不易操作，目前基本不使用，现行泡沫灭火系统均采用空气泡沫灭火系统。根据泡沫液发泡倍数不同，分为高、中、低三种系统。

水灭火系统是使用最广泛的灭火系统，有消火栓系统、自动喷水灭火系统和水炮灭火系统等三大类。其中，水炮灭火系统是指喷射水灭火剂的固定消防炮系统，主要由水源、消防泵组、管道、阀门、水炮、动力源和控制装置等组成。

本章以水灭火系统为重点进行建筑消防系统工程计量与计价的介绍。

4.1.1 消火栓给水系统

消火栓给水系统分为室外系统和室内系统。室外系统包括室外给水管网、消防水泵接合器及室外消火栓等；室内消火栓给水系统的包括室内消防给水管网、室内消火栓、储水设备、升压设备、管路附件等，如图4-2所示。

1. 消火栓

消火栓设备由水枪、水带和消火栓组成，均安装于消火栓箱内，如图4-3所示。消火栓一般布置在建筑物内出入口、通道上。如果建筑物为平屋顶，宜在平屋顶上设置试验和检查用的试验消火栓。

2. 消防管网

建筑物内消防管网包括干管和支管。消防管网以环状布置为宜，常用管材多为钢管。

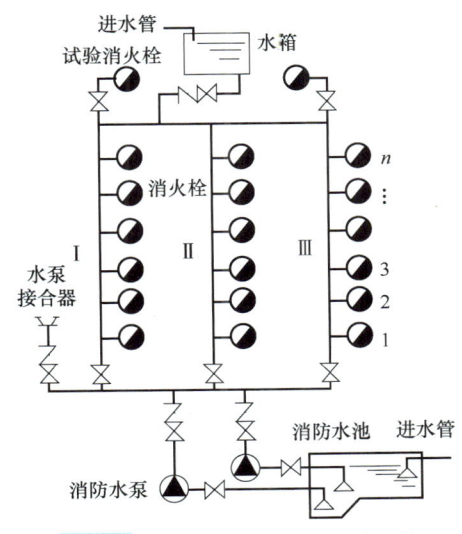

图4-2　室内消火栓给水系统组成

3. 消防水泵接合器

消防水泵接合器是供消防车从室外向室内消防系统加压供水的装置，它一端由消防给水管网水平干管引出，另一端设于消防车易于接近的地方。水泵接合器分为地上式、地下式和墙壁式三种，由接合器本体和止回阀、闸阀、安全阀、泄水阀等部件组成。图 4-4 所示为地上式消防水泵接合器。

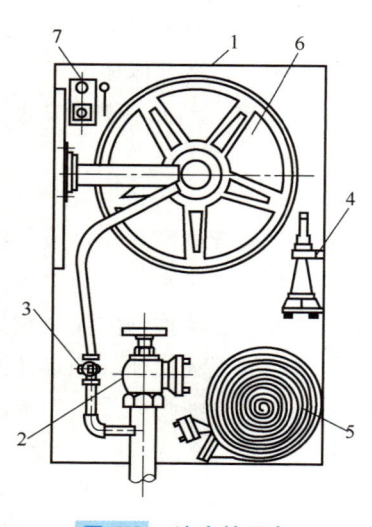

图 4-3　消火栓设备

1—消火栓箱　2—消火栓　3—阀门　4—水枪
5—水龙带　6—消防软管卷盘　7—消防按钮

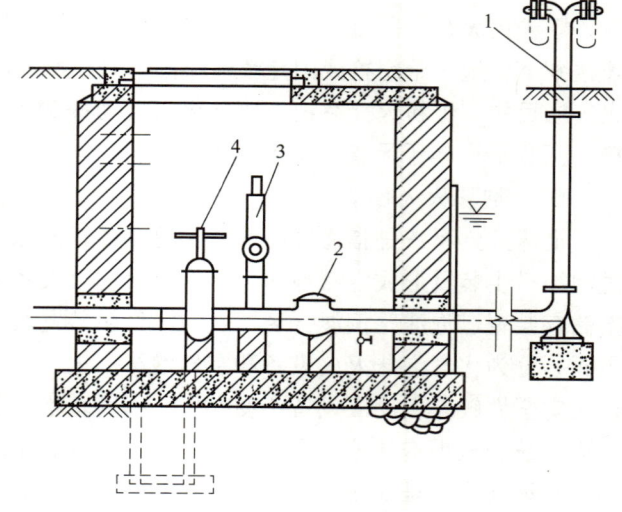

图 4-4　地上式消防水泵接合器

1—水泵接合器　2—止回阀
3—安全阀　4—闸阀

4.1.2　自动喷水灭火系统

发生火灾时，自动喷水灭火系统能自动打开喷头喷水灭火并同时发出火警信号，具有工作性能稳定、灭火效率高、不污染环境、维护方便等优点，主要由管网、报警装置、水流指示器、喷头、消防水泵等组成，如图 4-5 所示。

根据系统中所使用喷头的形式不同，自动喷水灭火系统可分为闭式自动喷水灭火系统和开式自动喷水灭火系统两大类，如图 4-6 所示。

消防喷头按结构形式可分为闭式喷头和开式喷头；按热敏感元件可分为有玻璃球喷头和易熔金属元件喷头；按安装方式和洒水形状可分为直立型、下垂型、普通型、边墙型、吊顶型（图 4-7）。闭式喷头是用控制设备（如低熔点金属或内装膨胀液的玻璃球）堵住喷头的出水口，当建筑物发生火灾，火场温度达到喷头开启温度时，喷头出水灭火；开式喷头的出水口是开启的，喷头的开启和关闭是成组的，控制设备在管网上。

1. 闭式自动喷水灭火系统

使用闭式自动喷水灭火系统，当室温上升到足以打开闭式喷头上的闭锁装置时，喷头立即自动打开喷水灭火，同时报警阀通过水力警铃发出报警信号。根据使用环境不同，闭式自动喷水灭火系统可分为湿式、干式、干湿式、预作用式、重复启闭预作用式等。

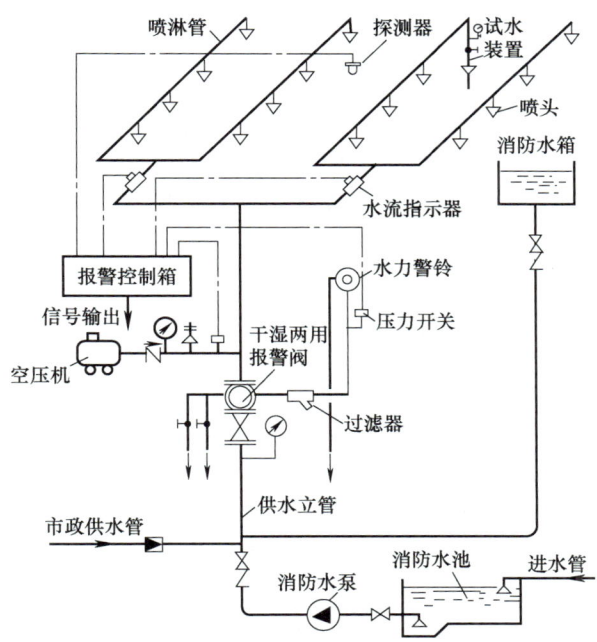

图 4-5 自动喷水干湿两用灭火系统组成

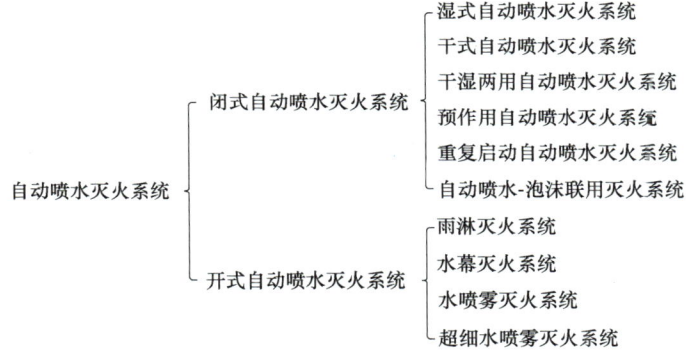

图 4-6 自动喷水灭火系统分类

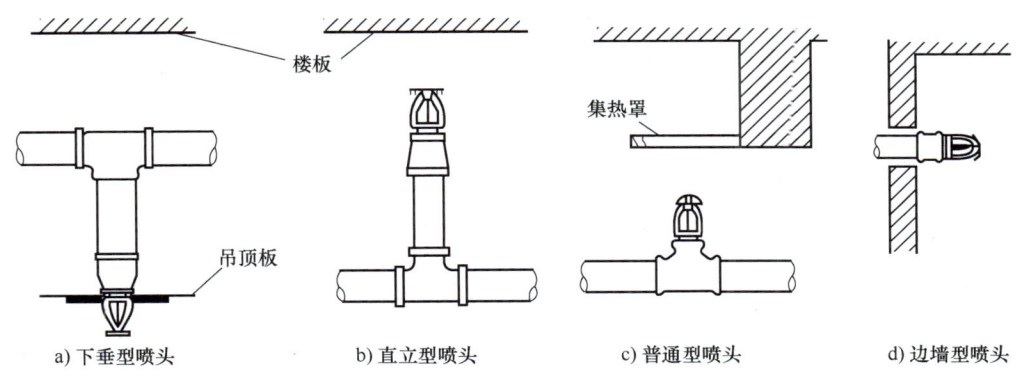

a) 下垂型喷头　　b) 直立型喷头　　c) 普通型喷头　　d) 边墙型喷头

图 4-7 喷头安装示意图

（1）湿式喷水灭火系统

这是一种在准工作状态时，管道内充满用于启动系统的有压力水的闭式系统。湿式报警阀组前后管道系统充满一定压力的水，当保护对象着火后，喷头周围温度升高超过闭式喷头开放温度时，喷头的感温玻璃泡爆破，喷头开启喷水灭火。湿式喷水灭火系统具有迅速灭火和控制火势和特点，缺点是该系统不能在40℃以下的环境下使用。图4-8为湿式喷水灭火系统示意图。

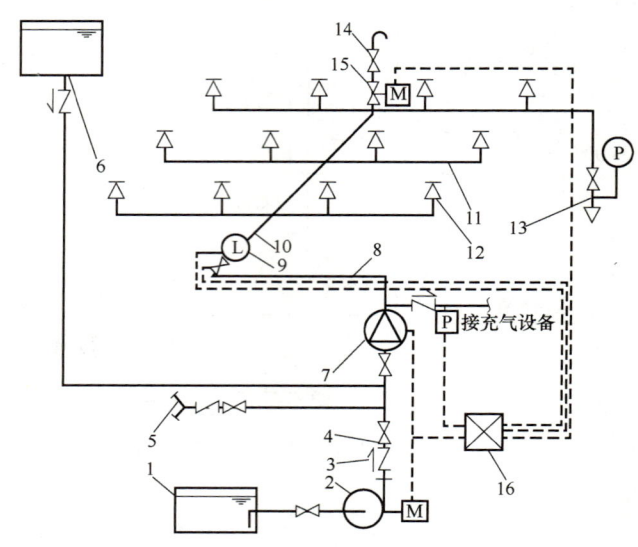

图4-8　湿式喷水灭火系统示意图

1—水池　2—水泵　3—止回阀　4—闸阀　5—水泵接合器　6—消防水箱　7—湿式报警阀组
8—配水干管　9—水流指示器　10—配水管　11—配水支管　12—闭式洒水喷头
13—末端试水装置　14—排气阀　15—电动阀　16—报警控制器　P—压力表　M—驱动电机

（2）干式喷水灭火系统

该系统的管道系统，喷头布置与湿式系统完全相同，不同之处在于干式报警阀前充水而阀后管道充以一定压力的压缩空气，阀前后压力保持平衡。当火灾发生时，喷头开启，管道内压缩空气排出，使报警阀后压力迅速下降，在水压的作用下报警阀开启并向阀后管道供水，经过一定时间，喷头喷水灭火。由于以上特点，干式系统可适用于环境温度低于40℃的场所，但喷头开启时不能马上喷水灭火，也就是反应比湿式系统迟缓。

（3）干湿式喷水灭火系统

干湿式喷水灭火系统的工作原理与干式系统相同，在温暖季节，管网中充满有压水，其工作原理与湿式系统相同，在寒冷季节，管网中充满压缩空气，因此成为干湿两用自动喷水灭火系统。这种系统主要用于年采暖期少于240天的不采暖房间，或建筑物中环境温度低于4℃、高于70℃的局部区域，如小型冷库、蒸汽管道、烘房等部位。

（4）预作用喷水灭火系统

预作用喷水灭火系统由闭式喷头、管道系统、预作用阀、火灾探测器、报警控制装置、充气设备、控制组件和供水设施等部位组成，如图4-9所示。管网平时不充水，只充气体。发生火灾时，火灾探测器接到信号后自动启动预作用阀向管网中充水，短时间内系统转变为湿式。当起火房间温度达到喷头开放温度时，喷头打开并喷水进行灭火。

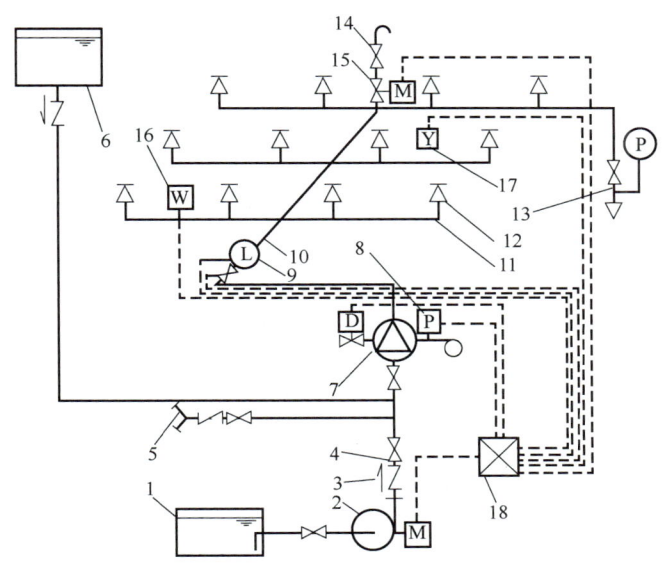

图 4-9 预作用喷水灭火系统示意图

1—水池　2—水泵　3—止回阀　4—闸阀　5—水泵接合器　6—消防水箱　7—预作用报警阀组
8—配水干管压力开关　9—水流指示器　10—配水管　11—配水支管　12—闭式喷头　13—末端试水装置
14—快速排气阀　15—电动阀　16—感温探测器　17—感烟探测器　18—报警控制器

（5）重复启闭预作用灭火系统

重复启闭预作用灭火系统能在扑灭火灾后自动关闭报警阀，发生复燃时又能再次开启报警阀恢复喷水。该系统适用于灭火后必须及时停止喷水，要求减少不必要水渍损失的场所。为了防止误动作，该系统与常规预作用系统的不同之处是采用了既可输出火警信号，又可在环境恢复常温时输出停止灭火信号的感温探测器。

2. 开式自动喷水灭火系统

（1）雨淋灭火系统

雨淋灭火系统采用开式洒水喷头、雨淋报警阀组，由配套使用的火灾自动报警系统联动雨淋阀，由雨淋阀控制配水管道上的全部开式喷头可以做冷喷试验。雨淋系统应设末端试水装置，如图4-10所示。

（2）水喷雾灭火系统

水喷雾灭火系统是指由水源、供水设备、管道、雨淋阀组、过滤器和水雾喷头等组成的系统。其灭火机理是当水以细小的雾状水滴喷射到正在燃烧的物质表面时，产生表面冷却、窒息、乳化和稀释的综合效应，实现灭火。水喷雾灭火系统适用范围广，不仅可以提高扑灭固体火灾的灭火效率，同时由于水雾具有不会造成液体火飞溅、电气绝缘性好的特点，还可以广泛地应用于扑灭可燃液体火灾和电气火灾。

4.1.3　火灾自动报警系统

火灾自动报警系统与建筑消防灭火系统不同，它能在火灾初期将燃烧产生的烟雾、热

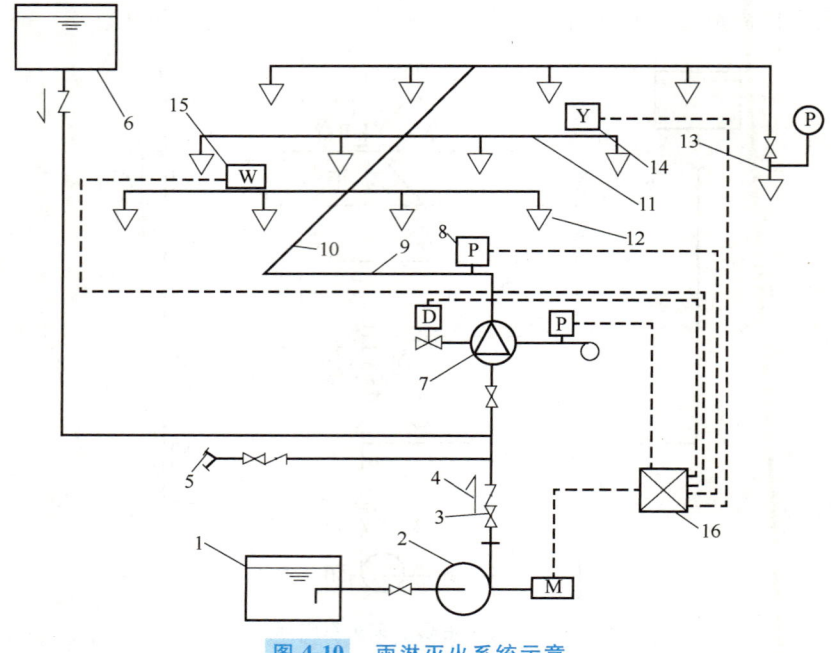

图 4-10　雨淋灭火系统示意

1—水池　2—水泵　3—闸阀　4—止回阀　5—水泵接合器　6—消防水箱　7—雨淋报警阀组
8—压力开关　9—配水干管　10—配水管　11—配水支管　12—开式洒水喷头
13—末端试水装置　14—感烟探测器　15—感温探测器　16—报警控制器

量、火焰等物理量，通过火灾探测器变成电信号传输到火灾报警控制器，并同时以声或光的形式发出疏散通知，控制器记录火灾发生的部位、时间等，使人们能够及时发现火灾，并及时采取有效措施，扑灭初期火灾，最大限度地减少因火灾造成的生命和财产的损失。

1. 系统工作原理

火灾自动报警系统工作原理：安装在保护区的探测器不断地向所监视的现场发出巡测信号，监视现场的烟雾浓度、温度等，并不断反馈给报警控制器。控制器将接收到的信号与内存的正常整定值相比较，判断是否发生火灾。当发生火灾时，系统发出声光报警，显示烟雾浓度、显示火灾区域或楼层房号的地址编码，并打印报警时间、地址等；同时，火灾现场启动警铃报警，在火灾发生楼层的上下相邻楼层或火灾区域的相邻区域也发出报警信号，以显示火灾区域；打开各应急疏散指示灯，指明疏散方向。

火灾自动报警系统由报警和联动两部分组成。

报警部分的报警主机接收到输入模块报警后，发出信号使消防广播等设备动作，同时完成报警机与消防控制中心的双向信号传递。联动部分的联动主机通过输入模块检测到一定区域或设备的报警后，通过逻辑判断，命令输出模块动作，从而完成整套设备的联动。火灾自动报警系统工作原理如图 4-11 所示。

2. 系统组成

火灾自动报警系统主要包括探测器、按钮、模块（接口）、报警控制器、联动控制器、报警联动控制一体机、报警装置、远程控制器等。火灾自动报警系统分为多线制和总线制两种形式。多线制为系统间信号按各自回路进行传输的布线制式，总线制为系统间信号按无限

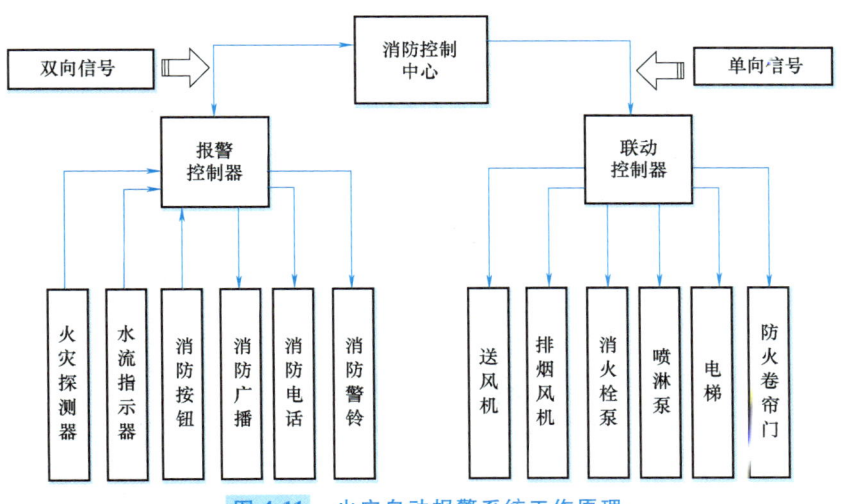

图 4-11　火灾自动报警系统工作原理

性两根线进行传输的布线制式。多线制目前基本不用。

　　火灾自动探测系统、自动报警系统和自动灭火系统的组合称为火灾自动报警或消防联动控制系统；其中火灾探测与报警控制系统是系统的感测部分，自动灭火系统是系统的执行部分。火灾自动报警系统的组成形式多种多样，目前，火灾自动报警系统有智能型、全总线型及综合型等类型。在具体工程应用中，传统型的区域报警系统、集中报警系统、控制中心报警系统仍得到较为广泛的应用，其构成如图 4-12～图 4-14 所示。

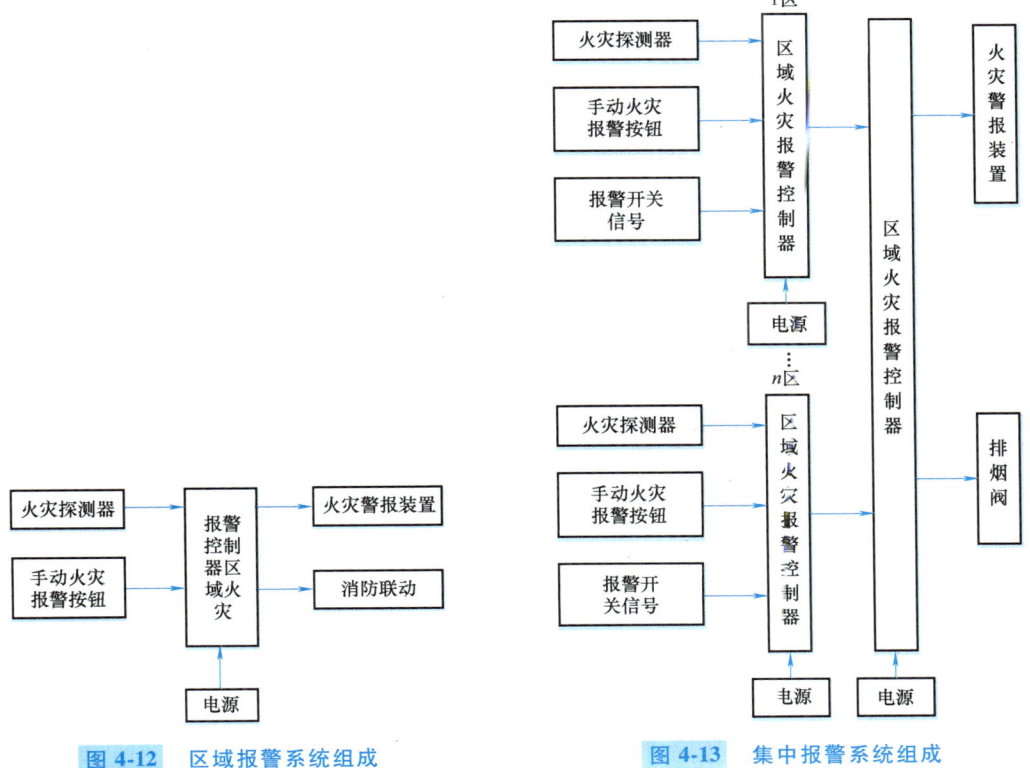

图 4-12　区域报警系统组成　　　　图 4-13　集中报警系统组成

(1) 火灾探测器

火灾探测器是火灾自动探测系统的传感部分，在火灾初期，能将烟、温度、火光的感受转换成电信号输出。火灾探测器的类型有点型与线型，常见的有感温探测器、感烟探测器、红外光束探测器、火焰探测器、可燃气体探测器等。点型探测器是对警戒范围中某一点周围的火灾参数做出响应，并将数据信号反馈给位于安全区的报警控制器主机。点型探测器包括火焰探测器、烟感探测器、温感探测器、红外光束探测器、可燃气体探测器等。线型探测器是对警戒范围中某一线路周围的火灾参数做出响应，并将数据信号反馈给位于安全区的报警控制器主机。

(2) 手动火灾报警按钮

手动报警按钮的作用是发现火灾后按下按钮向消防控制室报告火警，所以按钮的按片上是"按下报警"，相应的指示灯也是"火警"指示灯。手动火灾报警

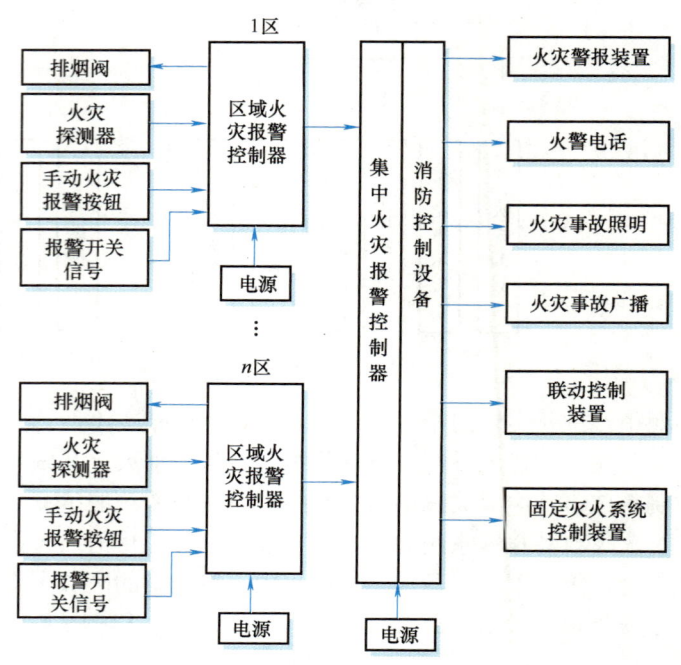

图 4-14　控制中心报警系统组成

按钮一般设置在公共场所出入口处或消火栓箱上，有压片式和破玻璃式。

(3) 声光报警器

声光报警器又称为警报器。当发生火灾时，声光报警器发出控制信号，启动声光报警电路，发出声音和光报警信号，完成报警目的。

(4) 火灾报警控制器

火灾报警控制器可向探测器供电；能接收探测信号并转换成声、光报警信号，指示着火部位和记录报警信息；可通过火警发送装置启动火灾报警信号，或通过自动消防灭火控制装置启动自动灭火设备和消防联动控制设备；自动监视系统的正确运行，对特定故障给出声光报警。

4.2　建筑消防工程施工图识读

4.2.1　建筑消防工程常用图例

建筑消防给水系统施工图需按照不同的消防给水系统进行识读。常用图例见表 4-1。

表 4-1 建筑消防给水系统图例符号

图例	名称	图例	名称	图例	名称
—XH—	消火栓给水管	平面 系统	自动喷洒头（闭式）下喷	平面 系统	雨淋阀
—ZP—	自动喷水灭火给水管	平面 系统	自动喷洒头（闭式）上喷		信号闸阀
—YL—	雨淋灭火给水管	平面 系统	自动喷洒头（闭式）上下喷		信号蝶阀
—SM—	水幕灭火给水管	平面 系统	侧墙式自动喷洒头	平面 系统	消防炮
—SP—	水炮灭火给水管	平面 系统	水喷雾喷头	L	水流指示器
	室外消火栓	平面 系统	直立型水幕喷头		水力警铃
平面 系统	室内消火栓（单口）	平面 系统	下垂型水幕喷头	平面 系统	末端试水装置
平面 系统	室内消火栓（双口）	平面 系统	干式报警阀	△	手提式灭火器
	水泵接合器	平面 系统	湿式报警阀	△	推车式灭火器
平面 系统	自动喷洒头（开式）	平面 系统	预作用报警阀		火灾显示盘
	喇叭		警铃		排烟阀
	正压送风口	Y	感烟探测器（编码底座）	Y	感烟探测器（并联子底座）
W	感温探测器	H	水流指示器（含输入模块）		手动报警按钮（含输入模块）
	非消防电源	A	消火栓按钮（含输入模块）		控制模块

4.2.2 建筑消防工程施工图的识读要点

阅读消防工程图时,首先要结合图纸目录看设计说明和设备材料表,然后看系统的平面图、系统图、详图等。识读的基本方法是先粗后细,平面、系统多对照,以便建立全面、系统的空间形象。

识读消防栓工程图时,可按水流方向从消防供水水源、消防供水设备、消防供水干管、立管、支管到消防栓的顺序来识读;识读自动喷水灭火工程图时,可按水流方向从消防供水水源、消防供水设备、消防报警阀、消防供水干管、立管、支管到喷头的顺序来识读。

（1）平面图的识读

识读消防平面图时,一般自底层开始逐层阅读各层消防平面图,需掌握以下主要内容:消防干管、立管、支管的平面位置与走向、管径尺寸及立管编号;管道是明装还是暗装,以确定施工方法;阀门类型、规格;消火栓的布置、口径大小及消防箱的形式与位置,消防水泵接合器的形式与位置或喷淋头的型号及布置等。

（2）系统图的识读

识读系统图时,应掌握以下主要内容:消防管道系统的具体走向、干管的布置方式、管径尺寸及其变化情况、阀门的设置、引入管等管道的标高、消火栓的安装高度、报警阀的安装位置、喷淋头的安装高度等。

4.2.3 火灾自动报警系统图的识读

火灾自动报警系统相关图例详见表6-1。识读火灾自动报警系统图时,一般可由设计说明得知:建筑物的结构类型、小区消防报警系统的形式、消防控制室的具体设置位置等。

对照系统图,结合图例和平面布置图,具体查看消防控制室是否分别引出消防设备控制线、报警总线、电源线、消防电话线等至建筑物;各层接线端子箱及各种安装在电缆井内的模块,是否安装在电缆井内;消防广播线的引来位置,在各层是否设置消防广播扬声器;火灾应急广播线路敷设时是否单独穿管,不与其他线缆共管或共线槽;在电梯机房、风机房等处是否设置总线制电话分机,消防电话总线的引入位置;消防电话插孔的设置位置、线缆敷设的具体方式;了解每层设有的地址感烟探测器、声光报警器、消防广播音箱、手动报警按钮、消防泵、水流指示器、消火栓按钮、正压送风口等的具体信息。

4.3 建筑消防工程工程量清单的编制

4.3.1 建筑消防工程基础知识

本节对应《通用安装工程工程量计算规范》（GB 50856—2013）中附录J消防工程进行介绍,内容包括:水灭火系统、气体灭火系统、泡沫灭火系统、火灾自动报警系统、消防系统调试。水灭火系统中包括消火栓灭火和自动喷淋灭火两部分。

1）消防工程与其他工程的管道界限的划分：

① 喷淋系统水灭火管道：室内外界限应以建筑物外墙皮1.5m为界，入口处设阀门者应以阀门为界；设在高层建筑物内的消防泵间管道应以泵间外墙皮为界。

② 消火栓管道：给水管道室内外界限划分应以外墙皮1.5m为界，入口处设阀门者应以阀门为界。

③ 与市政给水管道的界限：以与市政给水管道碰头点（井）为界。

2）消防管道如需进行探伤，应按《通用安装工程工程量计算规范》（GB 50856—2013）"附录H　工业管道工程"的相关项目编码列项。

3）消防管道上的阀门、管道及设备支架、套管制作安装，应按上述工程量计算规范"附录K　给排水、采暖、燃气工程"的相关项目编码列项。

4）本部分管道及设备除锈、刷油、保温除注明者外，均应按上述工程量计算规范"附录M　刷油、防腐蚀、绝热工程"的相关项目编码列项。

5）消防工程措施项目，应按上述工程量计算规范"附录N　措施项目"的相关项目编码列项。

4.3.2　水灭火系统工程量清单

1. 水灭火系统工程量清单项目设置

水灭火系统工程量清单项目特征描述的内容、计量单位及工程量计算规则，应按表4-2要求执行。

表4-2　水灭火系统（编码：030901）

项目编码	项目名称	项目特征	计量单位	工程量计算规则	工作内容
030901001	水喷淋钢管	安装部位，管道材质、规格，连接形式，钢管镀锌设计要求，压力试验及冲洗设计要求，管道标识设计要求	m	按设计图示管道中心线以长度计算	管道及管件安装，钢管镀锌，压力试验，冲洗，管道标识
030901002	消火栓钢管				
030901003	水喷淋（雾）喷头	安装部位，材质、型号、规格，连接形式，装饰盘设计要求	个	按设计图示数量计算	安装，装饰盘安装，严密性试验
030901004	报警装置	名称，型号、规格	组		安装，电气接线，调试
030901005	温感式水幕装置	型号、规格，连接形式			
030901006	水流指示器	规格、型号，连接形式	个		
030901007	减压孔板	材质、规格，连接形式			
030901008	末端试水装置	规格，组装形式	组		
030901009	集热板制作安装	材质，支架形式	个		制作、安装，支架制作、安装

（续）

项目编码	项目名称	项目特征	计量单位	工程量计算规则	工作内容
030901010	室内消火栓	安装方式，型号、规格，附件材质、规格	套	按设计图示数量计算	箱体及消火栓安装，配件安装
030901011	室外消火栓				安装，配件安装
030901012	消防水泵接合器	安装部位，型号、规格，附件材质、规格	套		安装，附件安装
030901013	灭火器	形式，规格、型号	具（组）		设置
030901014	消防水炮	水泡类型，压力等级，保护半径	台		本体安装，调试

2. 清单项目说明

1）水灭火管道工程量计算，不扣除阀门、管件及各种组件所占长度以延长米为单位计算。

2）水喷淋（雾）喷头安装部位应区分有吊顶、无吊顶。

3）报警装置适用于湿式报警装置、干湿两用报警装置、电动雨淋报警装置、预作用报警装置等。报警装置安装内容包括成套产品（含装配短管）的安装，各种报警装置成套产品包括的内容见表 4-3，清单编制时按报警装置的不同分别列项。

表 4-3 报警装置成套产品包括的内容

序号	项目名称	包括内容
1	湿式报警装置	湿式阀、供水压力表、装置压力表、试验阀、泄放试验阀、试验管流量计、过滤器、延时器、水力警铃、报警截止阀、漏斗、压力开关等
2	干湿两用报警装置	两用阀、装置截止阀、加速器、加速器压力表、供水压力表、试验阀、泄放试验阀（湿式）、泄放试验阀（干式）、挠性接头、试验管流量计、排气阀、截止阀、漏斗、过滤器、延时器、水力警铃、压力开关等
3	电动雨淋报警装置	雨淋阀、压力表、泄放试验阀、流量表、截止阀、注水阀、止回阀、电磁阀、排水阀、应急手动球阀、报警试验阀、漏斗、压力开关、过滤器、水力警铃等
4	预作用报警装置	干式报警阀、压力表（2块）、流量表、截止阀、排放阀、注水阀、止回阀、泄放阀、报警试验阀、液压切断阀、气压开关（2个）、试压电磁阀、应急手动试压器、漏斗、过滤器、水力警铃等

4）温感式水幕装置的安装包括给水三通至喷头、阀门间的管道、管件、阀门、喷头等全部安装内容。

5）水流指示器是水灭火系统的组件之一，安装于水平管道上。当喷头喷水时，指示器传出电信号，传至消防控制中心的控制箱进行报警，可启动报警阀供水灭火，也可启动消防水泵控制开关启泵供水。

6）减压孔板又称为调压板，用铝合金或不锈钢制成。它的作用是对流体动力减压，从而降低建筑物底层的自动喷水灭火设备和消火栓的出口压力及出口流量，减压孔板若在法兰盘内安装，其法兰计入组价内。

7）末端试水装置用于对水灭火系统功能的检验与测试，以及维修和检查。末端试水装置包括压力表、控制阀等附件安装。末端试水装置安装中不含连接管及排水管安装，其工程量并入消防管道。

8）集热板安装在喷头上方，主要作用：一是集热，使喷头受热动作；二是挡水，防止其他喷头喷出的水冷却喷头而不能动作。

9）消火栓。室内消火栓安装包括消火栓箱、消火栓、水枪、水龙带、水龙带接扣、挂架等。室外消火栓分为地上式和地下式。地上式消火栓包括消火栓、法兰接管、弯管底座安装，如图4-15所示；地下式消火栓包括地下式消火栓、法兰接管、弯管底座或消火栓三通安装，如图4-16所示。

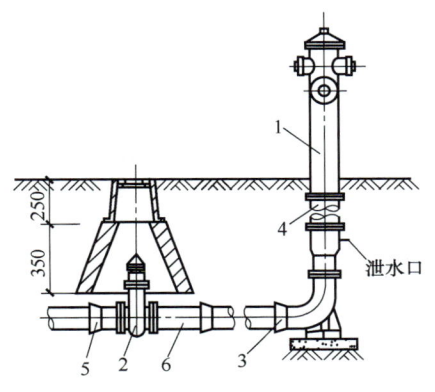

图4-15 地上式室外消火栓

1—地上式室外消火栓 2—闸阀 3—弯管底座
4—法兰接管 5—短管甲 6—短管乙

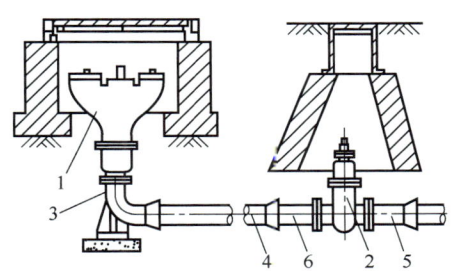

图4-16 地下式室外消火栓

1—地下式室外消火栓 2—闸阀 3—弯管底座
4—铸铁管 5—短管甲 6—短管乙

10）消防水泵接合器是高层建筑配套的消防设施。当发生火灾时，消防车的水泵可迅速、方便地通过水泵接合器的接口与建筑物内的消防设备相连接，并送水加压，从而使室内的消防设备得到充足的压力水源，用以扑灭不同楼层的火灾，有效地解决消防车灭火困难或室内消防设备水源压力不足而无法灭火的情况。消防水泵接合器可分为地上式、地下式、墙壁式三种类型。

消防水泵接合器的安装内容包括法兰接管及弯头安装、接合器井内阀门、弯管底座及标牌等附件。地上式消防水泵接合器如图4-4所示。

11）灭火器主要指可携式灭火工具，包括干粉灭火器和泡沫灭火器。

12）消防水炮作为远距离扑灭火灾的灭火设备，由消防炮体、现场控制器组成，分为普通手动水炮、智能控制水炮。

13）消防管道上的阀门、法兰、管道及设备支架、套管制作安装，应按《通用安装工程工程量清单计量规范》（GB 50856—2013）"附录K 给排水、采暖、燃气工程"的相关项目编码列项，见表4-4。

表 4-4 消防系统的阀门、支架、套管清单编码

序号	项目名称	清单编码
1	阀门	031003001 螺纹阀门，031003002 螺纹法兰阀门，031003003 焊接法兰阀门
2	支架	031002001 管道支架，031002002 设备支架
3	套管	031002003 套管

【例 4-1】 如图 4-17 所示，消火栓管道采用内外壁热镀锌钢管，管径<DN50 采用螺纹连接，管径≥DN50 采用沟槽或法兰连接。给水管道的公称压力均为 1.0MPa。采用 SG 系列铝合金消火栓箱，箱内设 SNW65 减压稳压型消火栓。试计算本例消火栓安装工程量并编制相应的工程量清单项目。

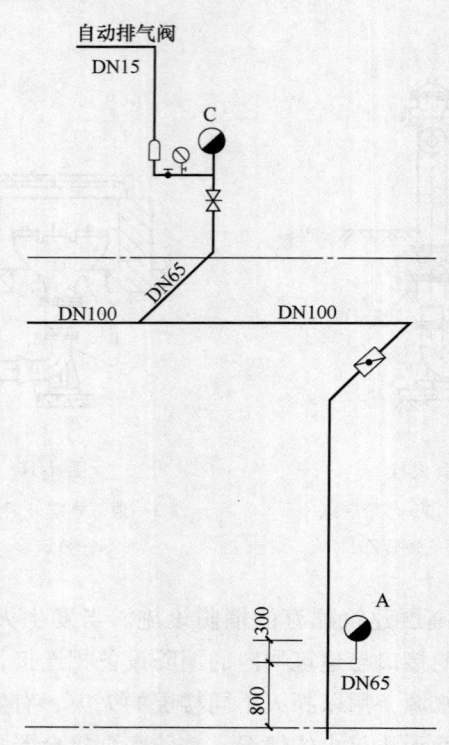

图 4-17 消火栓管道

解：(1) 本例工程消火栓安装工程量计算见表 4-5。

表 4-5 工程量计算表

序号	项目名称	计量单位	工程量	计算式
1	消火栓钢管 DN65	m	3.5	→1.5+↑1.1+(→0.6+↑0.3)
2	消火栓钢管 DN100	m	8.0	↑(14.5−11.7)+→1.5+→3.7
3	室内消火栓 DN65	套	1	
4	试验消火栓 DN65	个	1	

(续)

序号	项目名称	计量单位	工程量	计算式
5	闸阀 DN65	个	1	
6	蝶阀 DN100	个	1	
7	自动排气阀 DN15	个	1	
8	压力表	台	1	
9	刚性防水套管制作、安装 DN65	个	1	

（2）本例工程消火栓安装分部分项工程工程量清单见表4-6。

表4-6 分部分项工程工程量清单表

序号	项目编码	项目名称	项目特征	计量单位	工程量
1	030901002001	消火栓钢管	1. 安装部位：室内 2. 材质，规格：内外壁热镀锌钢管 DN65 3. 连接形式：沟槽连接 4. 压力试验及冲洗：水压试验，水冲洗	m	3.5
2	030901002002	消火栓钢管	1. 安装部位：室内 2. 材质，规格：内外壁热镀锌钢管 DN100 3. 连接形式：沟槽连接 4. 压力试验及冲洗：水压试验，水冲洗	m	8.0
3	030901010001	室内消火栓	1. 安装方式：明装 2. 型号、规格：DN65，SG系列铝合金消火栓箱 3. 附件材质，规格：箱内设SNW65减压稳压型消火栓	套	1
4	030901010002	室内消火栓	1. 安装方式：明装 2. 型号、规格：DN65，试验消火栓	套	1
5	031003003001	焊接法兰阀门	闸阀 DN65，法兰连接	个	1
6	031003003002	焊接法兰阀门	蝶阀 DN100，法兰连接	个	1
7	031003001001	螺纹阀门	自动排气阀 DN15，螺纹连接	个	1
8	030601002001	压力仪表	1. 名称：压力表 就地 2. 仪表阀门安装与研磨安装（螺纹铜截止阀 DN15） 3. 压力表弯制作 铜制	台	1
9	031002003001	套管	刚性防水套管制作、安装 DN65	个	1

（3）本例工程消火栓安装分部分项工程工程量清单计价（含定额）见表4-7。

表4-7 分部分项工程工程量清单计价表（含定额）

序号	项目编码	项目名称	项目特征	计量单位	工程量	金额（元）	
						综合单价	合计
1	030901002001	消火栓钢管	1. 安装部位：室内 2. 材质，规格：内外壁热镀锌钢管DN65 3. 连接形式：沟槽连接 4. 压力试验及冲洗：水压试验，水冲洗	m	3.5	122.65	429.28
1.1	30901016	管道安装（沟槽连接）钢管（沟槽连接）公称直径65mm以内		m	3.5	122.65	429.28
2	030901002002	消火栓钢管	1. 安装部位：室内 2. 材质，规格：内外壁热镀锌钢管DN100 3. 连接形式：沟槽连接 4. 压力试验及冲洗：水压试验，水冲洗	m	8.0	205.09	1640.72
2.1	30901018	管道安装（沟槽连接）钢管（沟槽连接）（公称直径100mm以内）		m	8.0	205.09	1640.72
3	030901010001	室内消火栓	1. 安装方式：明装 2. 型号、规格：DN65，SG系列铝合金消火栓箱 3. 附件材质，规格：箱内设SNW65减压稳压型消火栓	套	1	952.61	952.61
3.1	30901069	室内消火栓（明装）普通（公称直径单栓65mm以内）		套	1	952.61	952.61
4	030901010002	室内消火栓	1. 安装方式：明装 2. 型号、规格：DN65，试验消火栓	套	1	124.51	124.51
4.1	30901073	室内消火栓（明装）（室内消火栓 试验消火栓DN65）		套	1	124.51	124.51

（续）

序号	项目编码	项目名称	项目特征	计量单位	工程量	金额（元）	
						综合单价	合计
5	031003003001	焊接法兰阀门	闸阀DN65，法兰连接	个	1	308.28	308.28
5.1	31005043	法兰闸阀安装DN65		个	1	308.28	308.28
6	031003003002	焊接法兰阀门	蝶阀DN100，法兰连接	个	1	504.75	504.75
6.1	31005045	法兰蝶阀DN100		个	1	504.75	504.75
7	031003001001	螺纹阀门	自动排气阀DN15，螺纹连接	个	1	37.72	37.72
7.1	31005001	螺纹阀门安装（公称直径15mm以内）		个	1	37.72	37.72
8	030601002001	压力仪表	1. 名称：压力表 就地 2. 仪表阀门安装与研磨安装（螺纹铜截止阀DN15） 3. 压力表弯制作：铜制	台	1	156.47	156.47
8.1	30601046	压力仪表（压力表就地）		台	1	88.26	88.26
8.2	30610053	取源部件制作安装（压力表弯制作碳钢）		个	1	68.21	68.21
9	031002003001	套管	刚性防水套管制作、安装DN65	个	1	227.21	227.21
9.1	31011054	刚性防水套管制作（介质管道公称直径80mm以内）		个	1	150.81	150.81
9.2	31011066	刚性防水套管安装（介质管道公称直径80mm以内）		个	1	76.40	76.40

（4）经过市场询价获得主要材料的市场价格（不含税），见表4-8。

表4-8 消火栓安装工程主材价格（不含税）

序号	材料名称	规格	价格（元）	序号	材料名称	规格	价格（元）
1	沟槽直接头	DN70（含胶圈）	21.830	6	法兰闸阀	DN65	196.160
2	室内沟槽式管件	DN65	37.940	7	螺纹阀门	DN15	18.290
3	沟槽直接头	DN100（含胶圈）	31.230	8	法兰蝶阀	DN100	300.940
4	室内沟槽式管件	DN100	56.55	9	压力表	—	50.09
5	室内消火栓	综合	650				

安装工程计量与计价

4.3.3 火灾自动报警系统工程量清单

1. 火灾自动报警系统工程量清单项目设置

项目特征描述的内容、计量单位及工程量计算规则见表 4-9、表 4-10。

表 4-9 火灾自动报警系统（编码：030904）

项目编码	项目名称	项目特征	计量单位	工程量计算规则	工作内容
030904001	点型探测器	名称，规格，线制，类型	个	按设计图示数量计算	底座安装，探头安装，校接线，编码，探测器调试
030904002	线型探测器	名称，规格，安装方式	m	按设计图示长度计算	探测器安装，接口模块安装，报警终端安装，校接线
030904003	按钮	名称，规格	个	按设计图示数量计算	安装，校接线，编码，调试
030904004	消防警铃				
030904005	声光报警器				
030904006	消防报警电话插孔（电话）	名称，规格，安装方式	个（部）		
030904007	消防广播（扬声器）	名称，功率，安装方式	个		
030904008	模块（模块箱）	名称，规格，类型，输出形式	个（台）		
030904009	区域报警控制箱	多线制，总线制，安装方式，控制点数量，显示器类型	台		本体安装，校接线、摇测绝缘电阻，排线、绑扎、导线标识，显示器安装，调试
030904010	联动控制箱				
030904011	远程控制箱（柜）	规格，控制回路			
030904012	火灾报警系统控制主机	规格，线制，控制回路，安装方式			安装，校接线，调试
030904013	联动控制主机				
030904014	消防广播及对讲电话主机（柜）				

表 4-10 消防系统调试（编码：030905）

项目编码	项目名称	项目特征	计量单位	工程量计算规则	工作内容
030905001	自动报警系统调试	点数，线制	系统	按系统计算	系统调试
030905002	水灭火系统控制装置调试	系统形式	点	按控制装置的点数计算	调试
030905003	防火控制装置调试	名称，类型	个（部）	按设计图示数量计算	

(续)

项目编码	项目名称	项目特征	计量单位	工程量计算规则	工作内容
030905004	气体灭火控制装置调试	试验容器规格，气体试喷	点	按调试、检验和验收所消耗的试验容器总数计算	模拟喷气试验，备用灭火器储存容器切换操作试验，气体试喷

2. 清单项目说明

（1）探测器

火灾探测器是火灾自动报警系统最关键的部件之一，清单项目分为点型探测器、线型探测器。

（2）按钮

消防按钮有两种：消火栓按钮、手动报警按钮。

消火栓按钮安装已包含在消火栓安装工作内，不再单独列项。因此，此处的按钮特指手动报警按钮。

（3）报警装置

消防警铃、声光报警器、消防报警电话插孔（电话）、消防广播（扬声器）按图示设计数量以"个"或"部"计。

（4）模块

模块按作用分为单输出、多输出和报警模块。

模块按类型分为输入模块、输出模块。输入模块和输出模块都是联动模块。输入模块又叫监视模块，是指将外部设备的信号通过输入模块输入主机，进行监视，例如水流指示器、信号阀监视用输入模块。输出模块又称为控制模块，是指控制外部设备的模块，例如将电磁阀接到输出模块，输出模块动作时，会给电磁阀电压使其动作。

如果探测器中已含接口模块（地址编码），则不再另行计算模块。消防按钮、消防电话等可能含接口模块，应视具体情况而定。

（5）联动设备

消防联动设备是火灾自动报警系统的执行部件，消防控制室接收火警信息后应能自动或手动启动相应消防联动设备。这些设备包括防火卷帘门、电梯、排烟风机、送风机、消防泵、喷淋泵等。

各种消防泵、稳压泵等机械设备安装及二次灌浆执行《通用安装工程工程量计算规范》（GB 50856—2013）"附录A　机械设备安装工程"A.9 的相应项目；防火卷帘门执行《房屋建筑与装饰工程工程量计算规范》（GB 50854—2013）"附录H　门窗工程"010803002 项目；电梯执行《通用安装工程工程量计算规范》（GB 50856—2013）"附录A　机械设备安装工程"A.7 的相应项目；风机执行《通用安装工程工程量计算规范》（GB 50856—2013）"附录A　机械设备安装工程"A.8 的相应项目。

电缆敷设、桥架安装、配管配线、接线盒、应急照明器具、电动机检查接线、调试防雷接地装置等安装，均执行《通用安装工程工程量计算规范》（GB 50856—2013）"附录D　电气设备安装工程"的相应项目。

（6）消防系统调试

自动报警系统包括各种探测器、报警器、报警按钮、报警控制器、消防广播、消防电话等组成的报警系统；按线制不同点数以"系统"为单位计算。

水灭火控制装置，自动喷洒系统按水流指示器数量以"点（支路）"计算；消火栓系统按消火栓启泵按钮数量以"点"计算；消防水炮系统按水炮数量以"点"计算。

防火控制装置，包括电动防火门、防火卷帘门、正压送风阀、排烟阀、防火控制阀、消防电梯等防火控制装置；电动防火门、防火卷帘门、正压送风阀、排烟阀、防火控制阀等调试以"个"为单位计算，消防电梯以"部"为单位计算。

气体灭火系统是由七氟丙烷、IG541、二氧化碳等组成的灭火系统；气体灭火系统调试按气体灭火系统装置的瓶头阀以"点"为单位计算。

4.4 建筑消防工程相关定额计价说明

4.4.1 概述

本节内容的主要依据为《福建省安装工程预算定额（2017版）》中《第九册 消防工程》，本册定额包括水灭火系统、气体灭火系统、泡沫灭火系统、火灾自动报警系统、消防系统调试等项目。

1. 与有关定额册的关系

1）除另有规定外，阀门、气压罐、消防水箱、套管、管道的支架制作安装执行《第十册 给排水、采暖、燃气工程》相应项目。

2）各种消防泵、稳压泵安装及二次灌浆，执行《第一册 机械设备安装工程》相应项目。

3）不锈钢管和管件、铜管和管件、泵房间管道安装、管道系统强度试验、严密性试验和冲洗等执行《第八册 工业管道工程》相应项目。

4）电缆敷设、桥架安装、配管配线、接线盒、电动机检查接线、防雷接地装置等安装，执行《第四册 电气设备安装工程》相应项目。

5）各种仪表的安装执行《第六册 自动化控制仪表安装工程》相应项目。

6）设备支架制作安装执行《第十册 给排水、采暖、燃气工程》相应项目。

7）《第九册 消防工程》未包括剔槽打洞及恢复等工作内容，发生时另行计算，执行《第十册 给排水、采暖、燃气工程》相应项目。

8）室内消火栓安装，定额未包括墙体修补工作内容，发生时另行计算，执行《第十册 给排水、采暖、燃气工程》相应项目。

9）泡沫灭火系统中的泡沫发生器定额不适用于金属储罐上安装空气泡沫产生器，发生时执行《第三册 静置设备与工艺金属结构制作安装工程》相应项目。

10）刷油、防腐蚀、绝热工程，执行《第十一册 刷油、防腐蚀、绝热工程》相应项目。

11）凡涉及管沟、基坑及井类的土方开挖、回填、运输、垫层、基础、砌筑、地沟盖板预制安装、路面开挖及修复、管道混凝土支墩的项目，执行《福建省房屋建筑与装饰工程预算定额》和《福建省市政工程预算定额》相应项目。

2. 计价定额中用系数计算的费用

1）脚手架搭拆费按定额人工费的5%计算，其费用中人工费占35%。

2）操作高度增加费：操作高度均按5m以下编制；安装高度超过5m时，超过部分工程量按定额人工费乘以表4-11中的系数编制。

表4-11　操作高度增加费系数表（建筑消防工程）

操作物高度/m	≤10	≤30
系数	1.10	1.20

3）建筑物超高增加费：高度在6层或20m以上的工业与民用建筑物上进行安装时增加的费用，按表4-12中系数进行计算，其费用中人工费占65%。

表4-12　建筑物超高增加费系数表（建筑消防工程）

建筑物檐高/m	≤40	≤60	≤80	≤100	≤120	≤140	≤150	≤180	≤200
建筑层数/层	≤12	≤18	≤24	≤30	≤36	≤42	≤48	≤54	≤60
按人工费的百分比（%）	2	5	9	14	20	26	32	38	44

脚手架搭拆费应计入单项措施费中；操作高度增加费和建筑超高增加费用则计入应计取费用的该定额子目的分部分项费中。

3. 界限划分

1）消防系统室内外管道以建筑物外墙皮1.5m为界，入口处设阀门者以阀门为界；室外埋地管道执行《第十册　给排水、采暖、燃气工程》中室外给水管道安装相应项目。

2）厂区范围内的装置、站、罐区的架空消防管道执行《第九册　消防工程》相应子目。

3）与市政给水管道的界限：以与市政给水管道碰头点（井）为界。

4.4.2　各章节相关说明

1. 水灭火系统说明

（1）组成

水灭火系统包括水喷淋钢管、消火栓钢管、水喷淋（雾）喷头、报警装置、水流指示器、温感式水幕装置、减压孔板、末端试水装置、集热板、消火栓、消防水泵结合器、灭火器、消防水炮等安装。

（2）执行定额及适用范围

细水雾灭火系统安装，喷头安装执行水灭火系统相应定额，高压管道、控制阀门安装等执行《第八册　工业管道工程》相应项目。

安装工程计量与计价

水灭火系统安装预算定额适用于工业和民用建（构）筑物设置的水灭火系统的管道、各种组件、消火栓、消防水炮等安装。

（3）管道安装相关规定

1）钢管法兰连接定额，管件是按成品、弯头两端是按接短管焊法兰考虑的，定额中包括了直管、管件、法兰等全部安装工序内容，但管件、法兰按设计规定另行计算，螺栓按设计用量加3%损耗计算。

2）水灭火系统安装预算定额适用于自动喷水灭火系统管道安装、消火栓管道安装，也适用于镀锌无缝钢管的安装。

3）钢管螺纹连接或钢管沟槽式连接，管件是按成品考虑的，定额中包括了管接头、管件等全部安装内容，其管件的主材数量已经考虑在内，不得另计。

4）消火栓管道采用无缝钢管焊接时，定额中包括管件安装，管件主材依据设计图用量另行计工程量。

5）消火栓管道采用钢管（沟槽连接）时，执行水喷淋钢管（沟槽连接）相应项目。

6）管道安装定额已包含水压试验、水冲洗工作内容，若非施工单位原因引起的二次及以上的水压试验可另行计算，执行《第十册　给排水、采暖、燃气工程》相应定额。

（4）有关说明

1）报警装置安装项目，定额中已包括装配管、泄放试验管及水力警铃进出水管安装，其他报警装置适用于雨淋、干湿两用及预作用报警装置。

2）水流指示器（马鞍型连接）项目，主材中包括胶圈、U形卡；若设计要求水流指示器采用螺纹连接时，执行《第十册　给排水、采暖、燃气工程》螺纹阀门相应项目。

3）喷头、报警装置及水流指示器安装定额均按管网系统试压、冲洗合格后安装考虑的，定额中已包括丝堵、临时短管的安装、拆除及摊销。

4）温感式水幕装置安装定额中已包括给水三通至喷头、阀门间的管道、管件、阀门、喷头等全部安装内容。管道的主材数量按设计管道中心长度另加损耗计算；喷头数量按设计数量另加损耗计算。

5）集热板（罩）安装项目，主材中应包括所配备的成品支架。

6）落地组合式消防柜安装，执行室内消火栓（明装）定额项目。

7）水泡沫两用消火栓安装，执行室内消火栓自救卷盘相应的定额项目。

8）水泡沫两用消火栓自救卷盘安装，执行室内消火栓自救卷盘相应的定额项目，其定额乘以系数1.2。

9）室外消火栓、消防水泵接合器安装，定额中包括法兰接管及弯管底座（消火栓三通）的安装，本身价格另计。

10）消防水炮及模拟末端装置项目，定额中仅包括本体安装，不包括型钢底座安装和混凝土基础砌筑；型钢底座制作安装执行《第十册　给排水、采暖、燃气工程》设备支架制作安装相应项目，混凝土基础执行《房屋建筑与装饰工程消耗量定额》相应项目。

11）消火栓成套产品未包括消火栓按钮的，消火栓按钮安装执行火灾自动报警系统相应定额。

12）设置于管道间、管廊内的管道，其定额人工、机械乘以系数 1.2。

13）钢管安装定额也适用于无缝钢管，由于两者之间的管径的表达方式不同，其对应关系见表 4-13。

表 4-13　公称直径与无缝钢管外径对应关系表

公称直径/mm	15	20	25	32	40	50	65	75	100	150	200
无缝钢管外径/mm	20	25	32	38	45	57	76	89	108	159	219

2. 火灾自动报警系统说明

（1）组成

火灾自动报警系统包括点型探测器、线型探测器、按钮、消防警铃、声光报警器、空气采样型探测器、消防报警电话插孔（电话）、消防广播（扬声器）、消防专用模块（模块箱）、远程控制箱（柜）、火灾报警器、多线联动控制器、消防广播及电话主机（柜）、火灾报警控制微机、备用电源及电池主机柜、报警联动控制一体机的安装工程。

（2）执行定额及适用范围

火灾自动报警系统安装预算定额适用工业和民用建（构）筑物设置的火灾自动报警系统的安装。

（3）工作内容

1）设备和箱、机及元件的搬运，开箱检查，清点，杂物回收，安装就位，接地，密封，箱、机内的校线、接线、压接端头（挂锡）、编码、测试、清洗、记录整理等。

2）本体调试。

（4）有关说明

1）火灾自动报警系统安装预算定额中，箱、机是以成套装置编制的，柜式及琴台式均执行落地式安装相应项目。

2）闪灯执行声光报警器。

3）气体灭火控制盘安装，执行火灾报警联动一体机（64 点以内）定额项目。

4）电气火灾监控系统：

① 报警控制器按点执行火灾报警器安装定额。

② 探测器模块按输入回路数量执行相应的单、多输入模块安装。

③ 剩余电流互感器执行相应电气安装定额。

④ 温度传感器执行线型探测器安装定额。

5）消防电源监控系统：

① 消防电源监控系统主机按设备容量（点数）执行火灾报警器安装定额。

② 电压传感器、电压电流传感器执行多输入模块安装定额。

6）防火门监控系统：

① 防火门监控系统主机，按设备容量（点数）执行火灾报警器安装定额。

② 防火门监视器，按其输入回路数量执行相应的单输入模块、多输入模块安装定额。

③ 防火门监控器，按其控制回路数量执行相应的单输入单输出模块、多输入多输出模

块安装定额。

④ 闭门器及门磁开关安装，执行建筑智能化系统设备安装相应定额。

7）如遇事故照明及疏散指示控制装置，需执行《第四册　电气设备安装工程》相应项目。

8）火灾报警控制微机安装中不包括消防系统应用软件开发内容。

3. 消防系统调试说明

（1）组成

消防系统调试包括自动报警系统调试、电气火灾监控系统、消防电源监控系统、防火门监控系统、水灭火控制装置调试、防火控制装置调试、气体灭火系统装置调试等工程。

（2）执行定额及适用范围

消防系统调试预算定额适用于工业与民用建筑项目中的消防工程系统调试。

（3）有关说明

1）系统调试是指消防报警和防火控制装置灭火系统完毕且联通，并达到国家有关消防施工验收规范、标准、进行的全系统检测、调整和试验。

2）消防系统调试预算定额中不包括气体灭火系统调试试验时采取的安全措施，应另行计算。

3）自动报警系统装置包括各种探测器、手动报警按钮和报警控制器；灭火系统控制装置包括消火栓、自动喷水、七氟丙烷、二氧化碳等固定灭火系统的控制装置。

4）火灾报警系统调试，不含报警主机（或主机回路板）安装时，套用单点调试定额，点数按带有地址码的报警总线器件计算工程量。

5）切断非消防电源的点数，以执行切除非消防电源的模块数量确定点数。

6）防火控制装置调试中的防火卷帘门、电动防火门（窗）、电动防火阀、电动排烟阀、电动正压送风阀、切断非消防电源调试、消防风机调试、消防水泵联动调试，以"点"为计量单位计算。上述的"点"是指需调试设备的数量，不是控制箱的数量。

复习题

1. 试述水灭火系统和气体灭火系统的组成。
2. 某室内消火栓灭火系统，共设 DN65 单出口消火栓（800mm×760mm×284mm 型铝合金单开门栓箱，麻质水带长 20m）5 套、DN65 双出口消火栓（1200mm×750mm×280mm 型铝合金单开门栓箱，麻质水带长 20m）2 套、带消防软管卷盘的 DN65 单出口消火栓（1200mm×750mm×280mm 型铝合金单开门栓箱，麻质水带长 20m，卷盘胶管 20m，喷嘴口径 9mm）1 套。请编制分部分项工程工程量清单。
3. 已知目前内外壁热镀锌钢管 DN65 的市场价为 38.24 元/m，根据本章【例 4-1】中表 4-6 的第 1 项"030901002001 消火栓钢管"的相关条件，试计算该分部分项工程的综合单价。
4. 某大楼的消防系统共设广播音响 20 只，通信分机 3 只，电话插孔 20 只，正压送风阀 10 个，排烟阀 5 个。请编制该部分装置的调试系统工程量清单。

第5章 通风空调工程计量与计价

内容简介

本章主要介绍通风空调工程的主要内容、设计图的识读、图例的表达，通风空调设备、管道、附件、保温、系统调试等清单项目设置、工程量计算和计价等内容，并结合 BIM 建模和软件操作展示通风空调安装工程计量与计价的过程。

5.1 通风空调工程基础知识

5.1.1 房屋建筑通风空调系统的分类及组成

房屋建筑通风空调工程包括通风系统和空调系统，通风系统是采用净化、排除或稀释的技术，以保证环境空间空气品质良好的工程技术，包括送风、排风、除尘、气力输送及消防防排烟系统。空调系统是指为了满足生产和生活上的要求，以改善劳动卫生条件，用人为的方法使室内空气的温度、湿度、洁净度及气流速度等达到一定的要求。在一些建筑工程中，通风系统和空调系统功能合二为一，除具有空调功能外，还兼作通风功能，用以改善生活与生产空间环境。

1. 通风系统的分类及组成

(1) 通风系统分类

通风系统按气流方向不同，分为送风系统、排风系统；按动力不同，分为自然通风系统、机械通风系统；按服务范围不同，分为全面通风系统、局部通风系统；按通风目的不同，分为普通送排风系统、防排烟系统、除尘系统等。

(2) 通风系统组成

1) 送风系统。把新鲜空气送入室内，稀释有害气体的浓度，满足人们对新鲜空气的需求，主要包括风管、风机、风口、空气处理设备、电力装置及管线等，其系统组成如图5-1所示。

2) 排风系统。排风系统是指将生活或生产产生的有害气体收集、净化处理后排出室外，主要包括风罩、风管、风机、风帽及其他设备，如图 5-2 所示。

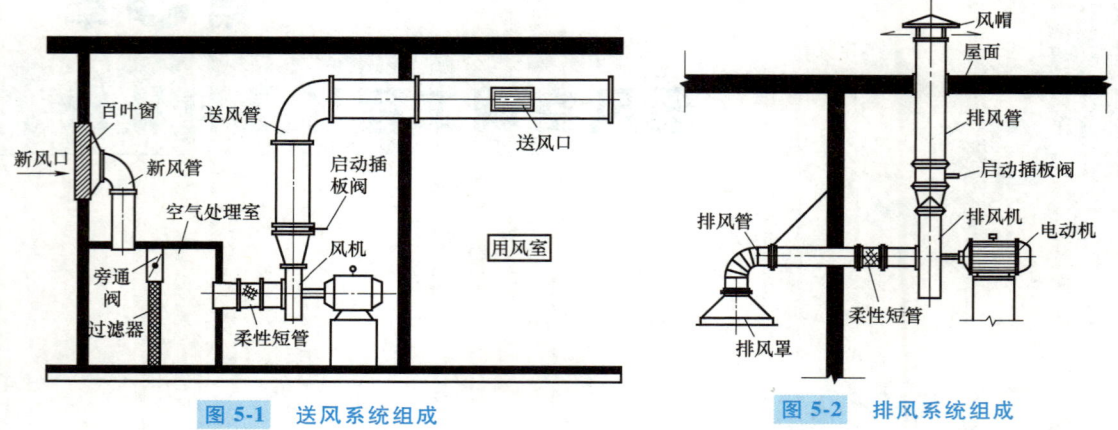

图 5-1　送风系统组成　　　　图 5-2　排风系统组成

2. 空调系统的分类及组成

（1）空调系统的分类

空调系统按管网介质不同，分为空调风系统、空调水系统、冷媒系统；按用途不同，分为舒适性空调系统、工艺性空调系统；按负担室内热湿负荷的工作介质不同，分为全空气系统、全水系统、空气-水系统及冷媒剂系统；按空气来源不同，分为直流式系统、封闭式系统和混合式系统；按照空气处理集中程度不同，分为集中式空调系统、半集中式空调系统及分散式空调系统。

（2）空调系统的组成

空调水系统由冷热源设备、增压设备、水管网、电力装置及线缆等组成。空调风系统由风管、风口、空气处理设备等组成。空调风系统与通风系统存在相似之处，空气处理设备存在差异，如图 5-3 所示。冷媒系统由室外机、室内机、冷媒管网、电力装置及线缆等组成，如图 5-4 所示。

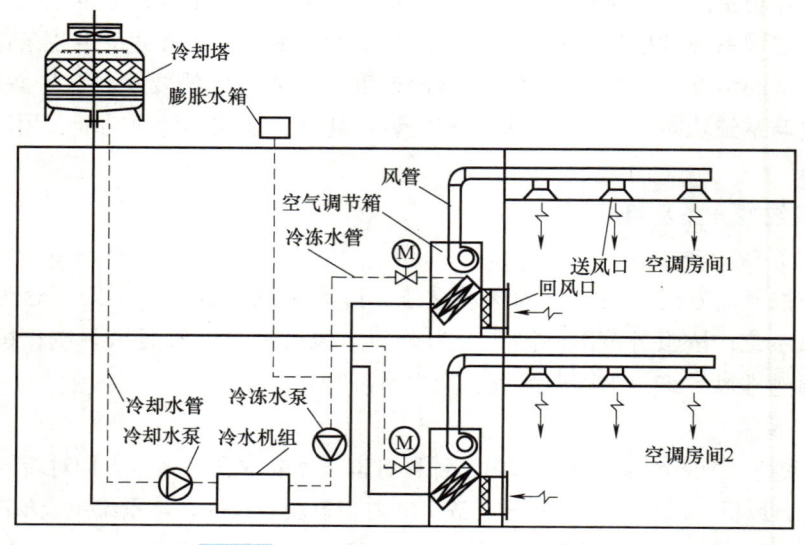

图 5-3　空调水系统、空调风系统组成

5.1.2 通风空调工程施工图的识读

1. 通风空调工程施工图的组成

通风空调工程施工图可分为风系统施工图、水（冷媒）系统施工图及机房施工图。根据规模和要求的不同，图纸种类和数量也不相同，一般由图纸目录、设计与施工说明、主要设备材料表、平面图、系统图（或原理图）、剖面图和详图等组成。

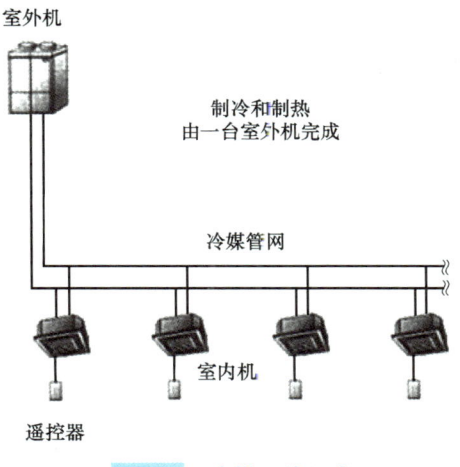

图 5-4　冷媒系统组成

（1）图纸目录与设计说明

图纸目录与设计说明主要包括设计依据、设计范围、工程概况以及图中未能表达清楚的各有关事项。如空调室内外机设计参数，冷热源设置情况，空调系统的方式，设备安装要求，风管及供回水管管材、保温和安装的要求，节能措施，采用的标准图集，施工及验收依据等。

（2）设备材料表

设备材料表列出了施工图中所涉及的主要设备材料（如热源和冷源设备、空气处理设备、管道、管道附件等）的名称、图例、型号、规格、数量等。需要注意的是设备材料表中所列的材料设备数量，由于与预算编制中工程量的计算方法和要求不同，一般不能作为编制预算的依据，只能作为参考数量。

（3）系统图（或原理图）

系统图以单线绘制表达管路流程及设备之间的相互关系，可按空气（水或冷媒）流向进行识读，从中可以了解设备、阀门、控制仪表、配件、介质流向、管径等信息。系统图管路分支与平面图相符，但一般不按比例绘制。空调水系统图常采用双管制或四管制。双管制包括一根供水管，一根回水管，夏季供冷水、冬季供热水共用相同管路。四管制包括两根供水管、两根回水管，供冷、供热彼此独立设置供回水管。冷媒系统图常采用双管制，一根为气管，一根为液管，图 5-5 为某老年活动中心双管制冷媒管系统图。通风空调系统施工图的识读一般按照空气（水或冷媒）的流向展开。

（4）平面图

平面布置图通常按照 1:100 或 1:50 比例绘制，主要表明设备和系统管道的平面布置，标示系统编号，各设备、部件的名称、规格、型号、安装位置，各设备（室）的轮廓尺寸，各种设备定位尺寸、设备基础主要尺寸、风道及风口尺寸、标高、管道坡度和坡向，以及各种设备及风口安装的定位尺寸和编号等。通风系统、空调风系统以双线绘出的风道、异径管、弯头、检查口、测定孔、调节阀、防火阀、风口的位置。图 5-6 为某老年活动中心二~三层空调风系统平面图（局部）。空调水系统、冷媒系统以单线绘制，如图 5-7 所示。识图过程中注意平面图与系统图、详图及剖面图的结合。

1）风系统识图顺序。按照风的流动方向，依次识读空调设备、送风干管、送风支管、送风口，然后回风口、回风支管、回风干管，最后再回到空调设备，形成一个风系统循环环路。

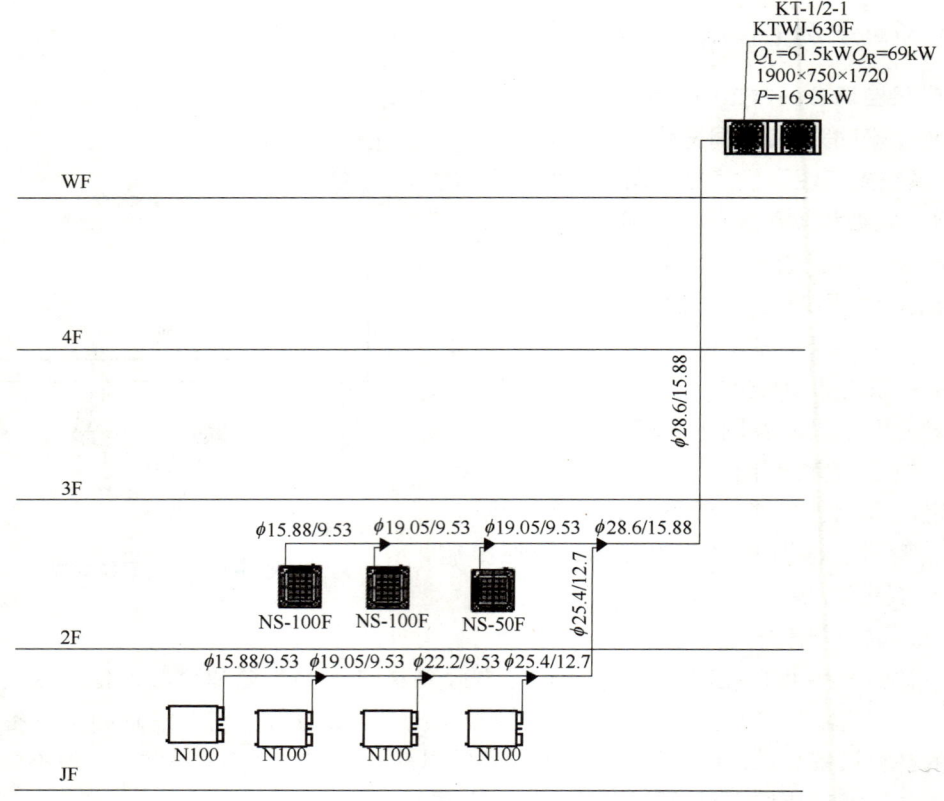

图 5-5　某老年活动中心双管制冷媒管系统图

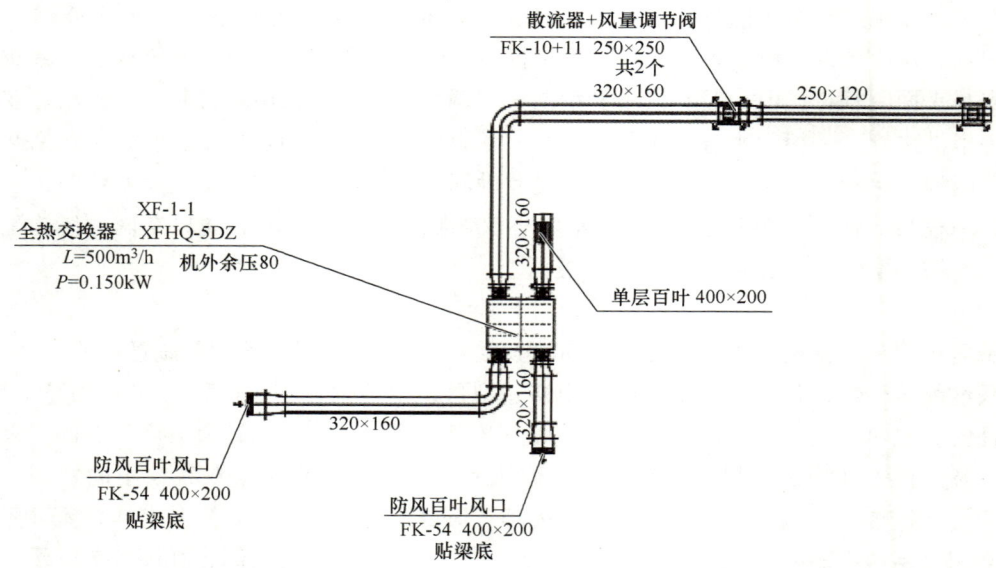

图 5-6　某老年活动中心二~三层空调风系统平面图（局部）

2）水系统识图顺序。按照水流的方向，找到冷水机组的位置，依次识读供水干管、供水支管、空调设备、回水支管、回水干管，最后再回到冷水机组，形成一个水系统循环环路。

(5) 剖面图和详图

平面图、系统图中局部构造因受图限制而表达不完善或无法表达的，或需要交代设计意图的，必须绘制剖面图或局部详图，便于各种设备及零部件施工安装。如在剖面图中应标示设备、设备基础、管道、风口和附件等的竖向位置、竖向尺寸和标高，连接设备的管道位置尺寸、设备和附件编号以及详图索引编号，管道与建筑梁、板、柱、墙以及地面的尺寸关系，这也为利用BIM技术建立算量模型提供依据。

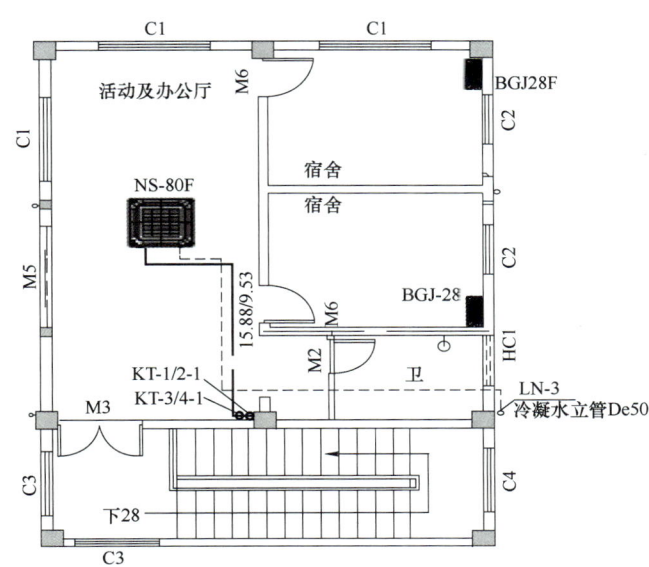

图5-7 某老年活动中心四层冷媒管、冷凝管平面图

2. 通风空调工程施工图常用图例符号与标注代号

通风空调工程施工图中，常用到简明图例符号和标注代号来反映通风和空调设备的位置、管道规格和管线的走向。

(1) 常用图例（表5-1~表5-3）

表5-1 通风空调设备常用图例

序号	图例	名称	序号	图例	名称
1		轴流风机	8		离心式管道风机
2		轴流式管道风机	9		变风量末端
3		加热、冷却及双功能盘管	10		空气过滤器 粗效、中效及高效
4		板式换热器	11		立式明装风机盘管
5		立式暗装风机盘管	12		卧式明装风机盘管
6		卧式暗装风机盘管	13		减振器 平面图 剖面图
7		分体空调器 室内机 室外机	14		射流诱导风机

安装工程计量与计价

表 5-2 风道、阀门及附件图例

序号	图例	名称	序号	图例	名称
1	宽×高(mm)	矩形风管	19	直径(mm)	圆形风管
2		风管向上	20		风管向下
3		风管上升摇手弯	21		风管下降摇手弯
4	左接矩形风管，右接圆形风管	天圆地方	22		消声器
5		圆弧形弯头	23		带导流片矩形弯头
6		片式消声器	24		消声弯头
7		软风管	25		消声静压箱
8		风管软接头	26		对开多页调节风阀
9		蝶阀	27		插板阀
10		防烟、防火阀	28		三通调节阀
11		止回风阀	29		方形风口
12		条缝形风口	30		矩形风口
13		圆形风口	31		侧面风口
14		送风口	32		排风口
15		防雨百叶	33		检修门
16		方形散流器	34		防雨罩
17	通风 送风 回风	气流方向	35		异径风管
18		柔性风道	36		混凝土（砖砌）风道

第5章 通风空调工程计量与计价

表 5-3 常用水、汽管道阀门和附件图例符号

序号	图例	名称	序号	图例	名称
1		金属软管	5		Y形过滤器
2		可屈挠橡胶软接头	6		疏水器
3		除污仪	7		直通型（或反冲型）除污器
4		补偿器	8		矩形补偿器

（2）常用标注代号（表表5-4、表5-5）

表 5-4 风道代号

序号	代号	管道名称	序号	代号	管道名称
1	SF	送风管	4	HF（一、二次回风可附加1、2区别）	回风管
2	PF	排风管	5	XF	新风管
3	PY	消防排烟风管	6	K	空调风管

表 5-5 水、汽管道代号

序号	代号	管道名称	序号	代号	管道名称
1	LG	空调冷水供水管	7	LH	空调冷水回水管
2	KRG	空调热水供水管	8	KRH	空调热水回水管
3	LRG	空调冷、热水供水管	9	LRH	空调冷、热水回水管
4	LQG	冷却水供水管	10	LQH	冷却水回水管
5	n	空调冷凝水管	11	LM	冷媒管
6	BS	补水管	12	X	循环管

注：可通过实线、虚线表示供、回关系省略 G、H。

3. 设备标注格式

（1）通风设备、空调风设备标注格式

通风设备、空调风设备的主要表示方法由类型、型号、额定风量、机外余压、输入功率、机组尺寸或质量等组成。

1）风量 L。风量指单位时间内风机所输送的气体的体积，额定风量指设备可以通过的最大风量。风量的单位为 m^3/h 或 m^3/s。

2）机外余压。风压可分为动压和静压，一般余压是指可以提供机组外克服风管或者设备阻力的静压，不包含动压，因为一般要保持一定的送风速度。机外余压的单位为 Pa。

3）功率 P。功率是表征做功快慢程度的物理量，是指单位时间内所做的功，单位为 kW。

4）噪声。空调器的噪声分为室内部分噪声、室外部分噪声。室内部分噪声较低，主要来自电动机的运行及风扇的转动。而室外噪声来自压缩机、室外风扇发出的声音，噪声较室内高。噪声的单位为 dB。

5）机组尺寸或质量。机组尺寸表示为宽度×深度×高度，宽、深、高的单位为 mm。机组质量以 kg 为单位。

如：全热交换器"TLD-60，$L=600 m^3/h$，机外余压 120Pa，$P=0.240 kW$，58kg，1010×830×330"，表示全热交换器类型为 TLD—60，风量 $600 m^3/h$，机外余压 120Pa，功率 0.240kW，质量 58kg，机组尺寸：宽度 1010mm，深度 830mm，高度 330mm。

（2）空调设备标注格式

空调设备的主要表示方法由类型、型号、制冷量、制热量、输入功率、机组尺寸或质量等组成。

1）制冷量 Q_L：单位时间内从密闭空间、房间或区域内去除的热量总和。制冷量大的空调适用于面积比较大的房间，且制冷速度较快，单位为匹、kW 或 W（1 匹 = 2324W）。

2）制热量 Q_R：指空气调节系统在制热工况下在单位时间内所提供的热量值的总和，通常以 W、kW 为单位。

4. 标高标注

通风空调工程施工图中标高表示管道和设备的安装高度，以 m 为单位。管道的起点、转角点、连接点、变坡点和交叉点等处应标注标高。通风系统、空调风系统中，圆管标注管道中心线标高，矩形管标注管底标高。空调水系统的供水管、回水管，冷媒系统的气管、液管标注管道中心线标高。

5. 尺寸标注

通风系统、空调风系统中，常用通风管道的断面有圆形和矩形两种。风管规格用管径或断面尺寸表示：圆形风管规格用其直径表示，直径数字前冠以拉丁字母 ϕ，如 $\phi650$ 表示外径 650mm 的圆形风管；矩形风管规格以截面尺寸用"截面宽×截面高"表示，如风管标注为 320×160 表示该风管截面宽度 320mm，高度 160mm。空调水系统的供水管、回水管，冷媒系统的气管、液管，规格用管径表示，如冷媒系统中，$\phi25.4/12.7$ 表示气管外径 25.4mm，液管外径 12.7mm。

5.2 通风系统、空调风系统计量与计价

5.2.1 通风系统、空调风系统概述

1. 通风系统、空调风系统设备

通风系统主要设备有送排风机或风机组、除尘设备、过滤器、监控及报警信号装置、电力控制箱柜及其管线等。空调风系统除采用通风系统中的设备外，还常采用的空气处理设备有组合式空调机组、吊顶式空调机、全热交换器等。

（1）通风机

通风机在管路中的作用是输送空气，它的基本结构包括叶轮、电机、外壳。在通风系统、空调风系统中，通风机根据作用原理可分为离心式、轴流式、斜流式及混流式等（图 5-8）。

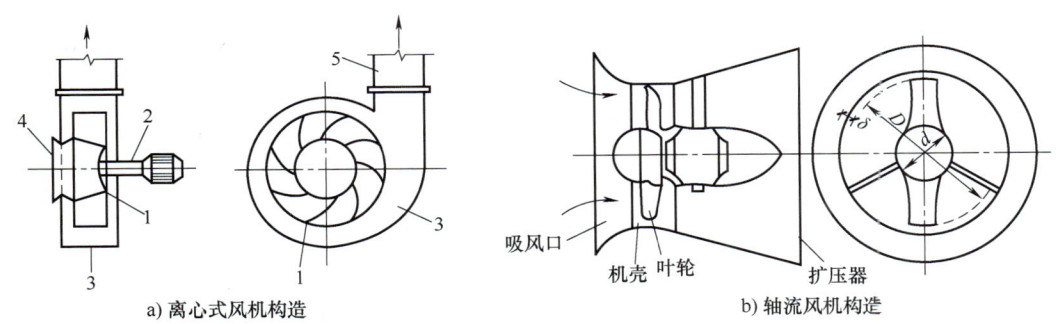

图 5-8 风机构造示意图

1—叶轮　2—电机轴　3—机壳　4—导流器　5—排风口

（2）除尘设备

除尘器是分离气体中固体微粒的一种设备。在工业通风系统中，当排出空气中的污染物浓度超过国家排放标准时，常采取设置除尘器，使排出的空气达到排放标准。除尘器的种类很多，一般根据主要除尘机理不同可分为重力除尘器、惯性除尘器、旋风除尘器、袋式除尘器、湿式除尘器和静电除尘器等。

（3）过滤器

为了保证人体健康和满足某些工业生产过程（如食品工业等）对空气清洁度的要求，送入室内的空气必须进行不同程度的净化处理。在送风系统中，常用空气过滤器去除空气中的尘粒。根据过滤效率的不同，空气过滤器分为粗效、中效、高效三类。通常以金属丝网、玻璃丝、泡沫塑料、合成纤维和滤纸做过滤材料。

（4）组合式空调机组

组合式空调机组是由各种空气处理段组装而成的不带冷、热源的一种空调设备。机组的功能段是对空气进行一种或几种处理功能的单元体。主要包括：新回风混合、过滤、冷却、加热、加湿、风机、消声、热回收等功能段，如图 5-9 所示。选用时应根据工程的需要和业主的要求，有选择地选用其中若干功能段。

（5）吊顶式空调机

吊顶式空调机具有机组高度小、重量轻、噪声低、运行可靠、吊装维护方便等特点，适宜布置在吊顶或技术隔层内，节省了机房的空间，可广泛用于商业中心、办公室等。

（6）全热交换器

全热交换器（全热新风换气机）的工作原理是将室外新鲜气体经过过滤、净化，热交换处理后送进室内，同时又将室内受污染的有害气体进行热交换处理后排出室外，而室内的温度基本不受新风影响。全热交换器具有高效节能，环保型的特点。

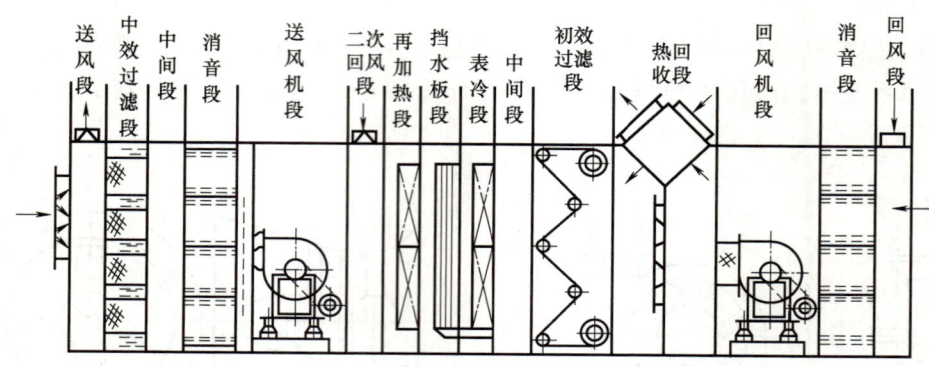

图 5-9 组合式空调机组构造示意图

2. 风管

风管是输送空气的管道,按断面形状可分为圆形和矩形,按工作压力可分为微压($P \leqslant 125Pa$)、低压($125Pa < P \leqslant 500Pa$)、中压($500Pa < P \leqslant 1500Pa$)、高压($1500Pa < P \leqslant 2500Pa$),按材质可分为金属风管和非金属风管两大类。金属风管包括钢板风管(普通薄钢板、镀锌薄钢板)、不锈钢板风管、铝板风管等,非金属风管包括硬聚氯乙烯风管、玻璃钢风管及复合材料风管等,此外还有砖、混凝土风道等。金属风管的尺寸应按外径或外边长计,非金属风管应按内径或内边长计。风管安装时,不得对建筑物结构造成破坏,若风管确实需要穿过墙体,穿墙处风管孔洞周边应留有缝隙,使用弹性材料填充缝隙。

(1) 薄钢板

薄钢板是制作风管和部件的主要材料,常用的有普通薄钢板和镀锌薄钢板,一般厚度为 $0.75 \sim 3mm$。薄钢板的规格以短边、长边和厚度表示。厚度为 $0.5 \sim 1.2mm$ 的钢板拼缝采用咬口连接或铆接,厚度为 $1.2mm$ 以上的采用焊接或法兰连接。

普通薄钢板有较好的加工性能和较高的机械强度,价格便宜。由于表面易生锈,制作时需进行防腐处理。镀锌薄钢板,其表面有保护层,可防腐蚀,一般不需刷漆,多用于防潮湿的风管系统,效果比较好。

(2) 不锈钢钢板

不锈钢有较高的塑性、韧性和机械强度,耐腐蚀,是一种不锈的合金钢。不锈钢钢板具有表面光洁,不易腐蚀和耐酸等优点,常用于输送含腐蚀性介质的送排风系统或制作厨房排油烟风管等。不锈钢厚度为 $0.5 \sim 1mm$ 的用咬口连接,厚度大于 $1mm$ 的采用电弧焊或氩弧焊,不用气焊。

(3) 铝板

铝板具有质清、强度高、易加工、耐氧化、抗腐蚀等性能,被广泛用于化工、轻工或食品等生产或实验室的通风与空调系统的风管系统。厚度为 $1.5mm$ 以内的采用咬接,大于 $1.5mm$ 的采用气焊或氩弧焊焊接。

(4) 塑料复合钢板

塑料复合钢板一般在普通钢板上面粘贴或喷涂一层塑料薄膜,具有耐腐蚀的特点,弯折、咬口、钻孔等的加工性能优良，常用于空气洁净系统及温度在-10~70℃范围内的通风与空调系统。

（5）硬聚氯乙烯塑料板

硬聚氯乙烯塑料板具有表面平整光滑、耐酸碱腐蚀性强、物理机械性能良好、制作方便等特点，但不耐高温和太阳辐射。主要用于0~60℃的环境、有酸性腐蚀作用的通风空调管道。由于塑料老化后容易脆裂，塑料风管穿墙或楼板时，用不小于2mm厚的钢板做套管，缝隙采用柔性不燃材料密封处理。

（6）玻璃钢

玻璃钢是一种非金属性防腐材料，具有强度较高、重量轻、耐腐蚀性能等特点，常用于排除腐蚀性气体的通风空调系统中。保温玻璃钢风管将管壁制成夹层，采用聚苯乙烯、聚氨酯泡沫塑料、蜂窝纸等保温材料作为夹心材料，用于需要保温的通风空调系统。

（7）酚醛铝箔复合板、聚氨酯铝箔复合板

酚醛铝箔复合板、聚氨酯铝箔复合板等是近年来流行的风管管材，具有重量轻、消声、保温、防火、防潮、漏风量小、经济适用等优点，适合工作压力等于或小于2000Pa的空调系统及潮湿环境。

风管支架是与管道紧密联系在一起的结构。正确设计管道支吊架，对于改善管系振动、适应管系变形等有重要的作用与意义。管道支承的结构及连接主要由管部附着件、连接配件、特殊功能件、辅助钢结构及生根件等组成。风管支架常用形式如图5-10所示。

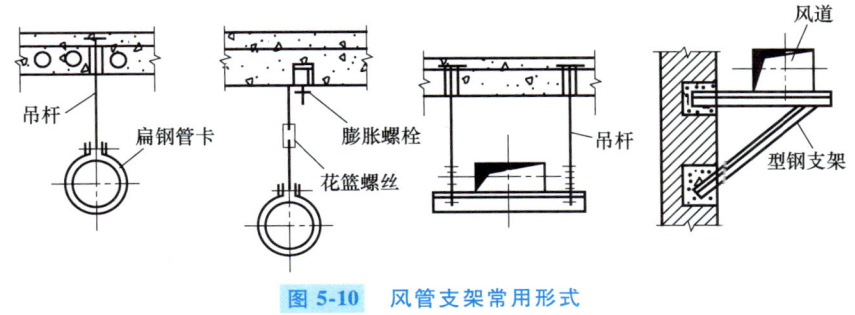

图5-10 风管支架常用形式

3. 通风系统、空调风系统主要部件

（1）风阀

风阀是通风系统、空调风系统中空气输配管网的控制调节部件，其基本功能是截断或开通空气管路，调节和分配空气的流量或启动风机。风阀的类型规格很多，按控制和调节功能分类，仅有控制功能的有止回阀、排烟阀、防火阀等，其余的风阀都具有控制和调节功能；按结构形式分类有插板式、蝶式、多叶式；按启动方式分类有手动、电动和气动；按绝热分类有保温与不保温。风阀材质与风管相同，如碳钢、不锈钢、铝合金、塑料、玻璃钢等。

（2）风口

风口为管路中气体吸入或排出管网的通道口，有百叶风口、分布器、散流器及百叶窗等形式（图5-11）。按功能划分有新、送、排、回等风口；按形状划分有圆形、矩形；按部位划分有侧式、顶式、斜式；按气流划分有散流与不散流；按动力划分有手动、气动及电动；

按调节划分有可调与不可调；按材质划分有塑料、碳钢、不锈钢、铝及铝合金、玻璃钢等。由于塑料、铝合金和不锈钢防腐、防水性能良好，得到了广泛的应用，采购部件时注意计算其主材价格。

a) 单层百叶风口　　b) 方形散流器　　c) 空气分布器

图 5-11　百叶风口、分布器及散流器

（3）风帽

通风帽是装在通风系统垂直通风管的末端，利用风力产生的负压，把室内空气吸至室外，同时防止雨雪飘入，加强排风能力的一种自然通风装置。风帽有圆伞形、锥形、筒形三类。

（4）风罩

风罩类型很多，主要分为排气类和防护类。排气罩主要用于排除工艺过程中或设备产生的含尘气体、余热余湿、毒气或油烟等，有密闭式、柜式、外部吸气式、接受式、吹吸式等类型；防护类主要用于安全生产，包括皮带防护罩、电动机防雨罩等，防护类风罩和用于焊接或烘炉类的排气罩一般用碳钢制作；用于电镀、酸洗环境的侧吸罩要求用塑料或不锈钢制作。

（5）消声器、消声弯头、静压箱

通风系统、空调风系统中的动力设备，如风机等会产生空气动力噪声；气流经过风管系统的各个管件、部件时，会产生气流再生噪声。消声器是一种具有吸声内衬或特殊结构形式，能够有效降低噪声的气流管道。在噪声控制技术中，消声器应用广泛。消声器根据消声原理，可以分为阻性消声器、抗性消声器、共振性消声器、阻抗复合式消声器及微穿孔板消声器，此外还有消声弯头和消声静压箱等其他形式的消声装置。

5.2.2　通风系统、空调风系统设备计量与计价

1. 通风系统、空调风系统设备工程量清单

（1）通风系统、空调风系统设备工程量清单项目（表 5-6 和表 5-7）

表 5-6　通风系统、空调风系统设备制作安装（编码：030108、030701）

项目编码	项目名称	项目特征	计量单位	工程量计算规则	工作内容
030108001	离心式通风机	名称、型号、规格、质量、材质、减振装置形式、数量、灌浆配合比、单机试运转要求	台	按设计图示数量计算	1. 本体安装 2. 拆装检查 3. 减振台座制作、安装 4. 二次灌浆 5. 单机试运转 6. 补刷（喷）油漆
030108003	轴流通风机				
030108006	其他风机				

第5章 通风空调工程计量与计价

（续）

项目编码	项目名称	项目特征	计量单位	工程量计算规则	工作内容
030701001	空气加热器（冷却器）	名称，型号，规格，质量，安装形式，支架形式、材质	台	按设计图示数量计算	本体安装、测试，设备支架制作、安装，补刷（喷）油漆
030701002	除尘设备				
030701003	空调器	名称，型号，规格，安装形式，质量，隔振垫（器）、支架形式、材质	台（组）		本体安装或组装、调试，设备支架制作、安装，补刷（喷）油漆
030701005	表冷器	名称，型号，规格	台		本体安装，型钢制作、安装，过滤器安装，挡水板安装，调试及运转，补刷（喷）油漆
030701010	过滤器	名称，型号，规格，类型，框架形式、材质	1. 台 2. m²	1. 以台计量，按设计图示数量计算 2. 以面积计量，按设计图示尺寸以过滤面积计算	本体安装，框架制作、安装，补刷（喷）油漆

表 5-7 工艺金属结构制作安装（编码：030307）

项目编码	项目名称	项目特征	计量单位	工程量计算规则	工作内容
030307005	设备支架制作安装	名称，材质，支架每组质量	t	按设计图示尺寸以质量计算	制作、安装

（2）清单项目说明

1）通风系统、空调风系统设备根据型号、规格、材质、安装形式等不同，按设计图示数量分类计算。

2）直联式风机的质量包括本体及电动机、底座的总质量。

3）风机支架应按表 5-7 的项目编码列项。

4）通风空调设备安装的地脚螺栓按设备自带考虑。

2. 通风系统、空调风系统设备预算定额项目

（1）工程量计算规则

1）通风机安装，依据不同形式、规格按设计图示数量计算，以"台"为计量单位。风机箱安装按设计图示数量计算，以"台"为计量单位。通风机安装子目内包括电动机安装，其安装形式包括 A、B、C、D 等类型，适用于碳钢、不锈钢、塑料风机安装。

2）空气加热器（冷却器）安装。按设计图示数量计算，以"台"为计量单位。

3）除尘设备安装。按设计图示数量计算，以"台"为计量单位。

4）整体式空调机组安装：按设计图示数量计算，以"台"为计量单位。

5）组合式空调机组安装。依据设计风量，按设计图示数量计算，以"台"为计量单位。

6）空气幕安装：按设计图示数量计算，以"台"为计量单位。

7）VAV 变风量末端装置安装。按设计图示数量计算，以"台"为计量单位。

8）高、中、低效过滤器安装。按设计图示数量计算，以"台"为计量单位。

9）过滤器框架制作。按设计图示尺寸以质量计算，以"kg"为计量单位。

10）设备支架制作安装。按设计图示尺寸以质量计算，以"kg"为计量单位。

（2）预算定额项目所包括的工作内容

通风机安装、空调器安装、除尘设备安装、VAV 变风量末端装置安装均包括开箱检查设备、附件、底座螺栓、吊装、找平、找正、加垫、灌浆、螺栓固定。

（3）定额应用相关规定

1）在根据工程量清单进行定额计价时，通过清单工作内容、项目特征与定额工作内容进行比较，选择定额项目，对于预算定额没有包括的工作内容应根据定额说明的要求计算相应的工程量。

2）诱导器安装执行风机盘管安装子目。

3）VAV 系统的室内机按安装方式执行风机盘管子目，应扣除膨胀螺栓。

4）VAV 变风量末端装置适用单风道变风量末端装置和双风道变风量末端装置，风机动力型变风量末端装置人工乘以系数 1.1。

5）空气幕的支架制作安装执行设备支架子目。

6）低效过滤器包括 M-A 型、WL 型、LWP 型等系列。

7）中效过滤器包括 ZKL 型、YB 型、M 型、ZX-1 型等系列。

8）高效过滤器包括 GB 型、GS 型、JX-20 型等系列。

9）通风空调设备的电气接线执行《第四册　电气设备安装工程》相应项目。

10）组合式空调机组安装定额适用于成套供货、现场整机安装；分段组装式空调器安装定额适用于各功能段分开供货并在安装现场完成组装。

11）卫生间通风器安装定额适用于所有与通风管道连接的通风器安装。

12）全热/显热新风换气机安装执行整体式空调器安装定额。

13）风机安装若采用减振垫（器）隔振的，减振垫（器）材料费按实另行计算，其他不做调整。

【例 5-1】　图 5-12、图 5-13 为某老年活动中心夹层空调通风平面图和全热交换器的安装图。钢材理论质量见表 5-8。已知夹层层高为 7.5m，试完成以下问题：

1）说明全热交换器"XFHQ-8DZ，$L=800m^3/h$，及机外余压 100，$P=0.360kW$"的含义。

2）试编制本例工程空调通风设备及支架安装工程量清单并报价。

通风设备工程量清单编制

第 5 章 通风空调工程计量与计价

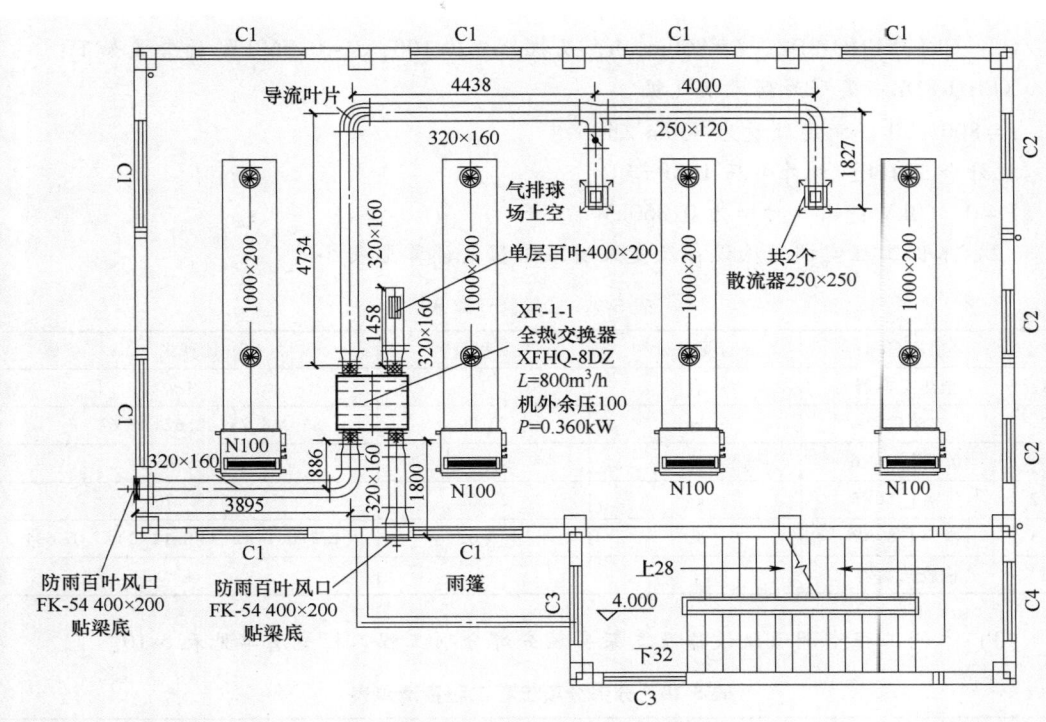

图 5-12 夹层空调通风平面图

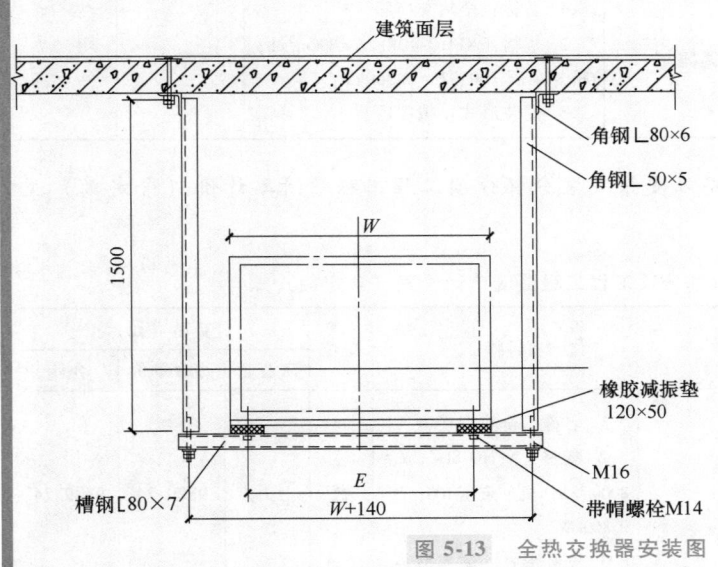

图 5-13 全热交换器安装图

注：
1. 本图为全热交换器吊装示意图，散流器安装固定尺寸及吊装高度根据风机的规格及系统的位置确定。
2. 螺栓的最后规格及数量尚应根据风机的重量核算。
3. 外形尺寸：1200×1000×800。

表 5-8 钢材理论质量表

序号	名称	规格	理论质量/(kg/m)
1	角钢	∠80×6	7.376
2	角钢	∠50×5	3.770
3	槽钢	[80×7	6.634

解：（1）XFHQ-8DZ，$L=800\text{m}^3/\text{h}$，及机外余压100，$P=0.360\text{kW}$ 的含义如下：

XFHQ-8DZ：类型为新风换气机。

$L=800\text{m}^3/\text{h}$：额定风量为 $800\text{m}^3/\text{h}$。

机外余压100：机外余压100Pa。

$P=0.360\text{kW}$：输入功率为 0.360kW。

（2）本例工程空调通风设备及支架安装工程量计算见表5-9。

表5-9 工程量计算表

序号	项目名称	计量单位	工程量	计算式
1	全热交换器	台	1	1
2	支架质量	kg	73.99	14.75+22.62+36.62
2.1	角钢∟80×6	kg	14.752	1×7.376×2
2.2	角钢∟50×5	kg	22.62	1.5×3.770×4
2.3	槽钢[80×7	Kg	36.62	(1.2+0.14×2+1+0.14×2)×2×6.634
3	橡胶减震器	个	4	4

（3）本例工程空调通风设备及支架安装分部分项工程工程量清单见表5-10。

表5-10 分部分项工程工程量清单表

序号	项目编码	项目名称	项目特征	计量单位	工程量
1	030701003001	空调器	1. 名称：全热交换器 2. 规格：XFHQ-8DZ；$L=800\text{m}^3/\text{h}$；机外余压100；$P=0.360\text{kW}$ 3. 安装形式：减震吊装	台	1

（4）本例工程空调通风设备及支架安装分部分项工程工程量清单计价（含定额）见表5-11。

表5-11 分部分项工程工程量清单计价表（含定额）

序号	项目编码	项目名称	项目特征	单位	金额（元）		
					工程量	综合单价	合计
1	030701003001	空调器	1. 名称：全热交换器 2. 规格：XFHQ-8DZ；$L=800\text{m}^3/\text{h}$；机外余压100；$P=0.360\text{kW}$ 3. 安装形式：减震吊装	台	1	9329.74	9329.74
1.1	30701009	吊顶式、落地式空调器（吊顶式空调器安装质量≤0.2t）		台	1	9276.45	9276.45
1.2	材料	减震垫	1. 材质：橡胶减震垫	个	4	53.29	213.16

（5）根据市场询价，获得以下信息（不含税价格）：全热交换新风机（XFHQ—8DZ；$L=800 \text{m}^3/\text{h}$；机外余压 100；$P=0.360 \text{kW}$；外形尺寸 1200×1000×800）的单价为 8287.00 元/台；橡胶减振垫的价格为 42 元/个。

5.2.3 通风系统、空调风系统管道计量与计价

1. 通风系统、空调风系统管道工程量清单

（1）通风系统、空调风系统管道工程量清单项目（表 5-12）

表 5-12　通风系统、空调风系统管道制作安装（编码：030702）

项目编码	项目名称	项目特征	计量单位	工程量计算规则	工作内容
030702001	碳钢通风管道	名称，材质，形状，规格，板材厚度，管件、法兰等附件及支架设计要求，接口形式	m²	按设计图示内径尺寸以展开面积计算	风管、管件、法兰、零件、支吊架制作、安装，过跨风管落地支架制作、安装
030702002	净化通风管道				
030702003	不锈钢板通风管道	名称，形状，规格，板材厚度，管件、法兰等附件及支架设计要求，接口形式			
030702004	铝板通风管道				
030702005	塑料通风管道				
030702006	玻璃钢通风管道	名称，形状，规格，板材厚度，支架形式、材质，接口形式		按设计图示外径尺寸以展开面积计算	风管、管件安装，支吊架制作、安装，过跨风管落地支架制作、安装
030702007	复合型风管	名称，材质，形状，规格，板材厚度，接口形式，支架形式、材质			
030702008	柔性软风管	名称，材质，规格，风管接头，支架形式、材质	1. m 2. 节	1. 以米计量，按设计图示中心线以长度计算 2. 以节计量，按设计图示数量计算	风管安装，风管接头安装，支吊架制作、安装
030702009	弯头导流叶片	名称，材质，规格，形式	1. m² 2. 组	1. 以面积计量，按设计图示以展开面积平方米计算 2. 以组计量，按设计图示数量计算	制作，组装
030702010	风管检查孔	名称，材质，规格	1. kg 2. 个	1. 以千克计量，按风管检查孔质量计算 2. 以个计量，按设计图示数量计算	制作，安装

项目编码	项目名称	项目特征	计量单位	工程量计算规则	工作内容
030702011	温度、风量测定孔	名称，材质，规格，设计要求	个	按设计图示数量计算	制作，安装
030702012	穿墙套管制作安装	名称，材质，规格	m²	按设计图示内径尺寸以展开面积计算	

（续）

(2) 清单项目说明

1) 穿墙套管按展开面积计算，计入通风管道工程量中。

2) 通风管道的法兰垫料或封口材料，按图示要求应在项目特征中描述。

3) 净化通风管的空气洁净度按 100000 级标准编制，净化通风管使用的型钢材料当要求镀锌时，工作内容应注明支架镀锌。

4) 弯头导流叶片数量，按设计图或规范要求计算。

5) 风管检查孔、温度测定孔、风量测定孔数量，按设计图或规范要求计算。

(3) 工程量计算说明

1) 管道工程量计算。薄钢板风管、净化风管、不锈钢风管、铝板风管、塑料风管、玻璃钢风管、复合型风管，根据材质、规格、形状、板材厚度、接口形式等不同进行分类，按设计图示数量以展开面积计算：

$$S_{圆形风管} = \pi D L_{中心线}$$

$$S_{矩形风管} = 2(b+h) L_{中心线}$$

风管展开面积，不扣除检查孔、测定孔、风口等所占面积；风管长度以设计图示中心线长度为准（主管与支管以其中心线交点划分）。变径管、天圆地方等管件工程量并入管道中，部件所占长度应按表 5-13 扣减。风管展开面积不包括风管、管口重叠部分面积。风管渐缩管的计算：圆形风管按平均直径；矩形风管按平均周长。

在计算风管长度时，应扣除的部件长度见表 5-13。

表 5-13 通风部件长度表 （单位：mm）

项目	蝶阀	止回阀	密闭式对开多页调节阀	防火阀	密闭式斜插板阀
长度 L	150	300	210	250	直径+200

2) 弯头导流叶片的面积计算公式如下：

$$S_{弯管导流叶片} = 弯管导流叶片片数 \times S_{单片导流叶片}$$

矩形弯管内单片导流片面积，见表 5-14。

表 5-14 矩形弯管内单片导流片面积表

规格 B/mm	200	250	320	400	500	630	800	1000
面积/m²	0.075	0.091	0.114	0.140	0.170	0.216	0.273	0.425

注：B 为风管高度。

2. 通风系统、空调风系统管道预算定额项目

（1）工程量计算规则

1）薄钢板风管、净化风管、不锈钢风管、铝板风管、塑料风管、玻璃钢风管、复合型风管，按设计图示规格以展开面积计算，以"m^2"为计量单位，不扣除检查孔、测定孔、送风口、吸风口等所占面积。风管展开面积不计算风管、管口重叠部分面积。风管长度计算时均以设计图示中心线长度为准（主管与支管以其中心线交点划分），包括弯头、变径管、天圆地方等管件的长度，不包括部件所占长度。

2）柔性软风管安装，按设计图示中心线长度计算，以"m"为计量单位。

3）弯头导流叶片制作安装，按设计图示叶片的展开面积计算，以"m^2"为计量单位。

4）风管检查孔制作安装，按设计图示尺寸以质量计算，以"kg"为计量单位。

5）温度、风量测定孔制作安装，依据其型号，按设计图示数量计算，以"个"为计量单位。

6）穿墙套管制作安装，按设计图示尺寸，以"m^2"为计量单位。

（2）预算定额项目所包括的工作内容

镀锌薄钢板法兰圆形风管（矩形风管）制作包括放样、下料、卷圆（折方）、轧口、咬口、制作直管、管件、法兰、吊托支架、钻孔、柳焊、上法兰、组对；镀锌薄钢板法兰风管安装包括找标高、打支架墙洞、配合预留孔洞、埋设托吊支架、组装、风管就位、找平、找正、制垫、加垫、上螺栓、紧固。

不锈钢板圆形风管（矩形风管）制作包括放样、下料、剪切、卷圆（折方）、上法兰、点焊、焊接成型、焊缝酸洗、钝化；不锈钢板风管安装包括找标高、起吊、找正、找平、修整墙洞、固定。

复合型风管制作包括放样、切割、开槽、成型、制作管体、钻孔、组合；复合型风管安装包括找标高、打支架墙洞、配合预留孔洞、埋设托吊支架、组装、风管就位、制垫、加垫、固定。

（3）定额应用相关说明

1）薄钢板通风管道、净化通风管道、玻璃钢通风管道、复合型风管制作安装子目中，包括弯头、三通、变径管、天圆地方等管件及法兰、加固框和吊托支架的制作安装，但不包括过跨风管落地支架，落地支架制作安装执行《第七册　通风空调工程》定额中"设备支架制作、安装"子目。

2）净化风管及部件制作安装子目中，型钢未包括镀锌费，如设计要求镀锌，应另加镀锌费。

3）不锈钢板风管、铝板风管制作安装子目中包括管件，但不包括法兰和吊托支架，法兰和吊托支架应单独列项计算，执行相应子目。

4）塑料风管、复合型风管制作安装子目规格所表示的直径为内径，周长为内周长。

5）塑料风管制作安装子目中包括管件、法兰、加固框，但不包括吊托支架制作安装，吊托支架执行《第七册　通风空调工程》定额中"设备支架制作、安装"子目。

6）塑料通风管道胎具材料摊销费的计算方法：塑料风管管件制作的胎具材料摊销费，

未包括在内,按以下规定另行计算:

① 风管工程量在 30m² 以上的,每 1m² 风管的胎具摊销木材为 0.006m³,按材料价格计算胎具材料摊销费。

② 风管工程量在 30m² 以下的,每 1m² 风管的胎具摊销木材为 0.009m³,按材料价格计算胎具材料摊销费。

7)玻璃钢风管及管件以图示工程量加损耗计算,按外加工订做考虑。

【例 5-2】 图 5-12、图 5-13 分别为某老年活动中心的夹层空调通风平面图和全热交换器的安装图。根据案例工程相关说明可知:通风管道采用镀锌薄钢板,厚度 0.5mm,咬口连接;风管的离地高度为 6m;一个弯头内部安装 4 片导流叶片。试编制案例工程空调风管、帆布软接口、弯头导流叶片工程量清单并报价。

通风管道工程量清单编制

解:(1)根据题目要求及相关说明,本例工程空调风管、帆布软接口、弯头导流叶片工程量计算见表 5-15。

表 5-15 工程量计算表

序号	项目名称	计量单位	工程量	计算式
1	碳钢通风管道制作安装	m²	24.25	S【320×160】=(3.895+0.886+4.734+4.438+1.8+1.458)×(0.32+0.16)×2=16.523
				S【250×120】=[(4+1.827+1.827+1.5×2【散流器垂直长】)−0.21【对开多叶调节阀安装长度】]×(0.25+0.12)×2=7.729
				S【长边长≤320mm】= S【320×160】+ S【250×120】=16.523+7.729=24.25
2	帆布软接口	m²	0.82	(0.25+0.16)×2×0.25×4
3	导流叶片	m²	0.456	0.114【单片导流叶片面积】×4

(2)本例工程空调风管、帆布软接口、弯头导流叶片分部分项工程工程量清单见表 5-16。

表 5-16 分部分项工程工程量清单表

序号	项目编码	项目名称	项目特征	计量单位	工程量
1	030701003001	碳钢通风管道制作安装	1. 材质:镀锌薄钢板 2. 形状:矩形 3. 板材厚度:厚 0.5mm 4. 接口形式:咬接	m²	24.25
2	030703019001	柔性接口	1. 材质:帆布软接口 2. 规格:250×160	m²	0.82
3	030702009001	弯头导流叶片	1. 名称:弯头导流叶片 2. 规格:单片面积 0.114m²	m²	0.456

(3) 本例工程空调风管、帆布软接口、弯头导流叶片分部分项工程工程量清单计价（含定额）见表 5-17。

表 5-17 分部分项工程工程量清单计价表（含定额）

序号	项目编码	项目名称	项目特征	计量单位	工程量	金额（元）	
						综合单价	合计
1	030701003001	碳钢通风管道制作安装	1. 材质：镀锌薄钢板 2. 形状：矩形 3. 板材厚度：厚 0.5mm 4. 接口形式：咬接	m²	24.25	195.59	4743.06
1.1	30702006	（镀锌薄钢板矩形风管（δ=1.2mm 以内咬口）长边长≤320mm		m²	24.25	195.59	4743.06
2	030703019001	柔性接口	1. 材质：帆布软接口 2. 规格：250×160	m²	0.82	437.71	358.92
2.1	30702128	弯头导流叶片及其他（软管接口）		m²	0.82	437.71	358.92
3	030702009001	弯头导流叶片	1. 名称：弯头导流叶片 2. 规格：单片面积 0.114m²	m²	0.456	279.86	127.62
3.1	30702127	弯头导流叶片及其他（弯头导流叶片）		m²	0.456	279.86	127.62

5.2.4 通风系统、空调风系统管道部件计量与计价

1. 通风系统、空调风系统管道部件工程量清单

(1) 通风、空调风管道部件工程量清单项目（表 5-18）

表 5-18 通风系统、空调风系统管道部件制作安装（编码：030703）

项目编码	项目名称	项目特征	计量单位	工程量计算规则	工作内容
030703001	碳钢阀门	名称，型号，规格，质量，类型，支架形式，材质	个	按设计图示数量计算	阀体制作，阀体安装，支架制作、安装
030703003	铝蝶阀	名称，规格，质量，类型			阀体安装
030703004	不锈钢蝶阀				
030703007	碳钢风口、散流器、百叶窗	名称，型号，规格，质量，类型，形式			风口制作、安装，散流器制作、安装，百叶窗安装

（续）

项目编码	项目名称	项目特征	计量单位	工程量计算规则	工作内容
030703008	不锈钢风口、散流器、百叶窗	名称、型号、规格、质量、类型、形式	个	按设计图示数量计算	风口制作、安装，散流器制作、安装，百叶窗安装
030703009	塑料风口、散流器、百叶窗				
030703011	铝及铝合金风口、散流器	名称、型号、规格、类型、形式			风口制作、安装，散流器制作、安装
030703012	碳钢风帽	名称、规格、质量、类型、形式、风帽筝绳、泛水设计要求			风帽制作、安装，筒形风帽滴水盘制作、安装，风帽筝绳制作、安装，风帽泛水制作、安装
030703013	不锈钢风帽				
030703014	塑料风帽				
030703017	碳钢罩类	名称、型号、规格、质量、类型、形式			罩类制作，罩类安装
030703018	塑料罩类				
030703019	柔性接口	名称、规格、材质、类型、形式	m²	按设计图示尺寸以展开面积计算	柔性接口制作，柔性接口安装
030703020	消声器	名称、规格、材质、形式、质量、支架形式、材质	个	按设计图示数量计算	消声器制作，消声器安装，支架制作安装

（2）清单项目说明

1）碳钢阀门包括：空气加热器上通阀、空气加热器旁通阀、圆形瓣式启动阀、风管蝶阀、风管止回阀、密闭式斜插板阀、矩形风管三通调节阀、对开多叶调节阀、风管防火阀、各型风罩调节阀等。

2）碳钢风口、散流器、百叶窗包括：百叶风口、矩形送风口、矩形空气分布器、风管插板风口、旋转吹风口、圆形散流器、方形散流器、流线型散流器、送吸风口、活动箅式风口、网式风口、钢百叶窗等。

3）柔性接口包括：金属、非金属软接口及伸缩节。

4）消声器包括：片式消声器、矿棉管式消声器、聚酯泡沫管式消声器、卡普隆纤维管式消声器、弧形声流式消声器、阻抗复合式消声器、微穿孔板消声器、消声弯头。

5）通风系统、空调风系统部件如图示要求制作安装或用成品部件只安装不制作，这类特征在项目特征中应明确描述。

2. 通风系统、空调风系统管道部件预算定额项目

（1）工程量计算规则

1）碳钢调节阀安装，依据其类型、直径（圆形）或周长（方形），按设计图示数量计算，以"个"为计量单位。

2）铝合金各种风口、散流器的安装，依据类型、规格尺寸按设计图示数量计算，以"个"为计量单位。

3）塑料通风管道柔性接口及伸缩节制作安装，应依连接方式按设计图示尺寸以展开面积计算，以"m²"为计量单位。

4）软管（帆布）接口制作安装，按设计图示尺寸以展开面积计算，以"m²"为计量单位。

5）塑料通风管道分布器、散流器的制作安装，按其成品质量，以"kg"为计量单位。

6）不锈钢板风管圆形法兰制作，按设计图示尺寸以质量计算，以"kg"为计量单位。

7）不锈钢板风管吊托支架制作安装，按设计图示尺寸以质量计算，以"kg"为计量单位。

8）铝板圆伞形风帽、铝板风管圆、矩形法兰制作，按设计图示尺寸以质量计算，以"kg"为计量单位。

9）碳钢风帽的制作安装均按其质量，以"kg"为计量单位。非标准风帽制作安装按成品质量以"kg"为计量单位；风帽为成品安装时制作不再计算。

10）碳钢风帽等绳制作安装，按设计图示规格长度以质量计算，以"kg"为计量单位。碳钢风帽泛水制作安装，按设计图示尺寸以展开面积计算，以"m²"为计量单位。碳钢风帽滴水盘制作安装，按设计图示尺寸以质量计算，以"kg"为计量单位。

11）罩类的制作安装均按其质量，以"kg"为计量单位。非标准罩类制作安装，按成品质量以"kg"为计量单位。罩类为成品安装时制作不再计算。

12）微穿孔板消声器、管式消声器、阻抗式消声器成品安装：按设计图示数量计算，以"节"为计量单位。

13）消声弯头安装：按设计图示数量计算，以"个"为计量单位。

(2) 预算定额项目所包括的工作内容

碳钢调节阀安装包括号孔、钻孔、对口、校正、制垫、上螺栓、紧固、试动。

铝合金风口安装包括对口、上螺栓、制垫、加垫、找正、找平、固定、试动、调整。

法兰、吊托支架制作包括下料、号料、开孔、钻孔、组对、点焊、焊接成型、焊缝酸洗、钝化；法兰、吊托支架安装包括制垫、加垫、找平、找正、组对、固定。散流器安装包括制垫、加垫、找正、连接、固定。

风帽制作包括放样、下料、卷制、咬口、制作法兰、零件、钻孔、铆焊、组装；风帽安装包括找正、找平、制垫、加垫、上螺栓、拉筝绳、固定。

罩类制作包括放样、下料、卷圆、制作罩体、来回弯、零件、法兰、钻孔、铆焊、组合成型；罩类安装包括埋设支架、吊装、对口、找正、制垫、加垫、上螺栓、固定配重环及钢丝绳。

消声器安装包括吊托支架制作安装、组对、安装、找正、找平、制垫、上螺栓、固定。

(3) 定额应用有关说明

1）密闭式对开多叶调节阀与手动式对开多叶调节阀执行同一子目。

2）蝶阀安装子目适用于圆形保温蝶阀；方、矩形保温蝶阀，圆形蝶阀，方、矩形蝶阀，风管止回阀安装子目适用于圆形风管止回阀，方形风管止回阀。

3）铝合金或其他材料制作的调节阀安装应执行本部分相应子目。

4）散流器安装子目适用于圆形直片散流器、方形直片散流器、流线型散流器。

5）送吸风口安装子目适用于单面送吸风口、双面送吸风口。

6）碳钢风口安装执行铝合金风口子目，人工乘以系数 1.1。

7）铝制孔板风口如需电化处理，则电化费另行计算。

8）管式消声器安装适用于各类管式消声器。

9）静压箱吊托支架执行设备支架子目。

10）排烟风口吊托支架执行设备支架制作、安装子目。

【例 5-3】 现有某老年活动中心的夹层空调通风平面图（图 5-12）、全热交换器的安装图（图 5-13）。根据本例工程相关说明可知：空调风口均采用铝合金喷塑风口。试编制本例工程风管部件工程量清单并报价。

解：（1）根据题目要求及相关说明，本例工程风管部件工程量计算见表 5-19。

风管部件工程量清单编制

表 5-19　工程量计算表

序号	项目名称	单位	数量
1	散流器 250×250	个	2
2	防雨百叶风口 400×200	个	2
3	单层百叶风口 400×200	个	1
4	旋流风口 D320	个	8
5	手动对开多页调节阀 250×120	个	1

（2）本例工程风管部件分部分项工程工程量清单见表 5-20。

表 5-20　分部分项工程工程量清单表

序号	项目编码	项目名称	项目特征	计量单位	工程量
1	030703007001	碳钢风口、散流器、百叶窗	1. 材质：铝合金喷塑 2. 规格：250×250 3. 名称：方形散流器	个	2
2	030703007002	碳钢风口、散流器、百叶窗	1. 材质：铝合金喷塑 2. 规格：400×200 3. 名称：防雨百叶风口	个	2
3	030703007003	碳钢风口、散流器、百叶窗	1. 材质：铝合金喷塑 2. 规格：400×200 3. 名称：单层百叶风口	个	1

（续）

序号	项目编码	项目名称	项目特征	计量单位	工程量
4	030703007005	碳钢风口、散流器、百叶窗	1. 材质：铝合金喷塑 2. 规格：D320 3. 名称：旋流风口	个	8
5	030703001001	碳钢阀门	1. 材质：碳钢 2. 规格：250×120 3. 名称：手动对开多页调节阀	个	1

（3）本例工程风管部件分部分项工程工程量清单计价（含定额）见表5-21。

表 5-21 分部分项工程工程量清单计价表（含定额）

序号	项目编码	项目名称	项目特征	计量单位	工程量	金额（元） 综合单价	合计
1	030703007001	碳钢风口、散流器、百叶窗	1. 材质：铝合金喷塑 2. 规格：250×250 3. 名称：方形散流器	个	2	157.59	315.18
1.1	30703045	铝合金风口安装（方形散流器周长≤1000mm）		个	2	157.59	315.18
2	030703007002	碳钢风口、散流器、百叶窗	1. 材质：铝合金喷塑 2. 规格：400×200 3. 名称：防雨百叶风口	个	2	185.26	370.52
2.1	30703035	铝合金风口安装（百叶风口周长≤1280mm）		个	2	185.26	370.52
3	030703007003	碳钢风口、散流器、百叶窗	1. 材质：铝合金喷塑 2. 规格：400×200 3. 名称：单层百叶风口	个	1	153.54	153.54
3.1	30703035	铝合金风口安装（百叶风口周长≤1280mm）		个	1	153.54	153.54
4	030703007005	碳钢风口、散流器、百叶窗	1. 材质：铝合金喷塑 2. 规格：D320 3. 名称：旋流风口	个	8	156.85	1254.8

（续）

序号	项目编码	项目名称	项目特征	计量单位	工程量	金额（元）	
						综合单价	合计
4.1	30703067	铝合金风口安装（旋流风口直径≤400mm）		个	8	156.85	1254.8
5	030703001001	碳钢阀门	1. 材质：碳钢 2. 规格：250×120 3. 名称：手动对开多页调节阀	个	1	163.42	163.42
5.1	30703019	碳钢调节阀安装（对开多叶调节阀周长≤2800mm）		个	1	163.42	163.42

（4）根据市场询价获得以下信息（价格均不含税）：铝合金方形散流器（250×250）单价为103.00元/个；防雨百叶风口（400×200）单价为125元/个；铝合金单层百叶（400×200）单价为100元/个；旋流风口（D320）单价为85元/个；手动对开多叶调节阀（250×120）单价为70元/个。

5.3 空调水系统、冷媒系统计量与计价

5.3.1 空调水系统、冷媒系统概述

1. 空调水系统、冷媒系统设备

空调水系统主要设备有冷水机组（热水机组）、冷却塔、水泵等；冷媒系统主要设备有室外机、室内机、风机盘管等。

（1）冷水机组

冷水机组，俗称冷冻机、制冷机等。冷剂用压缩和吸收的方式将冷能量传递给冷媒介质（水），空调系统用冷水供冷，所以称为冷水机组。冷水机组种类很多，一般按压缩机不同形式分为活塞式螺杆式、离心式、涡旋式冷水机组；按冷凝器冷却方式分为水冷式、风冷式冷水机组。冷水机组的组成包括压缩机、冷凝器、蒸发器、吸收器、水箱及水塔等，能源有电能、热水、蒸汽、天然气等。热泵冷水机组、溴化锂吸收式制冷机组组成简单、省电、安装极为方便，但溴化锂腐蚀性大，机体寿命短。

（2）冷却塔

冷却塔也称凉水塔，将循环水在其中喷淋与空气直接接触，通过蒸发和对流把循环水携

带的热量散发到大气中的冷却装置。冷却塔按通风方式分为自然通风、机械通风、混合通风冷却塔；按水和空气的接触方式分为湿式、干式、干湿式冷却塔；按热水和空气的流动方向分为逆流式、横流式等冷却塔。

（3）空调器

空调器是将制冷压缩机、冷凝器、毛细管、蒸发器、电磁换向阀、过滤器和制冷剂等集中组装在一个或两个金属箱体内，组成一个密封的制冷循环，用于一般空气调节、恒温恒湿、净化和除湿等空气处理的设备。空调器按部件组合情况分为整体式、分离式、分段式；安装分为吊顶式、落地式、墙上式等。

（4）风机盘管

风机盘管是中央空调的末端装置，它属于不带制冷压缩机的非独立形式的空调器，由通风机、盘管电动机、表冷器空气过滤器、凝结水盘、送风及回风口和室温控制装置等组成。风机盘管接管如图 5-14 所示。它的优点就是空气通过盘管在某个房间内循环，不循环到其他房间，所以用于医院、宾馆等场所。安装方式有落地式、吊顶式、壁挂式、卡式和嵌入式。

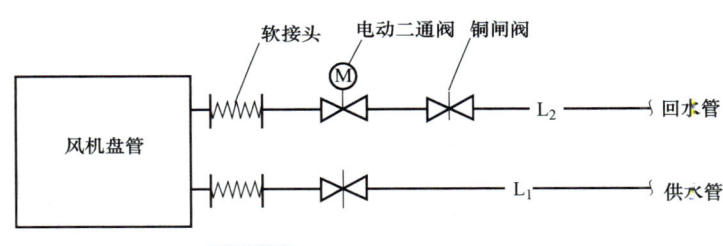

图 5-14　风机盘管接管示意图

2. 空调水系统、冷媒系统管道、管件及附件

管道常采用的管材为镀锌钢管、钢管、塑料管、铜管等。常用管件有弯头、三通、冷媒管铜分支器等，常用附件有闸阀、截止阀、蝶阀、调节阀、水处理器、水过滤器、软接头等。

（1）管材

铜管具有高强度、高可塑性等优点，同时经久耐用、水质卫生、水力条件好、热胀冷缩系数小、抗高温环境。铜管管材及其配件齐全，主要规格有 $\phi15\sim\phi160$。连接方式有焊接、螺纹和沟槽卡压连接等。

（2）管件及附件

1）冷媒管铜分支器。冷媒管铜分支器也叫空调分歧器或分支管、分歧管等，分支器的主要作用就是分流或汇合管路中的制冷剂。在分流制冷剂时主要靠系统管路内冷媒的压力变化来实现，其次也不同程度地受到分支器的形状、冷媒重力、冷媒紊流状态等因素影响。

2）水处理器。由于水与空气接触、水的蒸发等原因，水受到污染，因此需要对水采取水处理措施。空调机房通常采用电子除垢仪处理水质。电子除垢仪有多种类型。电子水处理仪通常装在冷冻水和冷却水系统的回水干管上。

3）水过滤器。水过滤器也称除污器，主要功能是防止杂质进入设备。常用的水过滤器有 Y 形，按连接的水管管径选型。过滤器一般装在水泵、冷水机组和热交换器的入口。

4）软接头。在水泵进出口管路上及冷水机组的冷冻水、冷却水管路上需要设置软接头。它的作用是吸振、减噪、抗爆，对压缩、拉伸、扭转变形能较好地起到位移补偿作用。目前使用的软接头有单球体、双球体、同心异径的橡胶挠性接头三种，主要有法兰和螺纹两种连接形式，空调机房中常用的软接头为单球体。

5.3.2 空调水系统、冷媒系统设备计量与计价

1. 空调水系统、冷媒系统设备工程量清单

（1）空调水系统、冷媒系统设备工程量清单项目（表 5-22）

表 5-22 空调水系统、冷媒系统设备制作安装（编码：030109、030113、030701）

项目编码	项目名称	项目特征	计量单位	工程量计算规则	工作内容
030109001	离心式泵	名称、型号、规格、质量、材质、减振装置形式、数量、灌浆配合比、单机试运转要求	台	按设计图示数量计算	本体安装，泵拆装检查，电动机安装，二次灌装，单机试运转，补刷（喷）油漆
030113001	冷水机组	名称、型号、质量、制冷（热）形式、制冷（热）量、灌浆配合比、单机试运转要求	台	按设计图示数量计算	本体安装，二次灌浆，单机试运转，补刷（喷）油漆
030113002	热力机组				
030113017	冷却塔	名称、型号、规格、材质、质量、单机试运转要求			本体安装，单机试运转，补刷（喷）油漆
030701003	空调器	名称、型号、规格、安装形式、质量、隔振垫（器）、支架形式、材质	台（组）	按设计图示数量计算	本体安装或组装、调试，设备支架制作、安装，补刷（喷）油漆
030701004	风机盘管	名称、型号、规格、安装形式、减振器、支架形式、材质、试压要求	台		本体安装、测试，设备支架制作、安装，试压，补刷（喷）油漆

（2）工程量计算说明

1）冷水机组、热水机组、冷却塔附属设备及导轨执行"静置设备与工艺金属结构制作安装"相应子目。

2）空调器、风机盘管设备安装的地脚螺栓按设备自带考虑。

2. 空调水系统、冷媒系统设备预算定额项目

（1）工程量计算规则

1）空调器安装（一拖一分体空调以室内机、室外机之和）按设计图示数量计算，以

"台"为计量单位。

2）多联体空调机室外机安装依据制冷量，按设计图示数量计算，以"台"为计量单位。

3）风机盘管安装按设计图示数量计算，以"台"为计量单位。

4）设备支架制作安装按设计图示尺寸以质量计算，以"kg"为计量单位。

（2）预算定额项目所包括的工作内容

多联体机室外机包括开箱、检查、就位、找正、找平、固定、试运转。

风机盘管包括开箱检查设备、附件、试压、底座螺栓、打膨胀螺栓、制作安装吊架、胀塞、上螺栓、吊装、找平、找正、加垫、螺栓固定。

（3）定额应用相关说明

1）通风空调设备的电气接线执行《第四册 电气设备安装工程》相应项目。

2）一拖一分体空调安装套用定额时，其安装质量应包括室内机和室外机的质量之和。

3）风机盘管安装定额已综合了支吊架的制作安装，实际不同不做调整。

【例 5-4】 某老年活动中心工程，图 5-5 为冷媒管系统图，图 5-15 为夹层空调冷媒管、凝结水管平面图，图 5-16 为二~三层空调冷媒管、凝结水管平面图，图 5-17 为屋面空调平面图，主要材料设备见表 5-23。根据本例工程的相关说明，完成以下要求：

空调设备工程量清单编制

1）说明多联体空调机室外机 "KT-1/2-1，KTWJ-630F，$Q_L = 61.5 \text{kW}$，$Q_R = 69 \text{kW}$，1900×750×1720，$P = 16.95 \text{kW}$" 的含义。

2）试编制本例工程多联体空调机室外机、室内机设备工程量清单并报价。

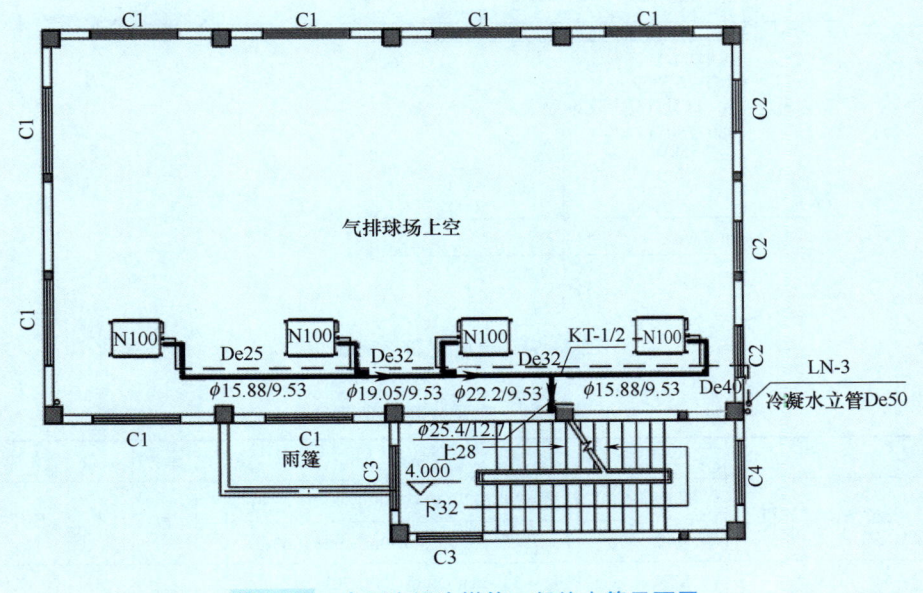

图 5-15 夹层空调冷媒管、凝结水管平面图

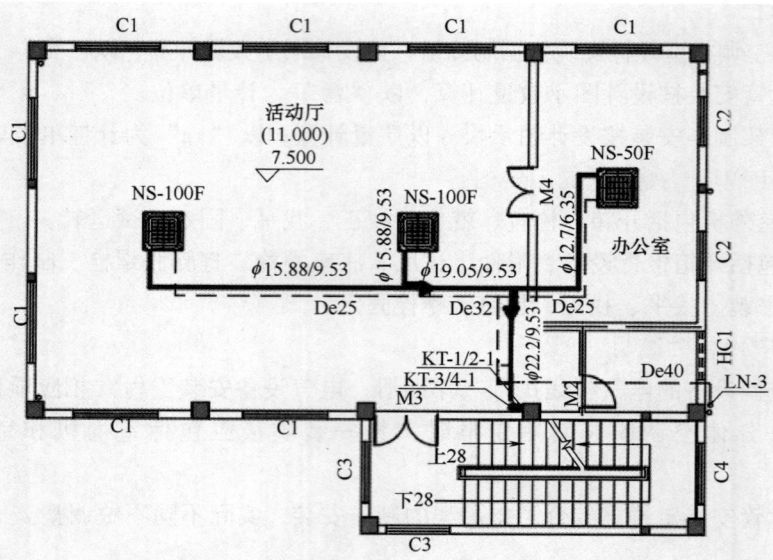

图 5-16 二~三层空调冷媒管、凝结水管平面图

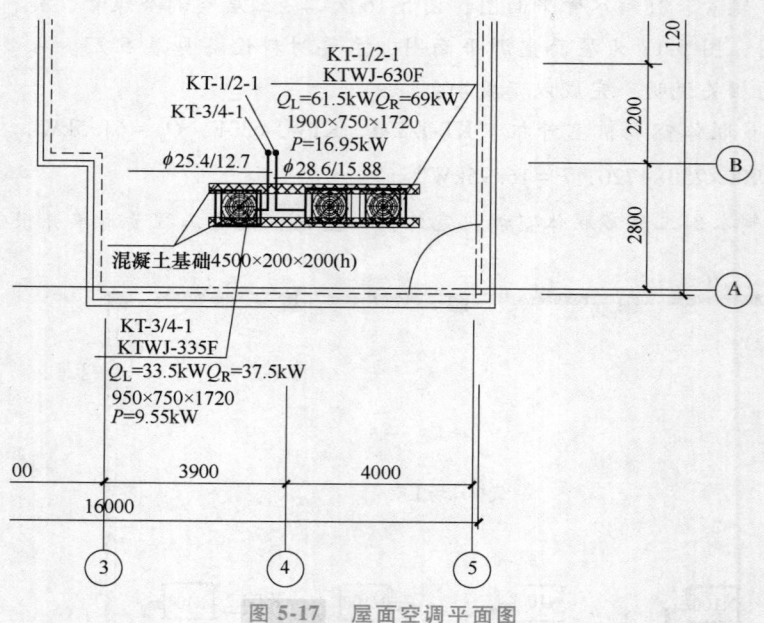

图 5-17 屋面空调平面图

表 5-23 主要材料设备表

序号	名称	型号与规格		单位	数量	备注
1	变频空调室外机	KTWJ-630F 冷量=61.5kW 热量=69kW		台	1	COP=3.62
		功率（冷）=16.95kW，风量=700m³/min，63dB				
2	变频空调室外机	KTWJ-335F 冷量=33.5kW 热量=37.5kW		台	1	COP=3.51
		功率（冷）=9.55kW，风量=380m³/min，61dB				

（续）

序号	名称	型号与规格	单位	数量	备注
3	变频空调室内机	内置风管机输入功率 N=100W，风口静压 H=50Pa，功率=112W；	台	4	
		冷量=10.0kW，热量=11.2kW，风量=1680m³/h			
4	变频空调室内机	四面出风嵌入式 NS-50F，功率=56W	台	2	
		冷量=5.0kW，热量=5.6kW，风量=780m³/h			
5	变频空调室内机	四面出风嵌入式 NS-100F，功率=110W	台	4	
		冷量=10.0kW，热量=11.2kW，风量=2030m³/h			

解：（1）"KT-1/2-1，KTWJ-630F，Q_L=61.5kW，Q_R=69kW，1900×750×1720，P=16.95kW"的含义为：多联体空调机室外机名称 KT-1/2-1，型号 KTWJ-630F，制冷量 61.5kW，制热量 69kW，规格（宽度×深度×高度）1950mm×750mm×1720mm，功率 16.9kW。

（2）本例工程多联体空调机室外机、室内机设备工程量计算见表5-24。

表5-24 工程量计算表

序号	项目名称	单位	数量	计算式
1	C20 设备基础混凝土	m³	0.36	4.5×0.2×0.2×2
2	C20 设备基础混凝土模板	m²	3.6	4.5×0.2×2×2
3	变频空调室外机 KTWJ-630F	台	1	1
4	变频空调室外机 KTWJ-335F	台	1	1
5	变频空调室内机 N=100	台	4	4
6	变频空调室内机 NS-50F	台	2	2
7	变频空调室内机 NS-100F	台	4	4

（3）本例工程多联体空调机室外机、室内机设备分部分项工程工程量清单见表5-25。

表5-25 分部分项工程工程量清单表

序号	项目编码	项目名称	项目特征	计量单位	工程量
1	010501006001	设备基础	1. 混凝土种类：预拌非泵送 2. 混凝土强度等级：C20	m³	0.36
2	011702001001	基础模板	基础类型：设备基础	m²	3.6
3	030701003001	变频空调室外机 KTWJ-630F	1. KTWJ-630F；冷量=61.5kW 热量=69kW 2. 功率（冷）=16.95kW，风量=700m³/min，63dB	台	1

（续）

序号	项目编码	项目名称	项目特征	计量单位	工程量
4	030701003002	变频空调室外机 KTWJ-630F	1. KTWJ-335F 冷＝33.5kW 热量＝37.5kW 2. 功率（冷）＝9.55kW，风量＝380m³/min，61dB	台	1
5	030701004001	风机盘管	1. 内置风管机输入功率 N＝100W，风口静压 H＝50Pa，功率＝112W 2. 冷量＝10.0kW，热量＝11.2kW，风量＝1680m³/h	台	4
6	030701004002	变频空调室内机 四面出风嵌入式 NS-50F	1. 四面出风嵌入式 NS-50F，功率＝56W 2. 冷量＝5.0kW，热量＝5.6kW，风量＝780m³/h	台	2
7	030701004003	变频空调室内机 四面出风嵌入式 NS-100F	1. 四面出风嵌入 NS-100F，功率＝110W 2. 冷量＝10.0kW，热量＝11.2kW，风量＝2030m³/h	台	4

注：基础模板【011702001001】为单价措施项目。

（4）本例工程多联体空调机室外机、室内机设备分部分项工程工程量清单计价（含定额）见表5-26。

表5-26 分部分项工程工程量清单计价表（含定额）

序号	项目编码	项目名称	项目特征	计量单位	工程量	金额（元）	
						综合单价	合计
1	010501006001	设备基础	1. 混凝土种类：预拌非泵送 2. 混凝土强度等级：C20	m³	0.36	549.47	197.81
1.1	10105008	C20 预拌非泵送普通混凝土（设备基础）		m³	0.36	528.84	190.38
1.2	10105057	混凝土调整费（非泵送调整费）		m³	0.364	20.42	7.43
2	011702001001	基础模板	基础类型：设备基础	m²	3.6	79.44	285.98
2.1	10117042	现浇混凝土胶合板模板（基础设备基础）		m²	3.6	79.44	285.98
3	030701003001	变频空调室外机 KTWJ-630F	1. KTWJ-630F；冷量＝61.5kW 热量＝69kW 2. 功率（冷）＝16.95kW，风量＝700m³/min，63dB	台	1	25782.39	25782.39

（续）

序号	项目编码	项目名称	项目特征	计量单位	工程量	金额（元）	
						综合单价	合计
3.1	30701027	变频空调室外机 KTWJ-630F；冷量 = 61.5kW 热量 = 69kW，功率（冷）= 16.95kW，风量 = 700m³/min，63dB		台	1	25569.23	25569.23
3.2	材料	减振垫	橡胶减震垫	个	4	53.29	213.16
4	030701003002	变频空调室外机 KTWJ-335F	1. KTWJ-335F 冷量 = 33.5kW 热量 = 37.5kW 2. 功率（冷）= 9.55kW，风量 = 380m³/min，61dB	台	1	31172.38	31172.38
4.1	30701026	变频空调室外机 KTWJ-335F 冷量 = 33.5kW 热量 = 37.5kW，功率（冷）= 9.55kW，风量 = 380m³/min，61dB		台	1	30959.22	30959.22
4.2	材料	减振垫		个	4	53.29	213.16
5	030701004001	风机盘管	1. 内置风管机 N = 100，H = 50Pa，功率 = 112W 2. 冷量 = 10.0kW，热量 = 11.2kW，风量 = 1680m³/h	台	4	3216.03	12864.12
5.1	30701031	变频空调室内机内置风管机 N = 100，H = 50Pa，功率 = 112W；冷量 = 10.0kW，热量 = 11.2kW，风量 = 1680m³/h		台	4	3216.03	12864.12
6	030701004002	变频空调室内机四面出风嵌入式 NS-50F	1. 四面出风嵌入式 NS-50F，功率 = 56W 2. 冷量 = 5.0kW，热量 = 5.6kW，风量 = 780m³/h	台	2	3942.29	7884.58
6.1	30701033	变频空调室内机四面出风嵌入式 NS-50F，功率 = 56W，冷量 = 5.0kW，热量 = 5.6kW，风量 = 780m³/h		台	2	3942.29	7884.58

（续）

序号	项目编码	项目名称	项目特征	计量单位	工程量	金额（元）	
						综合单价	合计
7	030701004003	变频空调室内机四面出风嵌入式NS-100F	1. 四面出风嵌入NS-100F，功率=110W 2. 冷量=10.0kW，热量=11.2kW，风量=2030m³/h	台	4	3991.62	15966.48
7.1	30701033	变频空调室内机四面出风嵌入式NS-100F，功率=110W；冷量=10.0kW，热量=11.2kW，风量=2030m³/h		台	4	3991.62	15966.48

（5）根据市场询价获得以下信息（价格均不含税）：变频空调室外机KTWJ-630F单价为22227元/台；变频空调室外机KTWJ-335F单价为27574.091元/台；变频空调室内机内置风管机（N=100）单价为2650.091元/台；变频空调室内机四面出风嵌入式NS-50F单价为3302.737元/台；变频空调室内机四面出风嵌入式NS-80F单价为3059.123元/台；变频空调室内机四面出风嵌入式NS-100F单价为3348元/台。

5.3.3 空调水系统、冷媒系统管道计量与计价

1. 空调水系统、冷媒系统管道工程量清单

（1）空调水系统、冷媒系统管道工程量清单项目（表5-27~表5-29）

表5-27 空调水系统、冷媒系统管道（编码：031001）

项目编码	项目名称	项目特征	计量单位	工程量计算规则	工作内容
031001001	镀锌钢管	安装部位，介质，规格、压力等级，连接形式，压力试验及吹、洗设计要求，警示带形式	m	按设计图示管道中心线以长度计算	管道安装，管件制作、安装，压力试验，吹扫、冲洗，警示带铺设
031001002	钢管				
031001004	铜管				
031001006	塑料管	安装部位，介质，材质、规格，连接形式，阻火圈设计要求，压力试验及吹、洗设计要求，警示带形式			管道安装，管件安装，塑料卡固定，阻火圈安装，压力试验，吹扫、冲洗，警示带铺设

第5章 通风空调工程计量与计价

表5-28 支架及其他(编码:031002)

项目编码	项目名称	项目特征	计量单位	工程量计算规则	工作内容
031002001	管道支架	材质,管架形式	1. kg 2. 套	1. 以千克计量,按设计图示质量计算 2. 以套计量,按设计图示数量计算	制作 安装
031002003	套管	名称、类型、材质、规格、填料材质	个	按设计图示数量计算	制作 安装 除锈、刷油

表5-29 低压管件(编码:030804)

项目编码	项目名称	项目特征	计量单位	工程量计算规则	工作内容
030804010	低压铜及铜合金管件	材质,规格,焊接方法	个	按设计图示数量计算	安装

(2)清单项目说明

1)安装部位,指管道安装在室内、室外。

2)输送介质为排水、热媒体、空调水等。

3)塑料管安装适用于U-PVC、PVC、PP-C、PP-R、PE、PB管等塑料管材。

4)压力试验按设计要求描述试验方法,如水压试验、气压试验、泄漏性试验、闭水试验、通球试验、真空试验等。

5)吹、洗按设计要求描述吹扫、冲洗方法,如水冲洗、消毒冲洗、空气吹扫等。

6)单件支架质量100kg以上的管道支吊架执行设备支吊架制作安装。

7)成品支架安装执行相应管道支架或设备支架项目,不再计取制作费,支架本身价值含在综合单价中。

8)套管制作安装,适用于穿基础、墙、楼板等部位的防水套管、填料套管、无填料套管及防火套管等,应分别列项。

(3)工程量计算说明

1)管道通用计算式:

$$管道计算工程量 = \sum 设计图示管道中心线长度$$

2)水平管工程量应在平面图上量取,垂直段按照"终点标高-起点标高"的方法计算。

3)管道工程量计算不扣除阀门、管件(包括减压器、疏水器、水表、伸缩器等组成安装)及附属构筑物所占长度;方形补偿器以其所占长度列入管道安装工程量。

4)在空调水系统管道工程量计算时,应注意系统采用的形式是双管制还是四管制,应区分管径分类计算。

2. 空调水管道定额项目

（1）工程量计算规则

1）管道界线划分：

① 室内外管道以建筑物外墙皮1.5m为界，建筑物入口处设阀门者以阀门为界。

② 与设在建筑内的空调机房管道以机房外墙皮为界。

③ 室外管道执行"采暖室外管道安装"相应项目。

2）各类管道安装按室内外、材质、连接形式、规格分别列项，以"m"为计量单位。定额中塑料管按外径表示，其他管道均按公称直径表示。

3）各类管道安装工程量均按设计管道中心线长度，以"m"为计量单位，不扣除阀门、管件、附件所占的长度。

4）方形补偿器所占长度计入管道安装工程量。方形补偿器制作安装应执行《第十册 给排水、采暖、燃气工程》中管道附件相应项目。

5）与分集水器进出口连接的管道工程量，应计算至分集水器外接的第一片法兰位置。

（2）预算定额项目所包括的工作内容

空调冷热水镀锌钢管螺纹连接包括调直、切管、套丝、组对、连接、管道及管件安装、水压试验及水冲洗；空调冷热水镀锌钢管沟槽式连接包括调直、切管、压槽、组对、连接、管道及管件安装、水压试验及水冲洗；空调冷热水钢管电弧焊连接包括调直、切管、煨弯、挖眼接管、异径管制作、管道及管件安装、水压试验及水冲洗；空调凝结水塑料管热熔连接包括切管、组对、预热、熔接、管道及管件安装、注水试验；空调凝结水塑料管粘接包括切管、组对、粘接、管道及管件安装、注水试验。

（3）有关说明

1）本章适用于室内空调水管道安装，包括镀锌钢管、钢管、塑料管等项目。

2）管道安装项目中，均包括相应管件安装、水压试验及水冲洗工作内容。各种管件数量系综合取定，执行定额时，消耗量均不做调整。《第十册 给排水、采暖、燃气工程》定额管件含量中不含与螺纹阀门配套的活接、对丝，其用量含在螺纹阀门安装项目中。

3）钢管焊接安装项目中均综合考虑了成品管件和现场煨制弯管、摔制大小头、挖眼三通。

4）管道安装项目中，均不包括管道穿墙、楼板套管制作安装、预留孔洞、堵洞、打洞、凿槽等工作内容，发生时，应按《第十册 给排水、采暖、燃气工程》中支架及其他相应项目另行计算。

5）镀锌钢管（螺纹连接）安装项目适用于空调水系统中采用螺纹连接的焊接钢管、钢塑复合管的安装项目。

6）空调冷热水镀锌钢管（沟槽连接）安装项目适用于空调冷热水系统中采用沟槽连接的DN150以下焊接钢管的安装。

7）室内空调机房与空调冷却塔之间的冷却水管道执行空调冷热水管道。

8）空调凝结水管道安装项目是按集中空调系统编制的，并适用于户用单体空调设备的凝结水管道系统的安装。

9）室内空调水管道在过路口或跨绕梁、柱等障碍时，如发生类似于方形补偿器的管道安装形式，执行方形补偿器制作安装项目。

10）安装带保温的管道时，可执行相应材质及连接形式的管道安装项目，其人工乘以系数1.1；管道接头保温执行《第十一册　刷油、防腐蚀、绝热工程》，其人工、机械乘以系数2.0。

3. 冷媒管道定额项目

（1）工程量计算规则

1）各种管道安装按室内外、材质、连接形式、规格分别列项，以"m"为计量单位。定额中铜管、塑料管、复合管（除钢塑复合管外）按外径表示，其他管道均按公称直径表示。

2）各类管道安装工程量均按设计管道中心线长度，以"m"为计量单位，不扣除阀门、管件、附件（包括器具组成）及井类所占的长度。

3）冷媒管铜分支器，以"个"为计量单位。

（2）预算定额项目所包括的工作内容

室内铜管卡压连接包括调直、切管、管道及管件安装、水压试验及水冲洗；室内铜管氧乙炔焊连接包括调直、切管、坡口、焊接、管道及管件安装、水压试验及水冲洗；室内铜管卡压连接包括钎焊调直、切管、坡口、焊接、管道及管件安装、水压试验及水冲洗。

冷媒管铜分支器包括管子切口、磨平、组对、焊前预热、焊接。

除污器包括切管、组对、焊接、制垫、加垫、安装、紧螺栓、旁通管安装、水压试验。

软接头安装包括制垫、加垫、安装、紧螺栓、水压试验。

（3）有关说明

1）空调冷媒管道执行给排水管道中的相应安装项目。

2）室内铜管安装适用于空调冷媒管道安装。管道安装中未包括冷媒管铜分支器的安装，如发生应另行计算。如需增加冷媒剂，冷媒剂的材料可另行计算。铜管胀口焊接时，套用氧乙炔焊接定额，人工乘以系数1.2。

3）管道安装项目中，均不包括管道支架、管卡、托钩等制作，DN32以上管道支架、托钩安装，以及管道穿墙、楼板时套管制作安装、预留孔洞、堵洞、打洞、凿槽等工作内容，发生时，应另行计算。

4）管道安装中不包括法兰、阀门及伸缩器的制作、安装，这些工作内容按相应项目另行计算。

5）安装带保温的管道时，可执行相应材质及连接形式的管道安装项目，其人工乘以系数1.1；管道接头保温执行《第十一册　刷油、防腐蚀、绝热工程》，其人工、机械乘以系数2.0。

6）除污器组成安装依据《国家建筑标准设计图集》03R402编制，适用于立式、卧式和旋流式除污器组成安装。单个过滤器安装执行阀门安装相应项目人工乘以系数1.2。

【例 5-5】 现有某老年活动中心工程的冷媒系统图（图 5-5），夹层空调冷媒管、凝结水管平面图（图 5-15），风管室内机接管大样图（图 5-18）及剖面图（图 5-19）。根据本例工程的相关说明可知：

1）本例工程冷媒系统采用双管制，如 φ25.4/12.7 中，φ25.4 气管，φ12.7 液管，应根据管径不同分开计算。
2）空调冷凝水管采用 U-PVC 管，粘接。
3）空调冷媒气液管均采用脱氧亚磷无缝铜管扩口连接或焊接。

试编制本例工程管道、管件及附件工程量清单并报价。

空调管道工程量清单编制

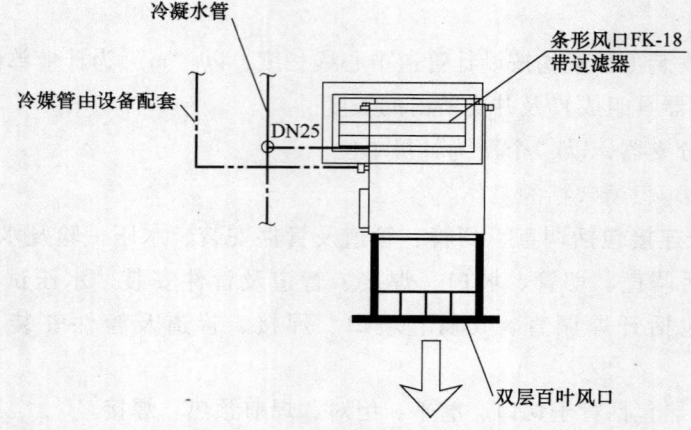

图 5-18 风管室内机接管大样图

解：(1) 根据题目要求及相关说明，本例工程管道、管件及附件工程量计算见表 5-30。

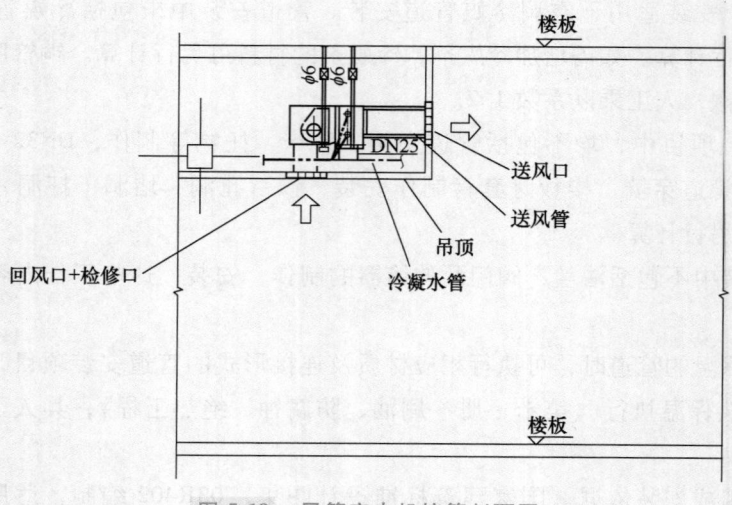

图 5-19 风管室内机接管剖面图

表 5-30　工程量计算表

序号	项目名称	计量单位	工程量	计算式
1	冷凝管 U-PVC De40	m	2	1.11+0.89
2	冷凝管 U-PVC De32	m	8	8
3	冷凝管 U-PVC De25	m	10.02	0.25×3+0.7×4+0.47+4+【立管】0.5×4
4	冷媒管铜管 ϕ15.88（气管）	m	14.43	0.4×3+0.77×2+4.66+0.67×4+0.33+3.46+0.56
5	冷媒管铜管 ϕ19.05（气管）	m	1.96	1.96
6	冷媒管铜管 ϕ22.2（气管）	m	2.36	1.81+0.55
7	冷媒管铜管 ϕ25.4（气管）	m	0.22	0.22
8	冷媒管铜管 ϕ9.53（液管）	m	18.75	0.4×3+0.77×2+4.66+0.67×4+0.33+3.46+0.56+1.96+1.81+0.55
9	冷媒管铜管 ϕ12.7（液管）	m	0.22	0.22
10	分支器 ϕ9.53	个	2	2
11	分支器 ϕ12.7	个	1	1
12	分支器 ϕ19.05	个	1	1
13	分支器 ϕ22.2	个	1	1
14	分支器 ϕ25.4	个	1	1

（2）本例工程管道、管件及附件分部分项工程工程量清单见表 5-31。

表 5-31　分部分项工程工程量清单表

序号	项目编码	项目名称	项目特征	计量单位	工程量
1	031001006001	塑料管	1. 安装部位：室内 2. 规格：U-PVC De40 3. 连接形式：粘接	m	2
2	031001006002	塑料管	1. 安装部位：室内 2. 规格：U-PVC De32 3. 连接形式：粘接	m	8
3	031001006003	塑料管	1. 安装部位：室内 2. 规格：U-PVC De25 3. 连接形式：粘接	m	10.02
4	031001004001	铜管	1. 安装部位：室内 2. 规格：铜 ϕ15.88 3. 连接形式：焊接	m	14.43

（续）

序号	项目编码	项目名称	项目特征	计量单位	工程量
5	031001004002	铜管	1. 安装部位：室内 2. 规格：铜 φ19.05 3. 连接形式：焊接	m	1.96
6	031001004003	铜管	1. 安装部位：室内 2. 规格：铜 φ22.2 3. 连接形式：焊接	m	2.36
7	031001004004	铜管	1. 安装部位：室内 2. 规格：铜 φ25.4 3. 连接形式：焊接	m	0.22
8	031001004005	铜管	1. 安装部位：室内 2. 规格：铜 φ9.53 3. 连接形式：焊接	m	18.75
9	031001004006	铜管	1. 安装部位：室内 2. 规格：铜 φ12.7 3. 连接形式：焊接	m	0.22

（3）本例工程管道、管件及附件分部分项工程工程量清单计价（含定额），见表5-32。

表 5-32 分部分项工程工程量清单计价表（含定额）

序号	项目编码	项目名称	项目特征	计量单位	工程量	金额（元）	
						综合单价	合计
1	031001006001	塑料管	1. 安装部位：室内 2. 规格：U-PVC De40 3. 连接形式：粘接	m	2	25.09	50.18
1.1	31003076	空调凝结水塑料管（粘接）（外径40mm内）		m	2	25.09	50.18
2	031001006002	塑料管	1. 安装部位：室内 2. 规格：U-PVC De32 3. 连接形式：粘接	m	8	22.29	178.32
2.1	31003075	空调凝结水塑料管（粘接）（外径32mm内）		m	8	22.29	178.32
3	031001006003	塑料管	1. 安装部位：室内 2. 规格：U-PVC De25 3. 连接形式：粘接	m	10.02	18.65	190.23

（续）

序号	项目编码	项目名称	项目特征	计量单位	工程量	金额（元）	
						综合单价	合计
3.1	31003074	空调凝结水塑料管（粘接）（外径25mm内）		m	10.02	18.65	190.23
4	031001004001	铜管	1. 安装部位：室内 2. 规格：铜 ϕ15.88 3. 连接形式：焊接	m	14.43	54.28	776.2
4.1	31001159	室内（铜管（钎焊）外径18mm以内）		m	14.43	54.28	776.2
5	031001004002	铜管	1. 安装部位：室内 2. 规格：铜 ϕ19.05 3. 连接形式：焊接	m	1.96	61.44	119.81
5.1	31001160	室内（铜管（钎焊）外径22mm以内）		m	1.96	61.44	119.81
6	031001004003	铜管	1. 安装部位：室内 2. 规格：铜 ϕ22.2 3. 连接形式：焊接	m	2.36	66.81	157.67
6.1	31001161	室内（铜管（钎焊）外径28mm以内）		m	2.36	66.81	157.67
7	031001004004	铜管	1. 安装部位：室内 2. 规格：铜 ϕ25.4 3. 连接形式：焊接	m	0.22	77.55	17.06
7.1	31001161	室内（铜管（钎焊）外径28mm以内）		m	0.22	77.55	17.06
8	031001004005	铜管	1. 安装部位：室内 2. 规格：铜 ϕ9.53 3. 连接形式：焊接	m	18.75	36.02	675.38
8.1	31001159	室内（铜管（钎焊）外径18mm以内）		m	18.75	36.02	675.38

（续）

序号	项目编码	项目名称	项目特征	计量单位	工程量	金额（元）	
						综合单价	合计
9	031001004006	铜管	1. 安装部位：室内 2. 规格：铜φ12.7 3. 连接形式：焊接	m	0.22	46.27	10.18
9.1	31001159		室内（铜管（钎焊）外径18mm以内）	m	0.22	46.27	10.18

5.4 通风空调系统除锈、刷油、保温计量与计价

5.4.1 通风空调系统除锈、刷油、保温基础知识

通风空调系统管道的除锈、刷油基础知识与给排水管道一致，具体可参考第3章介绍的相关内容。

通风空调系统管道在输送风、水或冷媒过程中，如果要求管道内介质温度维持恒定，则应考虑管道的保温处理。保温层厚度应根据保温要求进行计算。管道保温材料包括岩棉、玻璃棉、硅酸铝、橡塑、硅酸盐、聚氨酯等，其中，橡塑保温材料是使用较为广泛的保温材料之一。风管也可以采用带保温功能的管材，复合保温风管（铝箔聚氨酯、酚醛铝箔、铝箔玻璃棉等）集保温、消声、防火等功能，是新型通风管材。

5.4.2 通风空调系统除锈、刷油、保温工程量清单

（1）通风系统、空调风系统除锈、刷油、保温工程量清单项目（表5-33和表5-34）

表5-33 通风系统、空调风系统刷油工程（编码：031201）

项目编码	项目名称	项目特征	计量单位	工程量计算规则	工作内容
031201001	管道刷油	除锈级别，油漆品种，涂刷遍数，漆膜厚度，标志色方式、品种	1. m² 2. m	1. 以平方米计量，按设计图示表面积尺寸以面积计算； 2. 以米计量，按设计图示尺寸以长度计算	除锈 调配、涂刷
031201002	设备与矩形管道刷油				
031201003	金属结构刷油	除锈级别，油漆品种，结构类型，涂刷遍数，漆膜厚度	1. m² 2. kg	1. 以平方米计量，按设计图示表面积尺寸以面积计算 2. 以千克计量，按金属结构的理论质量计算	

表 5-34　通风系统、空调风系统绝热工程（编码：031208）

项目编码	项目名称	项目特征	计量单位	工程量计算规则	工作内容
031208001	设备绝热	绝热材料品种、绝热厚度、设备形式、软木品种	m³	按图示表面积加绝热层厚度及调整系数计算	安装，软木制品安装
031208003	通风管道绝热	绝热材料品种、绝热厚度、软木品种	1. m³ 2. m²	1. 以立方米计量，按图示表面积加绝热层厚度及调整系数计算 2. 以平方米计量，按图示表面积及调整系数计算	
031208004	阀门绝热	阀门规格、绝热厚度、绝热材料	m³	按图示表面积加绝热层厚度及调整系数计算	安装
031208005	法兰绝热	绝热厚度、绝热材料、法兰规格	m³	按图示表面积加绝热层厚度及调整系数计算	安装

（2）清单项目说明

1）涂刷部位指涂刷表面的部位，如设备、管道等部位。

2）结构类型指涂刷金属结构的类型，如一般钢结构、管廊钢结构、H型钢钢结构等类型。

3）设备筒体、管道表面积包括管件、阀门、法兰、人孔、管口凹凸部分。

4）设备形式指立式、卧式或球形。

5）如设计要求保温、保冷分层施工需注明。

6）若需法兰、阀门绝热，应另列法兰绝热、阀门绝热清单子目。

（3）工程量计算说明

1）除锈、刷油工程。管道刷油以米计算，按图示中心线以延长米计算，不扣除附属构筑物、管件及阀门等所占长度。管道除锈，除锈的定额放在刷油清单子目下。

设备筒体、圆形管道除锈、刷油工程量：

$$S = \pi D L$$

式中，π 为圆周率；D 为直径；L 为设备筒体或管道延长米。

矩形管道除锈、刷油工程量：

$$S_{矩形风管} = 2(b+h)L$$

式中，b 为风管宽度；h 为风管高度；L 为管道延长米。

2）绝热工程。设备筒体、圆形管道绝热工程量：

$$V = \pi(D+1.033\delta) \times 1.033\delta L$$

$$S = \pi(D+2.1\delta)L$$

式中，D 为直径；1.033、2.1 为调整系数；δ 为绝热层厚度；L 为设备筒体高或管道延长米。

矩形管道绝热工程量

$$V = 2 \times [(b+1.033\delta)+(h+1.033\delta)] \times 1.033\delta L$$

$$S = 2 \times [(b+2.1\delta)+(h+2.1\delta)]L$$

式中，1.033、2.1 为调整系数；δ 为绝热层厚度；L 为管道延长米；b、h 为矩形管道截面尺寸。

5.4.3 通风系统、空调风系统除锈、刷油、保温工程预算定额项目

（1）工程量计算规则

1）金属面除锈区分不同形式，刷油按不同油漆，设备、管道以"m²"为计量单位，一般金属结构以"kg"为计量单位，H 型钢制结构（包括 400mm 以上的型钢）以"m²"为计量单位。

2）绝热工程（除硅酸盐类涂抹材料外）区分不同材质，按绝热层以"m³"为计量单位。阀门、法兰的绝热套用卧式设备定额。

（2）预算定额项目所包括的工作内容

手工除锈、动力工具除锈包括除锈、除尘；喷射除锈包括运砂、喷砂、砂子回收、现场清理及工机具维护；化学除锈包括配液、酸洗、中和、吹干、检查；抛丸除锈包括运料、装料、开启抛丸机抛丸、吊运、堆放、检查、回收丸料；管道刷油、设备与矩形管道刷油、金属结构刷油包括调配、涂刷；橡塑管壳安装（管道）、橡塑板安装（管道、风管）、橡塑板安装（阀门、法兰）包括运料、搅拌均匀、涂抹安装、找平压光；防火涂料包括运料、搅拌均匀、喷涂、清理。

（3）定额应用相关规定

1）手工、动力工具除锈分轻、中两种，区分标准为：

轻锈：部分氧化皮开始破裂脱落，红锈开始发生。

中锈：部分氧化皮破裂脱落，呈堆粉状，除锈后用肉眼能见到腐蚀小凹点。

2）因施工需要发生的二次除锈，应另行计算。

3）本部分定额不包括除微锈（标准：氧化皮完全紧附，仅有少量锈点），发生时按轻锈定额乘以系数 0.2。

4）各种管件、阀件和设备上人孔、管口凹凸部分的刷油已综合考虑在管道刷油定额内，不另行计算。

5）管道绝热工程，除法兰、阀门外，其他管件均已考虑在内；设备绝热工程，除法兰、人孔外，其封头已考虑在内。

【例 5-6】 现有某老年活动中心工程的夹层空调通风平面图（图 5-12）、全热交换器的安装图（图 5-13）、冷媒管系统图（图 5-5），夹层空调冷媒管、凝结水管平面图（图 5-15）。由相关说明可知：空调风管均须保温，保温采用粉红色、无甲醛离心玻璃棉板材（白色隔汽层贴面），厚度为 30mm，接缝处用白色聚丙烯专用胶密封；冷媒管、冷凝水管均应保温，保温材料采用难燃（B1）橡胶复合隔热材料。冷媒管道的保温，当气液管管径≤DN25 时，保温厚度为 25mm；当气液管管径>DN25 时，保温厚度为 28mm。冷凝水管保温厚度统一采用 20mm。保温材料待管道表面除垢除锈后采用专用胶水粘贴。

管道防腐绝热工程工程量清单编制

试编制本例工程支架刷油、风管绝热、冷媒管绝热工程量清单并报价。

第5章 通风空调工程计量与计价

解：（1）根据题目要求及相关说明，本例工程空调通风系统中支架刷油、风管和冷媒管绝热的工程量计算见表5-35。

表5-35 工程量计算表

序号	项目名称	单位	数量	计算式
1	金属结构刷油	kg	73.99	73.99
2	风管绝热	m³	0.86	[（0.32+1.033×0.03）+（0.16+1.033×0.03）]×2×1.033×0.03×17.211【风管长度】+[（0.25+1.033×0.03）+（0.12+1.033×0.03）]×2×1.033×0.03×10.444【风管长度】
3	管道绝热	m³	0.16	3.14×[（0.01588+1.033×0.025）×1.033×0.025×14.43+（0.01905+1.033×0.025）×1.033×0.025×1.96+（0.222+1.033×0.025）×1.033×0.025×2.36+（0.254+1.033×0.025）×1.033×0.025×0.22+（0.00963+1.033×0.025）×1.033×0.025×18.75+（0.0127+1.033×0.025）×1.033×0.025×0.22]

（2）本例工程支架刷油、风管和冷媒管绝热分部分项工程工程量清单见表5-36。

表5-36 分部分项工程工程量清单表

序号	项目编码	项目名称	项目特征	计量单位	工程量
1	031201003001	金属结构刷油	1. 除锈级别：轻锈 2. 油漆品种：红丹防锈漆，调和漆 3. 涂刷遍数：各两遍	kg	73.99
2	031208003001	通风管道绝热	1. 绝热材料品种：粉红色无甲醛离心玻璃棉板 2. 绝热厚度：30mm	m³	0.86
3	031208002001	管道绝热	1. 绝热材料品种：橡胶复合隔热材料 2. 绝热厚度：25mm	m³	0.16

（3）本例工程支架刷油、风管和冷媒管绝热分部分项工程工程量清单计价（含定额）见表5-37。

表5-37 分部分项工程工程量清单计价表（含定额）

序号	项目编码	项目名称	项目特征	计量单位	工程量	金额（元）	
						综合单价	合计
1	031201003001	金属结构刷油	1. 除锈级别：轻锈 2. 油漆品种：红丹防锈漆，调和漆 3. 涂刷遍数：各两遍	kg	73.99	2.41	178.31

（续）

序号	项目编码	项目名称	项目特征	计量单位	工程量	金额（元）	
						综合单价	合计
1.1	31101005	手工除锈（一般钢结构 轻锈）		kg	73.99	0.56	41.43
1.2	31102049	一般钢结构（红丹防锈漆 第一遍）		kg	73.99	0.53	39.21
1.3	31102050	一般钢结构（红丹防锈漆 每增一遍）		kg	73.99	0.51	37.73
1.4	31102058	一般钢结构（调和漆 第一遍）		kg	73.99	0.41	30.34
1.5	31102059	一般钢结构（调和漆 每增一遍）		kg	73.99	0.40	29.60
2	031208003001	通风管道绝热	1. 绝热材料品种：粉红色无甲醛离心玻璃棉板 2. 绝热厚度：30mm	m³	0.86	742.31	638.39
2.1	31104338	带铝箔离心玻璃棉安装（通风管道 厚度30mm）		m³	0.86	742.31	638.39
3	031208002001	管道绝热	1. 绝热材料品种：橡胶复合隔热材料 2. 绝热厚度：25mm	m³	0.16	1928.42	308.55
3.1	31104341	橡塑管壳安装（管径DN50以下）		m³	0.16	1928.42	308.55

5.5 通风空调系统检测与调试计量与计价

5.5.1 通风空调系统检测与调试基础知识

管道连接时，应严格按照施工规范进行安装，应粘贴牢固、铺设平整、绑扎紧密，确保管道不会出现滑动、松弛、断开等现象，防止管道出现漏冷或者漏热等问题。例如，风管安装完毕需要做漏风检测。

5.5.2 通风系统、空调风系统检测与调试工程量清单

（1）通风系统、空调风系统检测与调试工程量清单项目（表5-38、表5-39）

表 5-38 通风、空调风工程检测、调试（编码：030704）

项目编码	项目名称	项目特征	计量单位	工程量计算规则	工作内容
030704001	通风工程检测、调试	风管工程量	系统	按通风系统计算	通风管道风量测定，风压测定，温度测定，各系统风口、阀门调整
030704002	风管漏光试验、漏风试验	漏光试验、漏风试验、设计要求	m²	按设计图或规范要求以展开面积计算	通风管道漏光试验、漏风试验

表 5-39 采暖、空调水工程系统调试（编码：031009）

项目编码	项目名称	项目特征	计量单位	工程量计算规则	工作内容
031009002	空调水工程系统调试	系统形式，采暖（空调水）管道工程量	系统	按空调水工程系统计算	系统调试

（2）清单项目说明

1）送风系统、排风系统、防排烟系统、除尘系统、空调风系统、净化空调系统，需分别进行检测调试与验收。

2）由空调水管道、阀门及冷水机组组成空调水工程系统。

3）当空调水系统中管道工程量发生变化时，系统调试费用应做相应调整。

5.5.3 通风系统、空调风系统检测与调试定额项目内容及计算规则

1）通风系统、空调风系统调试费：按系统工程人工费 7% 计取，其费用中人工费占 35%。包括漏风量测试和漏光法测试费用。

2）空调水系统调试费：按空调水系统工程（含冷凝水管）人工费的 10% 计算，其费用中人工费占 35%。

【例 5-7】 现有某老年活动中心工程的夹层空调通风平面图（图 5-12）及冷媒管系统图（图 5-5），试编制本例工程系统检测与调试工程量清单并报价。

解：本例工程系统检测与调试分部分项工程工程量清单计价（含定额）见表 5-40。

系统检测与测试
工程量清单编制

表 5-40 分部分项工程工程量清单计价表（含定额）

序号	项目编码	项目名称	项目特征	计量单位	工程量	金额（元）	
						综合单价	合计
1	030704001001	通风工程检测、调试		系统	1	894.54	894.54
1.1	BT-701	系统调整费通风空调工程		元	698.863	1.28	894.54
2	031009002001	空调水工程系统调试		系统	1	26.33	26.33
2.1	BT-1002	系统调整费空调水系统工程		元	20.57	1.28	26.33

复习题

1. 在计算风管工程量时，防火阀的扣减长度为多少？
2. 根据图 5-6 完成空调风系统设备、风管、部件工程量计算并报价。
3. 请写出多联机空调室外机 "KT-3/4-1, KTWJ-335F, Q_L = 33.5kW, Q_R = 37.5kW, 950×750×1720, P = 9.55kW" 的含义。
4. 根据相关规范说明，空调冷媒管应执行什么定额子目？
5. 根据本章【例 5-4】的相关条件，请完成某老年活动中心工程二～三层空调冷媒管、凝结水管工程量计算并报价。

第6章

建筑智能化系统工程计量与计价

> **内容简介**
>
> 本章主要介绍建筑智能化系统工程的基础知识、施工图识读及常见智能化系统工程的计量与计价。主要包括计算机网络系统、综合布线系统、有线电视和电话系统及火灾自动报警与消防联动系统的计量与计价。

6.1 建筑智能化系统工程基础知识

6.1.1 建筑智能化系统工程概述

1. 智能建筑与建筑智能化

智能建筑是指根据用户需求,通过将建筑物的结构、设备、服务和管理进行最优化组合,为用户提供的一个高效、舒适、便利的人性化建筑。

智能建筑是信息时代的必然产物,建筑物智能化程度随科学技术的发展而逐步提高。当今世界科学技术发展的主要标志是 4C 技术(即 Computer 计算机技术、Control 控制技术、Communication 通信技术、CRT 图形显示技术)。将 4C 技术综合应用于建筑物之中,在建筑物内建立一个计算机综合网络,使建筑物智能化。

建筑智能化系统是由三大系统组成:楼宇自动化系统(BAS)、办公自动化系统(OAS)和通信自动化系统(CAS)。

2. 建筑智能化工程分类

建筑智能化工程设计中的系统分类又可分为信息化应用系统、智能化集成系统、信息设施系统、建筑设备管理系统、公共安全系统、机房工程等几大类。

常见的住宅建筑智能化设计系统包括:①智能化信息集成系统(即计算机网络系统);②综合布线系统;③访客(可视)对讲系统;④视频安防监控系统;⑤智能卡应用系统;

⑥信息发布系统；⑦车库管理系统；⑧出入口控制系统；⑨入侵报警系统；⑩背景音乐（广播）系统；⑪建筑设备监控系统；⑫物业管理系统；⑬信息引导发布系统；⑭电子巡更系统；⑮计算机机房工程等。

6.1.2 建筑智能化系统工程施工图

1. 建筑智能化系统工程施工图的组成

建筑智能化系统工程施工图包括在电气安装工程施工图中，它描述了建筑智能化系统各电气装置的工作原理、安装技术和使用维保方法。规模和要求不同，施工图种类和数量也不同，但一般由图纸目录与设计说明、设备材料表、系统图、大样图和平面图等组成。

（1）图纸目录与设计说明

此部分包括图纸内容、数量、工程概况、设计依据及图中未能表达清楚的各有关事项，如供电电源、供电方式、电压等级、线路敷设方式、设备安装高度及安装方式、工程主要技术数据、施工注意事项等。

（2）设备材料表

设备材料表列出了施工图中所涉及的主要材料设备（如控制设备、室内电器设备、管材、导线等）的名称、图例、型号、规格及数量等。

（3）系统图

系统图用单线图表示工程的供电方式、电能分配、控制和设备布置，从而了解各系统的回路布置、名称、用途、电气元件规格、数量、型号和控制方式、导线数量、型号、敷设方式、穿管管径等。根据工程性质的不同，智能化系统图包含计算机网络系统图、有线电视系统图、电话系统图、广播系统图、综合布线系统图、火灾自动报警系统图、安全防范系统图等。图 6-1 所示为某活动中心的有线电视、电话、网络系统图。

通过识读系统图，可以了解建筑智能化系统的组成内容、配电方式、配电线路与装置之间的关系等。系统图的识读，一般从进户线开始到各房间的用电设备，按照电流的输送方向进行识读。了解各用电回路接线关系和整个系统控制关系是正确阅读建筑智能化工程平面图、接线图的基础。

（4）大样图

大样图明确表示电气设备安装方法，对安装部件的各部位注有具体图形和详细尺寸。大样图包括电气原理图、设备布置图、安装接线图等，用于工程做法比较复杂，或工程设计施工图册中没有标准图，而需要表达清楚时。图 6-2 所示为半球摄像机安装大样图。

（5）平面图

平面布置图是通常按照 1∶100 的比例绘制，表示智能化电气设备的编号、名称、型号及安装位置，线路的起始点、敷设部位、敷设方式及所用导线型号、规格、根数、管径大小等。某活动中心四层智能化平面图如图 6-3 所示。

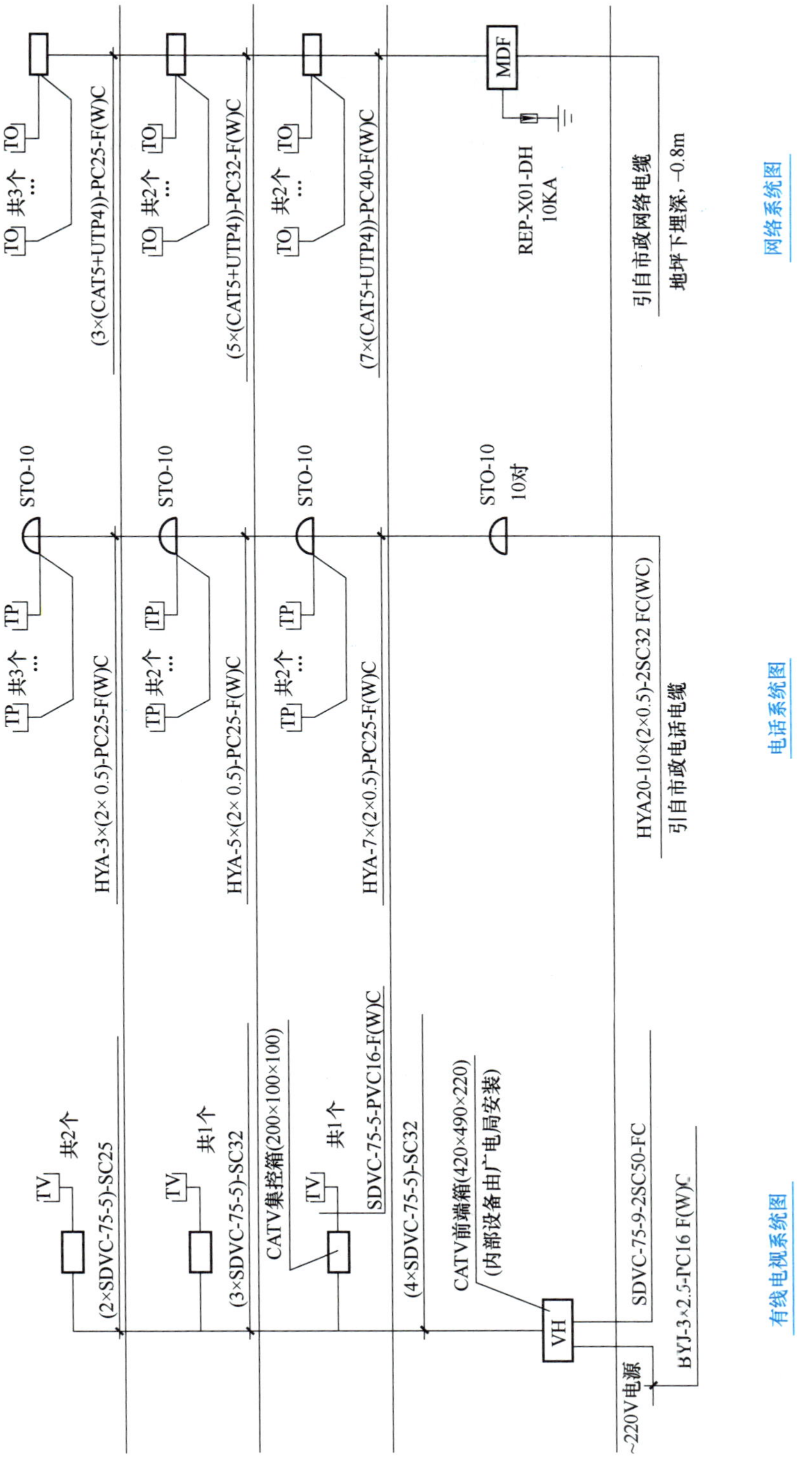

图 6-1 某活动中心的有线电视、电话、网络系统图

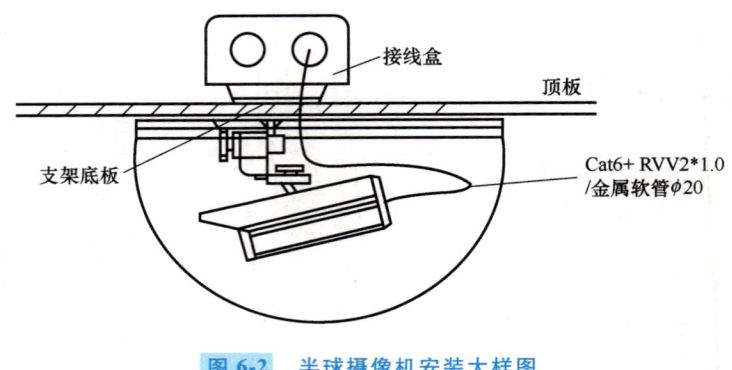

图 6-2　半球摄像机安装大样图

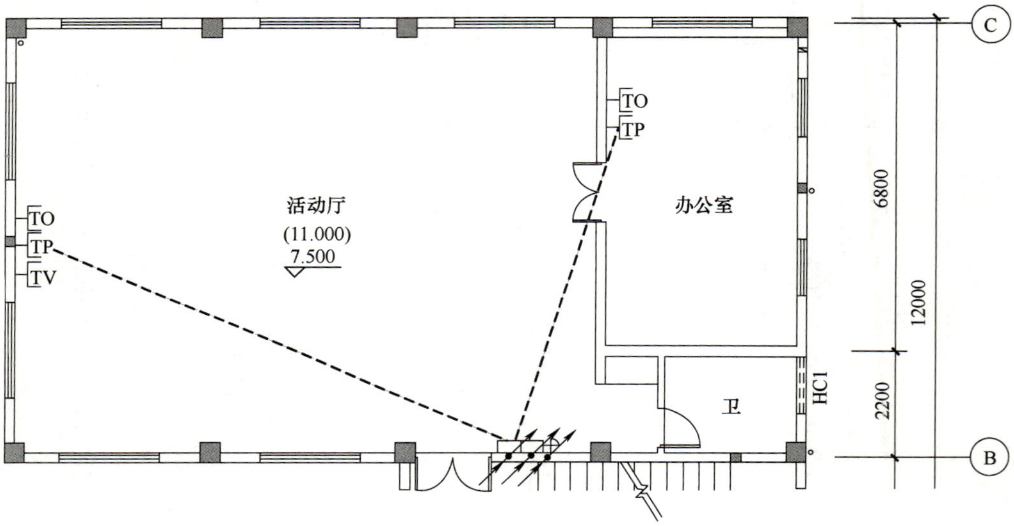

图 6-3　某活动中心四层智能化平面图

平面图反映了工程水平面的准确尺寸和位置，而系统图只反映该工程的线路连接关系。平面图表达的主要内容有电源进户位置、接线箱安装位置、导线根数，各种智能化设备的安装位置、规格型号、安装方式等。结合系统图识读平面图，可以了解各种线路、电气设备的具体布置情况。

建筑智能化系统工程施工图识读注意事项：

1）弄清各种线路配管的平面位置、走向、定位尺寸、管径、编号等情况。
2）明确各种智能化电气设备的类型、数量、安装位置、定位尺寸。
3）管线的水平长度应在平面图中读取或量取。
4）管线的竖直长度一般是在系统图中通过标高差计算求出。

2. 建筑智能化系统工程常用图例

建筑智能化系统工程常用图例见表 6-1。

表 6-1　建筑智能化系统工程常用图例

图例	名称	图例	名称
	插座箱（板）	MDF	总配线架
	室内分线盒	IDF	中间配线架
	室外分线盒		壁龛交接箱
	电信插座的一般符号可用以下的文字或符号区别不同插座：TP—电话；TD—计算机（数据）；M—传声器；FM—调频；TV—电视；MOUT—多用户信息		火灾报警电话机
nTO	信息插座，n 为孔数量		打印机
	钥匙开关		传声器一般符号
	电铃		扬声器一般符号
	天线一般符号		感烟探测器
	放大器一般符号		感光火灾探测器
	分配器，两路，一般符号		气体火灾探测器
	三路分配器	CT	缆式线型定温探测器
	四路分配器		感温探测器
	手动火灾报警按钮		水流指示器
F	电话线路		火灾报警控制器
V	视频线路	EEL	应急疏散指示标志灯
B	广播线路	EL	应急疏散照明灯
SW	网络交换机		摄像头
●	电话出线盒		传真机
FD	楼层配线架		光缆

6.1.3　建筑智能化系统工程常用线缆

1. 双绞线缆

双绞线是由两条相互绝缘的导线按照一定的规格互相缠绕在一起而制成的一种通用配线，可有效减少导线上的磁效应，抵消来自外部的信号干扰。与单根导线或非双绞水平排列的线对相比，双绞线减少了线对间的电磁辐射和相邻线对间的串扰。

按照有无屏蔽层，双绞线分为屏蔽双绞线和非屏蔽双绞线。按照屏蔽层的不同，屏蔽双绞线（STP 线缆）又可分为铝箔屏蔽线缆和双屏蔽线缆两种类型。

按照频率和信噪比，双绞线可分为 CAT1、CAT2、CAT3、CAT4、CAT5、CAT6、CAT7 类，其中常用的 CAT5 和 CAT6 又可分为 CAT5e（超五类）和 CAT6e（超六类），因其是按照频率和信噪比划分的，所以 CAT 双绞线包含屏蔽双绞线和非屏蔽双绞线。

2. 同轴电缆

同轴电缆中心有一条导电铜线，线外包裹一层塑胶绝缘体，绝缘体外再包裹一层薄铜或合金材质的网状导电体，导电体外面再包裹一层绝缘物料作为外皮。同轴电缆根据阻抗的不同，分为 50Ω、75Ω 和 93Ω，分别表示为 SYWV-50，SYWV-75，SYWV-93 及 SY-50，SYV-75，SYV-93。

3. 护套软导线

护套软导线由一层护套内加两条或两条以上的铜芯线构成，除了可作为家用电源线，还可作为电器仪表连接线、信号线。护套软导线的标称截面可以分为 2 芯、3 芯、4 芯、5 芯、6 芯、7 芯、8 芯、10 芯、12 芯、16 芯、20 芯、24 芯、30 芯等。若在其外层增加一层屏蔽层，也具备带屏蔽的功能。

6.1.4 预算定额分册说明及费用计取方法

（1）本册定额与其他册定额关系

1）本册定额（《第五册　建筑智能化工程》，下同）所涉及各个系统中的电源线、控制电缆敷设、电缆托架铁架制作、电缆槽安装、桥架安装、电线管敷设、电缆沟工程、电缆保护管敷设及 UPS 电源及附属设施、配电箱等安装，执行《第四册　电气设备安装工程》相应定额。

2）本册定额不包括钢管、PVC 管、桥架、线槽敷设工程、管道工程、杆路工程、设备基础工程、埋式光缆的挖填土工作内容，发生时另行计算，执行《第四册　电气设备安装工程》相应定额。

3）本册定额不包括砖及混凝土凿槽、墙壁打孔、楼板打孔、砖及混凝土墙凿墙洞的工作内容，发生时参照《第四册　电气设备安装工程》相关项目另行计算，执行《第十册　给排水、采暖、燃气工程》中的凿槽、刨沟、凿孔（洞）及恢复费用。

（2）费用计取

下列费用可按系统分别计取：

1）操作高度增加费：安装高度距离楼面或地面 5m 时，超出部分工程量按定额人工费乘表 6-2 中的系数。

表 6-2　操作高度增加费系数表（建筑智能化工程）

操作高度/m	≤10	≤30	≤50
系数	1.20	1.30	1.50

2）建筑物超高增加费：指高度在 6 层或 20m 以上的工业与民用建筑物上进行安装时增加的费用，按表 6-3 计算，其费用中人工费占 65%。

表 6-3　建筑物超高增加系数表（建筑智能化工程）

建筑物檐高/m	≤40	≤60	≤80	≤100	≤120	≤140	≤160	≤180	≤200
建筑层数/层	≤12	≤18	≤24	≤30	≤36	≤42	≤48	≤54	≤60
按人工费的百分比（%）	2	5	9	14	20	26	32	38	44

6.2 计算机及网络系统工程计量与计价

6.2.1 计算机及网络系统基本知识

1. 计算机及网络系统概述

计算机网络系统是指将多个具有独立工作能力的计算机系统,通过通信设备和线路,由功能完善的网络软件实现资源共享和数据通信的系统。其本质特征在于提供计算机之间的各类资源的高度共享,实现便捷地交流信息和交换思想。

(1) 计算机网络系统的组成

1) 计算机系统:工作站(终端设备,或称客户机,通常是 PC 机)、网络服务器(通常都是高性能计算机)。

2) 网络通信设备(网络交换设备、互联设备和传输设备):包括网卡、网线、集线器(HUB)、交换机、路由器等。

3) 网络外部设备:如高性能打印机、大容量硬盘等。

4) 网络软件:包括网络操作系统、客户连接软件、网络管理软件等。

计算机网络系统示意图如图 6-4 所示。

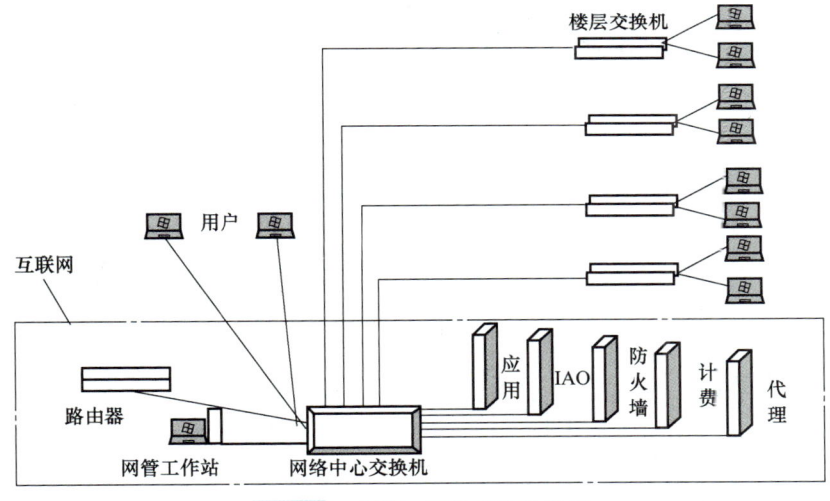

图 6-4 计算机网络系统示意图

(2) 计算机网络系统的分类

计算机网络系统,按地理范围分类,有局域网、广域网和城域网三类;按拓扑结构分类,主要有星型结构、总线型结构和环型结构三类;按照传输介质不同,分为同轴电缆网、双绞线网、光纤网、卫星网和无线网;按信息类型分,主要有电话通信系统、数据通信系统和有线电视系统。

(3) 计算机网络拓扑

计算机网络拓扑是指由计算机组成的网络之间的设备分布情况以及连接状态,将其画在图上就成了拓扑图。一般在图上要标明设备所处的位置、设备的名称类型以及设备间的连接介质类型。它分为物理拓扑和逻辑拓扑两种。计算机网络的拓扑结构，是指网上计算机或设备与传输媒介形成的结点与线的物理构成模式。

2. 计算机及网络系统工程施工图

计算机及网络系统工程施工图一般包括图纸说明、系统图、平面图和大样图。如图6-5所示为计算机网络系统图，图6-6所示为计算机网络平面图。

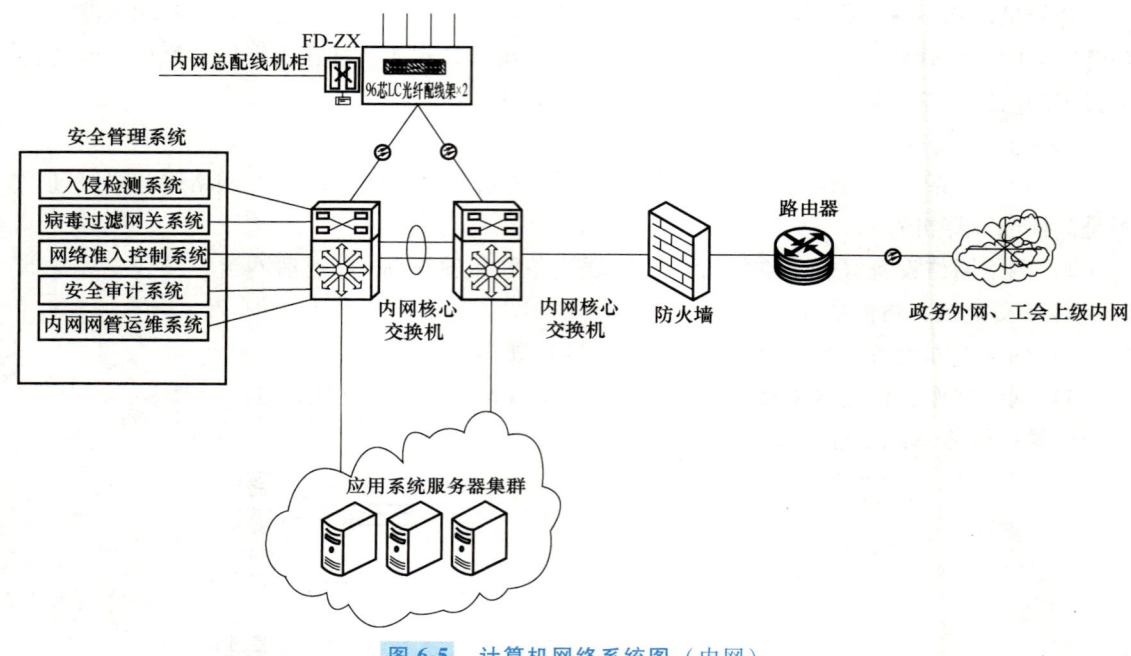

图 6-5　计算机网络系统图（内网）

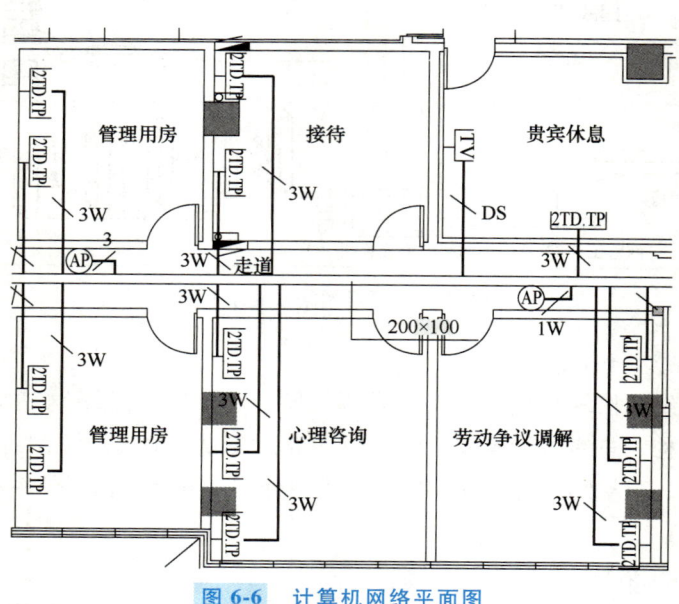

图 6-6　计算机网络平面图

6.2.2 计算机及网络系统工程量清单

计算机及网络系统工程量清单项目见表6-4。

表6-4 计算机应用、网络系统工程（编码：030501）

项目编码	项目名称	项目特征	计量单位	工程量计算规则	工作内容
030501001	输入设备	名称，类别，规格，安装方式	台	按设计图示数量计算	本体安装，单体调试
030501002	输出设备				
030501003	控制设备	名称，类别，路数，规格			
030501004	存储设备	名称，类别，规格，容量，通道数			
030501005	插箱、机柜	名称，类别，规格			本体安装，接电源线、保护地线、功能地线
030501006	互联电缆		条		制作、安装
030501007	接口卡	名称，类别，传输数率	台（套）		本体安装，单体调试
030501008	集线器	名称，类别，堆叠单元量			
030501009	路由器	名称，类别，规格，功能			
030501010	收发器				
030501011	防火墙				
030501012	交换机	名称，功能，层数			
030501013	网络服务器	名称，类别，规格			本体安装，插件安装，接信号线、电源线、地线
030501014	计算机应用、网络系统接地				安装焊接，检测
030501015	计算机应用、网络系统系统联调	名称，类别，用户数	系统		系统调试
030501016	计算机应用、网络系统试运行				试运行
030501017	软件	名称，类别，规格，容量	套		安装，调试，试运行

6.2.3 计算机及网络系统预算定额说明及工程量计算规则

1. 工程量计算规则

1) 台架、插箱、网络终端设备、输入设备、输出设备、专用外部设备、存储设备安装及软件安装，以"台（套）"为计量单位。

2) 互联电缆制作、安装，以"条"为计量单位。

3) 计算机及网络系统联调及试运行，以"系统"为计量单位。

2. 定额项目所包括的内容

台架、插箱、网络终端设备、输入设备、输出设备、专用外部设备及存储设备的安装、调试，计算机硬件系统互联及调试，计算机软件安装、调试和系统试运行。

3. 定额应用相关说明

本章（计算机及网络系统，下同）定额不包括以下工作内容：

1）台架、插箱、网络终端设备、输入设备、输出设备、专用外部设备及存储设备的安装、调试项目：①设备本身的功能性故障排除；②缺件、配件的制作；③在特殊环境条件下的设备加固、防护和电缆屏蔽；④应用软件的开发；⑤病毒的清除，版本升级与外系统的校验或统调。

2）计算机及网络系统互联及调试项目：①系统中设备本身的功能性故障排除；②与计算机系统以外的外系统联试、校验或统调。

3）计算机软件安装、调试项目：①排除由于软件本身缺陷造成的故障；②排除软件不配套或不兼容造成的运转失灵，排除硬件系统的故障引起的失灵、操作系统发生故障中断、诊断程序运行失控等故障；③在特殊环境条件下的软件安装、防护；④与计算机系统以外的外系统联试、校验或统调。

【例 6-1】 计算图 6-7 所示计算机网络系统设备的工程量并列出清单。

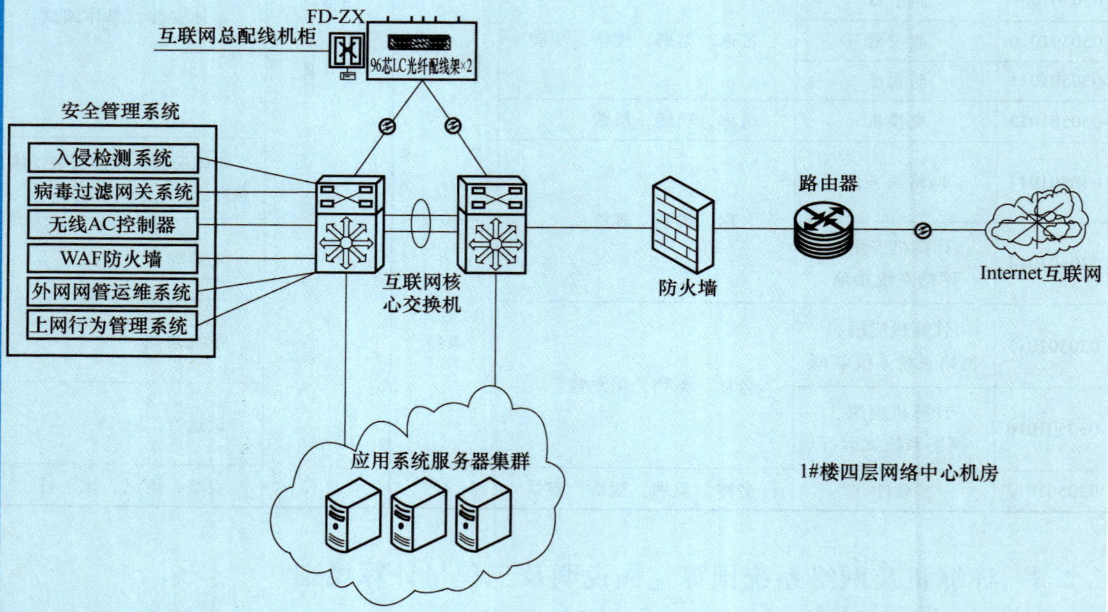

图 6-7 计算机网络系统拓扑图（局部）

解： 图 6-7 中的计算机系统设备有：应用系统服务器 3 台；内网总配线机柜 1 台；96 芯 LC 光纤配线架 2 台；内网核心交换机 2 台；防火墙 1 台；路由器 1 台。

计算机网络系统设备工程量清单编制

（1）本例工程计算机及网络系统设备工程量计算见表 6-5。

表 6-5 工程量计算表

序号	名称	计量单位	工程量	计算式
1	应用系统服务器	台	3	3
2	内网总配线机柜	台	1	1
3	96 芯 LC 光纤配线架	台	2	2
4	内网核心交换机	台	2	2
5	防火墙	台	1	1
6	路由器	台	1	1

（2）本例工程计算机及网络系统设备分部分项工程工程量清单见表 6-6。

表 6-6 分部分项工程工程量清单表

序号	项目编码	项目名称	项目特征描述	计量单位	工程量
1	030501013001	网络服务器	1. 名称：台式服务器 2. 类别：企业级	台/套	3.000
2	030501005001	插箱、机柜	1. 名称：总配线机柜 2. 规格：650×700	台	1.000
3	030502015001	光纤终端盒	1. 名称：96 芯 LC 光纤配线架 2. 规格：96 芯 LC 光纤	台	2.000
4	030501012001	交换机	名称：内网核心交换机	台	2.000
5	030501011001	防火墙	1. 名称：防火墙 2. 规格：包过滤防火墙	台	1.000
6	030501009001	路由器	1. 名称：路由器 2. 选择路由、引导通信 3. 4 口	台	1.000

（3）本例工程计算机及网络系统设备分部分项工程工程量清单计价（含定额）见表 6-7。

表 6-7 分部分项工程工程量清单计价表（含定额）

序号	项目编码	项目名称	项目特征描述	计量单位	工程量	金额（元）	
						综合单价	合计
1	030501013001	网络服务器	1. 名称：台式服务器 2. 类别：企业级	台	3.000	501.47	1504.41
1.1	30501092	网桥、服务器、调制解调器设备安装、调试（台式服务器企业级）		台	3.000	501.47	1504.41
2	030501005001	插箱、机柜	1. 名称：总配线机柜 2. 规格：650×700	台	1.000	199.33	199.33
2.1	30501048	台架、插箱安装（台架 650×700）		台	1.000	199.33	199.33

(续)

序号	项目编码	项目名称	项目特征描述	计量单位	工程量	金额（元） 综合单价	金额（元） 合计
3	030502015001	光纤终端盒	1. 名称：96芯LC光纤配线架 2. 规格：96芯LC光纤	个	2.000	1111.95	2223.90
3.1	30502072	安装光纤终端盒（≤96芯）		个	2.000	1111.95	2223.90
4	030501012001	交换机	名称：内网核心交换机	台	2.000	445.32	890.64
4.1	30501085	交换机设备安装、调试（交换机固定配置≤24口）		台	2.000	445.32	890.64
5	030501011001	防火墙	1. 名称：防火墙 2. 规格：包过滤防火墙	台	1.000	308.74	308.74
5.1	30501079	防火墙设备安装、调试（防火墙设备包过滤防火墙）		台	1.000	308.74	308.74
6	030501009001	路由器	1. 名称：路由器 2. 选择路由、引导通信 3. 4口	台	1.000	164.38	164.38
6.1	30501065	路由器、适配器、中继器设备安装、调试（路由器固定配置≤4口）		台	1.000	164.38	164.38

（4）经过市场询价获得表6-7中未计价材料的市场价格（不含税），见表6-8。

表6-8 未计价材料的市场价格（不含税） （单位：元）

序号	材料名称	规格	价格	序号	材料名称	规格	价格
1	台式服务器	企业级	3500	4	内网核心交换机	固定配置≤24口	1100
2	内网总配线机柜	650×700	460	5	防火墙	包过滤防火墙	1670
3	96芯LC光纤配线架	96芯LC光纤	290	6	路由器	4口	359

6.3　综合布线系统工程计量与计价

6.3.1　综合布线系统的基本知识

1. 综合布线系统概述

随着信息时代的迅猛发展，建筑内部与建筑群之间需要大量的语言、数据、图像等信号的传输与交换，为此需要将计算机等设备及相关线路连接起来，在建筑内安装一定数量和高质量的，有兼容性、扩充性、开放性、灵活性并具有模块化特点的统一导体网络，这种网络称为建筑的综合布线系统。

综合布线系统的构成如图 6-8 所示，由此图可见，综合布线系统分为工作区子系统、配线子系统、干线子系统、建筑群子系统 4 个子系统。

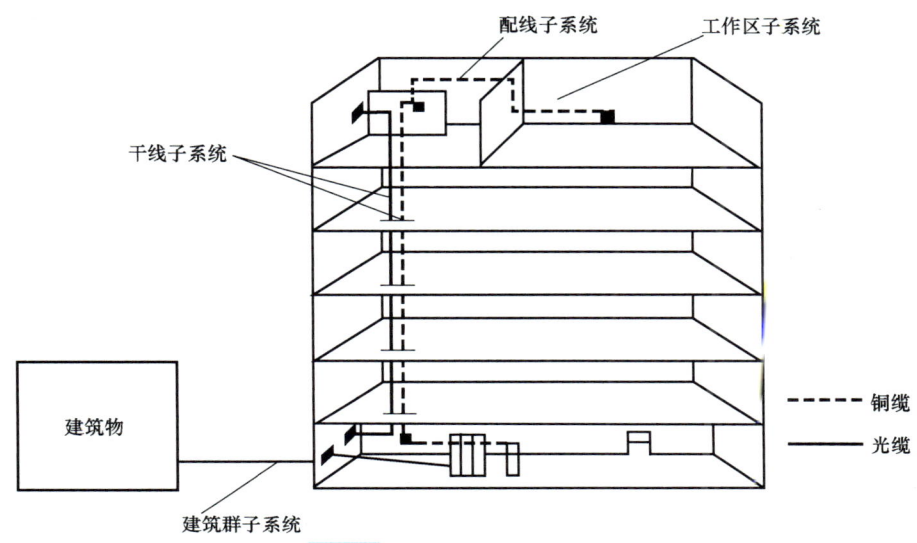

图 6-8　综合布线系统的构成

1) 工作区子系统由终端设备至信息插座之间的一个工作区域组成，包括各终端设备、线缆、线缆插头、信息插座及导线分支和接续。

2) 配线子系统由建筑物内各层的配电间至各工作区子系统之间的配线、配线架、配管等所组成，包括配管配线、配线架和网络设备。

3) 干线子系统由设备间子系统的配线设备（配线架等）与管理区子系统之间的连接电缆或光纤缆所组成，它们是建筑物中综合布线的主干电缆。干线主要用同轴电缆、双绞电缆和光纤缆。

4) 建筑群子系统是由两个或两个以上建筑物的电话、数据、电视系统及与进入楼宇处线缆上设有过流、过压等保护设备组成的布线系统。

2. 综合布线系统工程施工图

综合布线系统工程施工图一般包括图纸说明、系统图和平面图。图 6-9 是综合布线系统图，图 6-10 是综合布线平面图。

6.3.2　电话系统的基本知识

1. 电话交换系统的组成

电话交换系统是通信系统的主要内容之一，电话交换系统由三部分组成，即电话交换设备、传输系统和用户终端设备。图 6-11 为电话通信系统示意图。

常见的用户终端设备有电话机、电话传真机和电传等。

电话传输系统负责各交换点之间的信息传递。在电话网中，传输系统分为"用户线"

和"中继线"两种。电话交换设备是电话通信系统的核心。若有多部电话机之间需要互相通话，就需要有电话交换机。

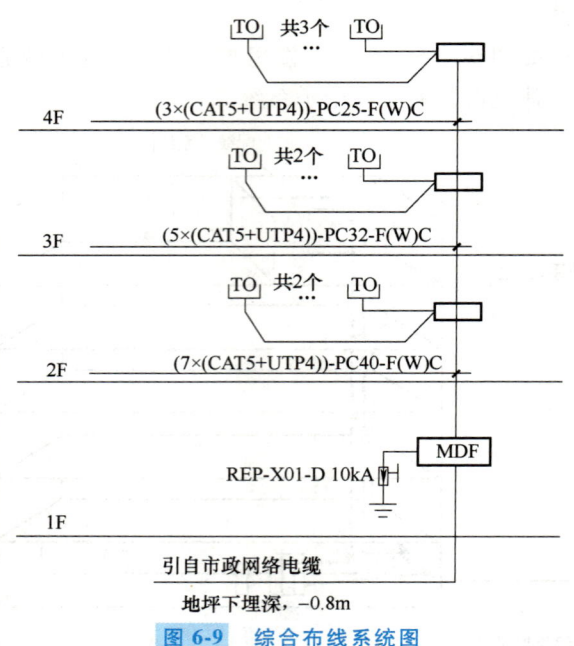

图 6-9 综合布线系统图

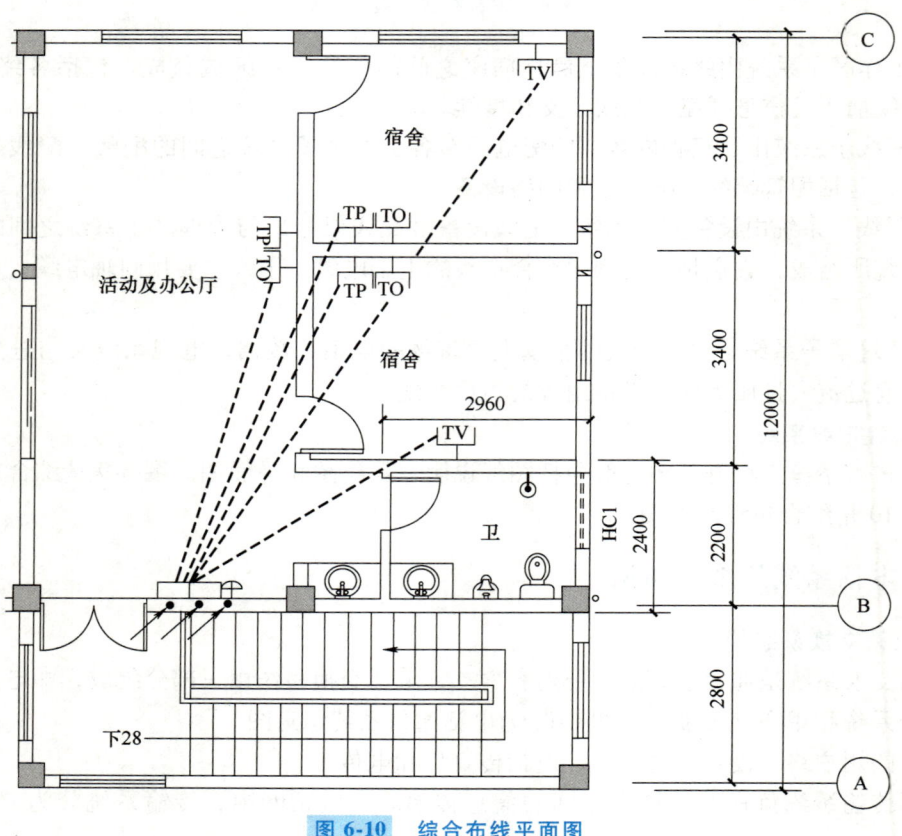

图 6-10 综合布线平面图

图 6-11　电话通信系统示意图

2. 系统主要设备安装与线路敷设

（1）室外电话电缆敷设

室外电话电缆敷设常见的有两种方式：架空敷设和埋地敷设。埋地敷设又分为管道电缆敷设和直埋电缆敷设。每段管道长不应大于 150m，管道电缆敷设时，管道埋深一般为 0.8~1.2m。直埋电缆敷设一般采用钢带铠装电话电缆。

（2）室内外电话分线盒安装

电话电缆传输的信号必须通过分线盒才能传送到与电话出线口连接的电话终端，电话分线盒可以明装或暗装，一般距地 1.3m 左右。现代电话通信系统已发展为电话、传真、移动通信、数字信息处理等电信技术和电信设备组成的综合通信系统。室内电话通常利用综合布线系统来完成通信。

6.3.3　综合布线系统工程清单及计算规则

1. 综合布线系统工程量清单

综合布线系统工程量清单项目见表 6-9。

表 6-9　综合布线系统工程（编码：030502）

项目编码	项目名称	项目特征	计量单位	工程量计算规则	工作内容
030502001	机柜、机架	名称；材质；规格；安装方式	台	按设计图示数量计算	1. 本体安装 2. 相关固定件的连接
030502002	抗震底座		个		
030502003	分线接线箱（盒）				1. 本体安装 2. 底盒安装
030502004	电视、电话插座	名称；安装方式；底盒材质、规格			
030502005	双绞线缆	名称；规格；线缆对数；敷设方式	m	按设计图示尺寸以长度计算	1. 敷设 2. 标记 3. 卡接
030502006	大对数电缆				
030502007	光缆				
030502008	光纤束、光缆外护套	名称；规格；安装方式			1. 气流吹放 2. 标记
030502009	跳线	名称；类别；规格	条	按设计图示数量计算	1. 插接跳线 2. 整理跳线

（续）

项目编码	项目名称	项目特征	计量单位	工程量计算规则	工作内容
030502010	配线架	名称；规格；容量	个 块	按设计图示数量计算	安装、打接
030502011	跳线架				
030502012	信息插座	名称；类别；规格；安装方式；底盒材质、规格			1. 端接模块 2. 安装面板
030502013	光纤盒	名称；类别；规格；安装方式			
030502014	光纤连接	方式；模块	芯（端口）		1. 接续 2. 测试
030502015	光缆终端盒	光缆芯数	个		
030502016	布放尾纤	名称；规格；安装方式	根		本体安装
030502017	线管理器		个		
030502018	跳块				安装、卡接
030502019	双绞线缆测试	测试类别；测试内容	链路（点、芯）		测试
030502020	光纤测试				

2. 电缆、线缆、光缆敷设的附加长度和预留长度

电缆、线缆、光缆进入建筑或连接配电箱等情况时，都应考虑附加长度或预留长度，具体设置见表6-10。

表6-10 电缆、线缆、光缆敷设的附加长度和预留长度

序号	项目	预留长度（附加）	说明
1	电缆、线缆、光缆敷设、敷设弛度、波形弯度、交叉	2.5%	按线缆全长计算
2	电缆、线缆、光缆进入沟内或吊架时引上（下）预留	1.5m	规范规定最小值
3	电缆、线缆、光缆中间接头盒	两端各留2.0m	检修余量最小值
4	电缆、线缆、光缆进入各种柜、箱	宽+高	按盘面尺寸

6.3.4 综合布线预算定额项目

（1）工程量计算规则

1）双绞线缆、光缆、同轴电缆敷设、穿放、明布放，以"m"计量单位。电缆敷设按单根延长米计算，如一个架上敷设3根各长100m的电缆，应按300m计算，依次类推。电缆附加及预留的长度是电缆敷设长度的组成部分，应计入电缆长度工程量之内。其预留长度和附加长度，执行表6-10的规定。

2）制作跳线以"条"为计量单位，卡接双绞线缆以"条"为计量单位，跳线架、配线架安装以"架"为计量单位。

3）安装各类信息插座、过线（路）盒、信息插座底盒（接线盒）、光缆终端盒和跳线打接，以"个"为计量单位。

4）双绞线缆、光缆测试，以"链路"为计量单位；大对数线缆测试，以"对"（两芯

为一对）为计量单位。

5）光纤连接，以"芯"（磨制法以"端口"）为计量单位。

6）机柜、机架、抗震底座安装，以"台"为计量单位。

7）系统调试、试运行，以"系统"为计量单位。

（2）预算定额项目所包括、不包括的内容

本章（综合布线系统，下同）定额内容包括综合布线系统工程。不包括的内容有：钢管、PVC 管、桥架、线槽敷设工程，管道工程，杆路工程，设备基础工程和埋式光缆的挖填土工程若发生挖填土工程时，执行《第四册 电气设备安装工程》定额。砖、混凝土凿槽、墙壁打孔、楼板打孔、砖、混凝土墙凿墙洞执行《第十册 给排水、采暖、燃气工程》剔堵槽、沟及机械钻孔定额。

（3）定额应用相关规定

1）本章定额所涉及双绞线缆的敷设及配线架、跳线架、线管理器等的安装、打接等定额量，是按超五类非屏蔽布线系统编制的，高于超五类的布线工程所用定额子目人工乘以系数 1.1，屏蔽系统人工乘以系数 1.2。电子配线管理系统的双绞线缆链路测试、系统调试、试运行人工乘以系数 1.3。

2）光纤连接定额含尾纤的安装。

3）双绞线缆、光缆、大对数线缆，在网格桥架内明敷所用定额子目人工乘以系数 1.2；网格桥架敷设定额执行《第四册 电气设备安装工程》钢制槽式桥架定额，并调整定额子目人工乘以系数 1.2。

4）在已建顶棚内敷设线缆时，所用定额子目人工乘以系数 1.5。

5）配线架定额中包含架内模块或耦合器（适配器）安装；信息插座定额中包含插座内模块或耦合器（适配器）安装；光纤连接定额中包含尾纤的盘绕、光损测试。

【例 6-2】 已知某老年活动中心的室内电话线路工程，入户电缆为 HYA20-10×（2×0.5），埋深 0.8m。电话总线采用 HYA20 型电话电缆穿钢管暗敷设，干线采用 HYA 型导线穿钢管暗敷设，电话电缆在地面内暗敷、在竖井内明敷。支线由电话分线箱引至电话出线座，沿墙及楼板暗敷。支线采用的导线规格为 HBYJ-2×0.5-PVC16。请结合设备材料（表 6-11）、系统图（图 6-12）及二、三层平面图（图 6-13），试编制本例工程电话线路系统工程量清单并报价。

电话系统设备工程量清单编制

表 6-11 设备材料表

序号	名称	型号及规格	单位	数量	图例	安装高度	备注
1	电话交接箱	STO-10（400×300×200）	个	见预算		距地 0.5m	竖井内挂墙明装
2	电话分线盒	（200×100×100）	个	见预算		距地 0.5m	竖井内挂墙明装
3	电话出线盒	HD86DH	个	见预算	TP	距地 0.3m	明装
4	电话干线	HYA-n×（2×0.5）	米	见预算			竖井内明敷
5	电话支线	HBYJ-2×0.5	米	见预算			暗敷
6	热镀锌钢管	SC25	米	见预算			干管
7	中型阻燃 PVC 管	PVC16	米	见预算			水平管

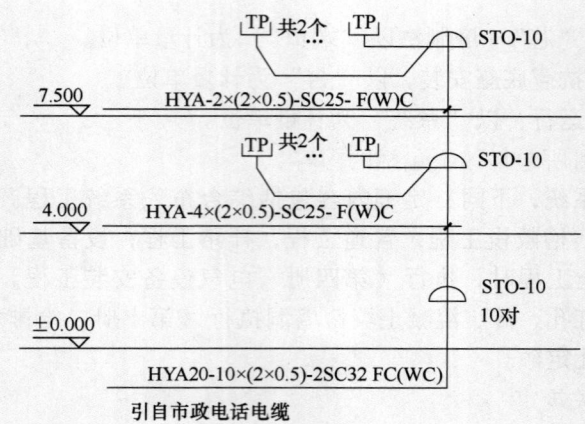

图 6-12 电话系统图

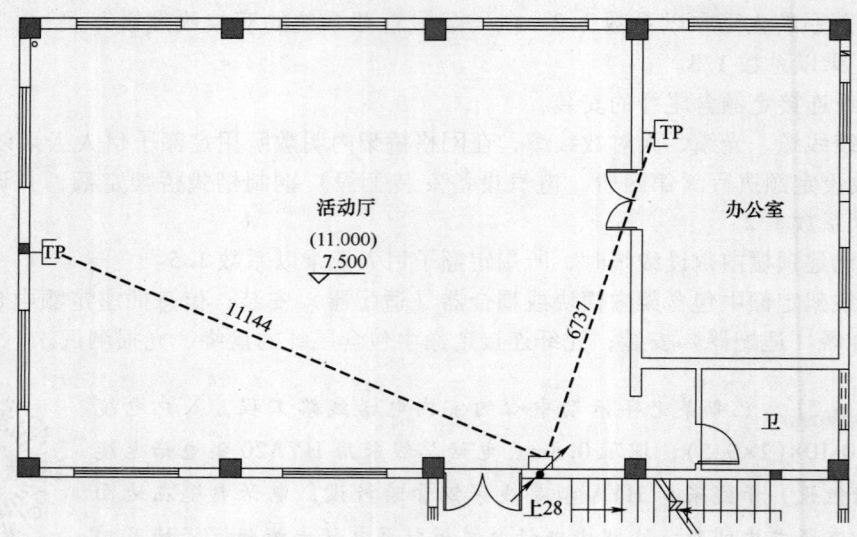

图 6-13 二、三层电话线路平面图

解：室内电话线路工程量计算内容一般包括：电话箱的安装、电话线路配管、管内穿电话线、电话用户插座的安装和接线盒的安装，以及安装完成后的系统调试。

1) 由系统图和设备材料表可知，进户电话分线盒（STO-10）也称为分线箱、交接箱，是连接主干电缆与配线电缆的接口装置。从市话局引来的主干电缆在交接箱中与用户配线电缆连接。电话交接箱1个，二、三层的称为分线盒，共2个。

2) 二、三层电话共4部，插座和插座盒各4个。

3) 线路配管有两种类型：干管 SC25 和水平管 PVC16。干管 SC25 在分线盒之间垂直安装，分线盒安装高度为 0.5m，交接箱高为 0.3m，分线盒高为 0.1m。结合系统图中的层高，可求出干管长。水平管的尺寸应在平面图中查找或测量。本例已给出水平管长度，需考虑要统计两层的工程量。

4) 管内穿线有两种类型：电话干线 HYA-10×（2×0.5）和电话支线 HBYJ-2×0.5。穿线工程量应考虑预留长度和附加长度，注意干线预留长度的不同。

5) 电话系统完成安装后，应进行系统调试。

由于工程性质和行业管理的要求，电话系统工程一般只做室内电话线路的配管配线、电话机插座及接线盒的安装。对于交接箱、通信电缆的安装、敷设及调试工作，一般由电信部门负责专业施工。因此，本例只考虑室内电话线的敷设及话机插座的安装计量计价即可。

（1）电话线路系统工程量计算表见表6-12。

表6-12 工程量计算表

序号	名称	计量单位	工程量	计算式
1	电话交接箱（STO-10）（400×300×200）	个	1	1
2	分线盒（200×100×100）	个	2	2
3	电话插座	个	4	4
4	插座盒	个	4	4
5	配管SC25	m	7.1	↑(4-0.5-0.3)【首层】+0.5【二层】=3.7 ↑(3.5-0.5-0.1)【二层】+0.5【三层】=3.4 3.7+3.4=7.1
6	配管PVC16	m	37.362	→2×(11.144+6.737)+↑2×(0.5【分线盒安装高度】+0.3【出线盒安装高度】)
7	电缆HYA-n(2×0.5)	m	27.47	{[3.7+(0.4+0.3)【预留】+(0.2+0.1)【预留】]×4+[3.4+2×(0.2+0.1)【预留】]×2}×(1+2.5%)
8	电缆HBYJ-2×0.5	m	37.962	37.362+2×(0.2+0.1)【分线盒半周长】

（2）本例电话线路系统分部分项工程工程量清单见表6-13。

表6-13 分部分项工程工程量清单表

序号	项目编码	项目名称	项目特征描述	计量单位	工程量
1	031103023001	交接箱	1. 名称：架空交接箱 2. 规格：STO-10（400×300×200） 3. 容量：100对以下	个	1.000
2	030502003003	分线接线箱（盒）	1. 名称：电话分线盒 2. 材质：铁制 3. 规格：200×100×100 4. 安装方式：竖井内挂墙明装	个	2.000
3	030502004002	电视、电话插座	1 名称：电话插座 2. 安装方式：明装，距地0.3m 3. 底盒材质、规格：PVC	个	4.000

（续）

序号	项目编码	项目名称	项目特征描述	计量单位	工程量
4	080603012001	电话出线盒、轨旁电话插销盒	1. 名称：电话出线盒 2. 类型：接线盒 3. 安装方式：明装 4. 底盒材质、规格：钢制 HD86DS	个	4.000
5	030411001006	配管	1. 名称：镀锌钢管 SC25 2. 材质：热镀锌钢管 3. 规格：DN25	m	7.100
6	030411001007	配管	1. 名称：中型阻燃 PVC 管 2. 材质：中型阻燃 PVC 3. 规格：De16	m	37.362
7	030502006001	大对数电缆	1. 名称：电话干线电缆 2. 规格：HYA-2×0.5 3. 敷设方式：竖井内明敷 4. 线缆对数：<10	m	27.470
8	030502005001	双绞线缆	1. 名称：电话支线 2. 规格：HBYJ-2×0.5 3. 敷设方式：暗敷	m	37.962

（3）本例电话线路系统分部分项工程工程量清单计价（含定额）见表 6-14。

表 6-14 分部分项工程工程量清单计价表（含定额）

序号	项目编码	项目名称	项目特征描述	计量单位	工程量	金额（元）	
						综合单价	合计
1	031103023001	交接箱	1. 名称：架空交接箱 2. 规格：STO-10（400×300×200） 3. 容量：100 对以下	个	1.000	126.97	126.97
1.1	30502005	分线接线箱（盒）安装接线箱 半周长≤700mm		个	1.000	126.97	126.97
2	030502003003	分线接线箱（盒）	1. 名称：电话分线盒 2. 材质：铁制 3. 规格：200×100×100 4. 安装方式：竖井内挂墙明装	个	2.000	27.90	55.80
2.1	30502008	分线接线箱（盒）安装过线（路）盒 半周长>200mm		个	2.000	27.90	55.80
3	030502004002	电视、电话插座	1 名称：电话插座 2. 安装方式：明装，距地 0.3m 3 底盒材质、规格：PVC	个	4.000	19.45	77.80

（续）

序号	项目编码	项目名称	项目特征描述	计量单位	工程量	金额（元）	
						综合单价	合计
3.1	30505126	电话插座（明装）		个	4.000	19.45	77.80
4	080603012001	电话出线盒、轨旁电话插销盒	1. 名称：电话出线盒 2. 类型：接线盒 3. 安装方式：明装 4. 底盒材质、规格：钢制 HD86DS	个	4.000	7.38	29.52
4.1	30413192	接线盒安装 明装开关（插座）盒		个	4.000	7.38	29.52
5	030411001006	配管	1. 名称：镀锌钢管 SC25 2. 材质：热镀锌钢管 3. 规格：DN25	m	7.100	50.49	358.48
5.1	30412078	砖、混凝土结构明配 公称直径≤25DN		m	7.100	50.49	358.48
6	030411001007	配管	1. 名称：中型阻燃PVC 管 2. 材质：中型阻燃PVC 3. 规格：De16	m	37.362	8.01	299.27
6.1	30412178	埋地敷设（外径≤16mm）		m	37.362	8.01	299.27
7	030502006001	大对数电缆	1. 名称：电话干线电缆 2. 规格：HYA-2×0.5 3. 敷设方式：竖井内明敷 4. 线缆对数：<10	m	27.470	5.69	156.30
7.1	30502009	大对数线缆（管内穿放≤25 对）		m	27.470	5.69	156.30
8	030502005001	双绞线缆	1. 名称：电话支线 2. 规格：HBYJ-2×0.5 3. 敷设方式：暗敷	m	37.962	6.52	247.51
8.1	30502021	双绞线缆（管内穿放≤4 对）		m	37.962	6.52	247.51

（4）经过市场询价，获得表 6-14 中未计价材料的市场价格（不含税），见表 6-15。

表 6-15　未计价材料的市场价格（不含税）　　　　　　　　　（单位：元）

序号	材料名称	规格	价格	序号	材料名称	规格	价格
1	大对数电缆	HYA-2×0.5	2.6	5	分线接线盒	200×100×100	8
2	双绞线	HBYJ-2×0.5	3.5	6	电话插座	明装	6.14
3	镀锌钢管	SC25	23	7	插座盒	PVC HD86DS	2.41
4	中型阻燃 PVC 管	De16	1.88				

6.4　有线电视、卫星接收系统工程计量与计价

6.4.1　有线电视、卫星接收系统的基本知识

有线电视是指通过同轴电缆、光缆向用户传送本地、远地及自办节目的电视广播数据的通信系统。有线电视、卫星接收系统采用宽带入户，集组织、传输、分配节目于一体并向综合信息传播媒介的方向发展，不仅能满足多节目的需要，也为有线电视网开展增值业务、进行综合信息应用提供了重要条件。

有线电视、卫星接收系统主要由前端设备、信号源、干线传输网络、分配系统、用户终端组成。各组成系统功能如下：

1）前端设备。前端设备是指接收信号源并在干线传输网络之间进行信号源传输的设备。

2）信号源。信号源的来源包括卫星地面站接收的模拟和数字电视信号、微波站发射的电视信号、电视台发射的电视信号等。为了实现信号源的播放，系统中需配置卫星接收机、模拟和数字播放机、多功能控制台、摄像机、图文处理设备、编辑设备、视频服务器、用户管理控制设备等。

3）干线传输系统。干线传输系统是利用光纤、微波和同轴电缆作为传输媒介，将系统前端部分所接收的信号源通过传输媒介传输给分配系统。常用同轴电缆规格及含义见表 6-16、表 6-17。

表 6-16　常用同轴电缆型号的规格和主要参数

电缆型号	绝缘形式	芯线外经/mm	绝缘外经/mm	电缆外经/mm	特性阻抗/Ω	衰减常数/(dB/100m)		
						30MHz	200MHz	800MHz
SYKV-75-5	藕芯式	1.10	4.7	7.3	75±3	4.1	11	22
SYKV-75-9	藕芯式	1.90	9.0	12.4	75±2.5	2.4	6	12
SYKV-75-12	藕芯式	2.60	11.5	15.0	75±2.5	1.6	4.5	10

（续）

电缆型号	绝缘形式	芯线外经/mm	绝缘外经/mm	电缆外经/mm	特性阻抗/Ω	衰减常数/(dB/100m)		
						30MHz	200MHz	800MHz
SSYKV-75-5	藕芯式	1.00	4.8	7.3	75±3	4.2	11.5	23
SSYKV-75-9	藕芯式	1.90	9.0	13.0	75±3	2.1	5.1	11
SIOV-75-5	藕芯式	1.13	5.0	7.4	75±3	3.5	8.5	17
SIZV-75-5	竹节式	1.20	5.0	7.3	75±3	4.5	11	22
SYDV-75-9	竹节式	2.20	9.0	11.4	75±3	1.7	4.5	9.2
SYDV-75-12	竹节式	3.00	11.5	14.4	75±2	1.2	3.4	7.1
SDVC-75-5	藕芯式	1.00	4.8	6.8	75±3	4	10.8	22.5
SDVC-75-7	藕芯式	1.60	7.3	10.0	75±2.5	2.6	7.1	15.2
SDVC-75-9	藕芯式	2.00	9.0	12.0	75±2.5	2.1	5.7	12.5
SDVC-75-12	藕芯式	2.60	11.5	14.4	75±2.5	1.7	4.5	10

表 6-17 常用同轴电缆的同一型号和含义

分类代号		绝缘材料		护套材料		派生特征	
符号	含义	符号	含义	符号	含义	符号	含义
S	通轴射频电缆	Y	聚乙烯	V	聚氯乙烯	P	屏蔽
SE	对称射频电缆	W	稳定聚乙烯	Y	聚乙烯	Z	综合
SJ	强力射频电缆	F	氟塑料	F	氟塑料		
SG	高压射频电缆	X	橡胶	B	玻璃丝编制侵硅有机漆		
ST	特性射频电缆	I	聚乙烯空气绝缘	H	橡胶		
SS	电视电缆	D	稳定聚乙烯空气绝缘	M	棉纱编织		

例如：SYV-75-3-1 型电缆表示同轴射频电缆，用聚乙烯绝缘，用聚氯乙烯做护套，特性阻抗为 75Ω，芯线绝缘外经为 3mm，结构序号为 1。

4）分配系统。分配系统是将在干线传输系统中的信号源，通过放大器输出信号，经由分配器、分支器将信号传输至用户终端盒。

5）用户终端。用户终端是在各户户内通过单口信息插座或双口信息插垫，利用线缆通过电视机顶盒连接至电视。

有线电视、卫星接收系统的组成如图 6-14 所示，有线电视系统如图 6-15 所示。

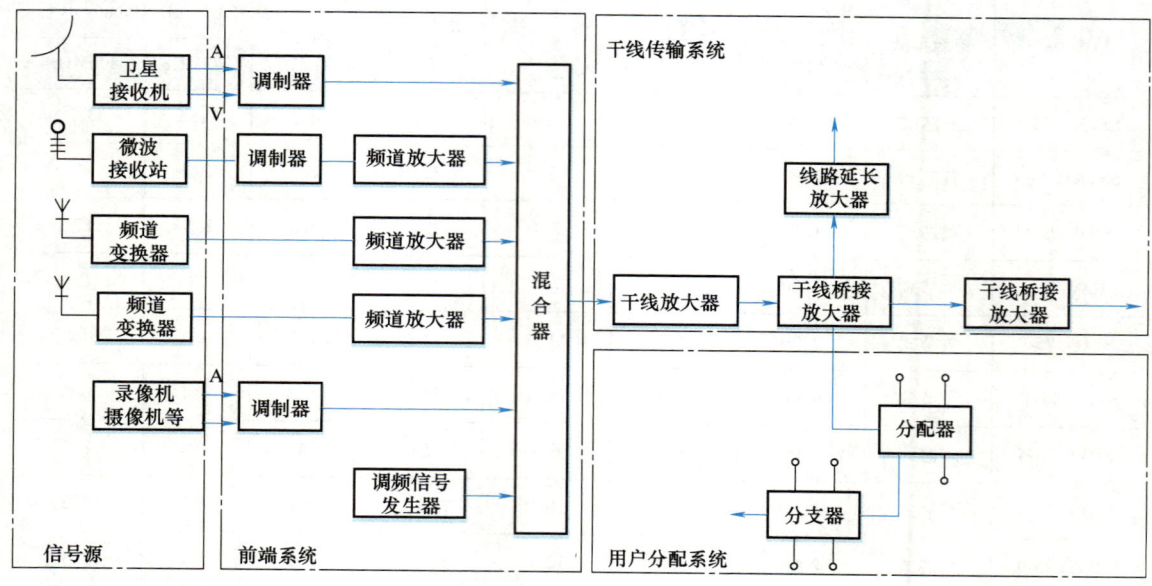

图 6-14 有线电视、卫星接收系统的组成

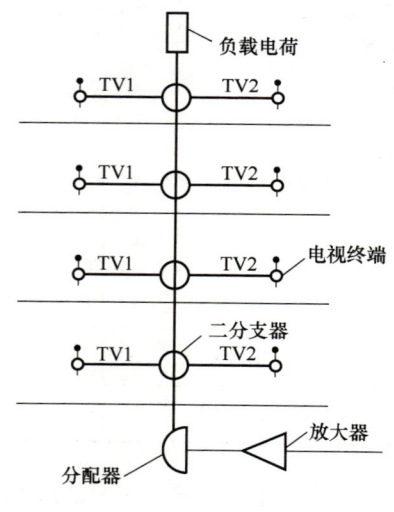

图 6-15 有线电视系统图

6.4.2 有线电视、卫星接收系统工程量清单

有线电视、卫星接收系统工程量清单项目见表 6-18。

第 6 章 建筑智能化系统工程计量与计价

表 6-18 有线电视、卫星接收系统工程（编码：030505）

项目编码	项目名称	项目特征	计量单位	工程量计算规则	工作内容
030505001	共用天线	名称；规格；电视设备箱型号规；天线杆、基础种类	副	按设计图示数量计算	电视设备箱安装；天线杆基础安装；天线杆安装；天线安装
030505002	卫星电视天线、馈线系统	名称；规格；地点；楼高，长度			安装；调测
030505003	前端机柜	名称；规格	个		本体安装；连接电源；接地
030505004	电视墙	名称；监视器数量	套		机架、监视器安装；信号分配系统安装；连接电源；接地
030505005	射频同轴电缆	名称；规格；敷设方式	m		线缆敷设
030505006	同轴电缆接头	规格；方式	个		电缆接头
030505007	前端射频设备	名称；类别；频道数量	套		本体安装；单体调试
030505008	卫星地面站接收设备	名称；类别			本体安装；单体调试；全站系统调试
030505009	光端设备安装、调试	名称；类别；容量	台		本体安装；单体调试
030505010	有线电视系统管理设备	名称；类别			
030505011	播控设备安装、调试	名称；功能；规格			本体安装；系统调试
030505012	干线设备	名称；功能；安装位置			
030505013	分配网络	名称；功能；规格；安装方式	个		本体安装；电缆接头制作、布线；单体调试
030505014	终端调试	名称；功能			调试

6.4.3 有线电视、卫星接收系统安装工程定额说明、工程量计算规则

（1）工程量计算规则

1）前端射频设备安装、调试，以"套"为计量单位。

2）卫星电视接收设备、光端设备、有线电视系统管理设备安装、调试，以"台"为计量单位。

3）干线传输设备、分配网络设备安装、调试，以"个"为计量单位。

4）数字电视设备安装、调试，以"台"为计量单位。

（2）定额项目所包括及不包括内容

1）本章（有线电视、卫星接收系统，下同）定额内容包括有线广播电视、卫星电视、闭路电视系统设备的安装调试工程。

2）本章定额不包括以下工作内容：

221

① 监控设备等项目,执行《第五册 建筑智能化工程》中相关定额。
② 所有设备按成套设备购置考虑,在安装时如再需额外材料按实计算。

【例 6-3】 已知某老年活动中心的有线电视系统安装工程,电视信号由市政有线电视网的接口引入,有线电视系统元器件均由专业施工队确定、安装及调试,施工时只预埋管线和箱、盒。结合设备材料(表 6-19)、有线电视系统图(图 6-16)及二、三层有线电视平面图(图 6-17),试编制本例有线电视系统安装工程工程量清单并报价。

有线电视系统
工程量清单编制

表 6-19 设备材料表

序号	名称	型号及规格	单位	数量	图例	安装高度	备注
1	有线电视前端箱	市广电局配套 300×200×100	台	见预算	VH	距地 0.5m	楼梯间明装
2	有线电视接线盒(接线箱)	预制 200×100×100 铁皮箱	台	见预算	□	距地 0.3m	挂墙明装
3	电视出线盒	HD86DS	个	见预算	TV	距地 0.3m	明装
4	射频电缆	SDVC-75-9-5	m	见预算			
5	射频电缆	SDVC-75-7-5 SDVC-75-5-5	m	见预算			
6	热镀锌钢管	SC15-150 系列	m	见预算			
7	中型阻燃 PVC 管	PVC16-63 系列	m	见预算			

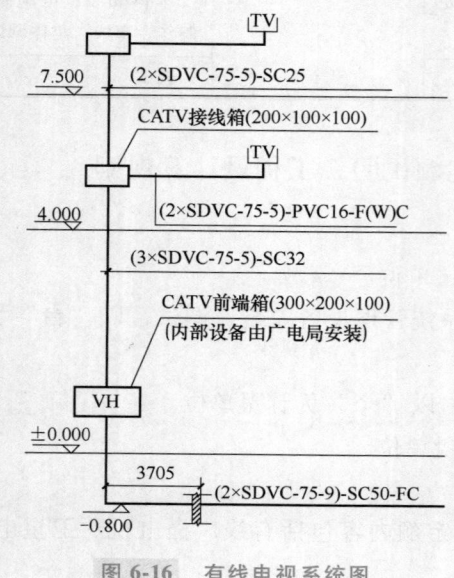

图 6-16 有线电视系统图   图 6-17 二、三层有线电视平面图

解：由题可知：

1）线路中的配管共有 SC50、SC32、SC25 和 PVC16 四种类型，应分别列项计算工程量。其中，SC50 有部分埋地，部分在地面以上。从定额方面考虑，埋地和沿墙敷设应分开列项。

2）管中穿线有两种类型：射频电缆 SDVC-75-9 和射频电缆 SDVC-75-5。电缆在计算时应考虑附加长度（2.5%）以及与箱连接时的预留长度（箱的半周长）。

3）同一根电缆有两个电缆接头，不同类型的电缆，电缆接头应分别列项。

4）题中说明有线电视系统元器件均由专业施工队确定和安装及调试，施工时只预埋管线和箱、盒。因此，只需考虑前端箱、接线盒和电视出线盒，放大器、分配器和分支器不需要计算。

（1）本例有线电视系统安装工程量计算见表 6-20。

表 6-20 工程量计算表

序号	名称	计量单位	工程量	计算式
1	配管 SC50（埋地）	m	4.51	→3.705+↑0.8
2	配管 SC50（明敷）	m	0.5	↑0.5
3	配管 SC32	m	3.8	↑(4-0.5+0.3)
4	配管 SC25	m	3.5	↑(3.5-0.3+0.3)
5	配管 PVC16	m	21.76	→[2×(10.279+0.3【接线盒安装高度】+0.3【出线盒安装高度】)]
6	射频电缆 SDVC-75-9	m	11.29	2×[5.005+(0.3+0.2)【进箱预留】]×(1+2.5%)
7	射频电缆 SDVC-75-5	m	68.38	{↑3×[3.8+(0.3+0.2)【预留】+(0.2+0.1)【预留】]+↑2×[3.5+2×(0.2+0.1)【预留】]+→2×[21.758+2×(0.2+0.1)【预留】]}×(1+2.5%)
8	同轴电缆接头 SDVC-75-9	个	2	2
9	同轴电缆接头 SDVC-75-5	个	18	18
10	CATV 前端箱	个	1	1
11	CATV 接线箱	个	2	2
12	电视出线盒 HD86DS	个	2	2

（2）本例有线电视系统安装分部分项工程工程量清单见表 6-21。

安装工程计量与计价

表 6-21 分部分项工程工程量清单表

序号	项目编码	项目名称	项目特征描述	计量单位	工程量
1	030411001001	配管	1. 名称：热镀锌钢管 2. 材质：钢管 3. 规格：SC50	m	4.505
2	030411001002	配管	1. 名称：热镀锌钢管 2. 材质：钢管 3. 规格：SC50	m	0.500
3	030411001003	配管	1. 名称：热镀锌钢管 2. 材质：钢管 3. 规格：SC32	m	3.800
4	030411001004	配管	1. 名称：热镀锌钢管 2. 材质：钢管 3. 规格：SC25	m	3.500
5	030411001005	配管	1. 名称：中型阻燃PVC管 2. 材质：塑料管 3. 规格：PVC16	m	21.758
6	030505005001	敷设射频同轴电缆	1. 名称：射频同轴电缆 2. 规格：SDVC-75-9 3. 敷设方式：穿管敷设	m	11.285
7	030505005002	敷设射频同轴电缆	1. 名称：射频同轴电缆 2. 规格：SDVC-75-5 3. 敷设方式：穿管敷设	m	68.384
8	030505006001	同轴电缆接头	1. 规格：SDVC-75-9 2. 连接方式：压接	个	2.000
9	030505006002	同轴电缆接头	1. 规格：SDVC-75-5 2. 连接方式：压接	个	18.000
10	030502003001	分线接线箱（盒）	1. 名称：电视前端箱 2. 规格：200×100×100 3. 材质：铁制 4. 安装方式：楼梯间明装，安装高度 0.5m	个	1.000
11	030502003002	分线接线箱（盒）	1. 名称：有线电视接线盒 2. 材质：铁制 3. 规格：200×100×100 4. 安装方式：挂墙明装，安装高度 0.3m	个	2.000
12	030502004002	电视、电话插座	1. 名称：电视插座 2. 安装方式：暗装，距地 0.3m 3. 底盒材质、规格：PVC HD86DS	个	2.000
13	030411006001	电话出线盒、轨旁电话插销盒	1. 名称：电话出线盒 2. 安装方式：明装 3. 底盒材质、规格：PVC HD86DS	个	2.000

（3）本例有线电视系统安装分部分项工程工程量清单计价（含定额）见表6-22。

表6-22 分部分项工程工程量清单计价表（含定额）

序号	项目编码	项目名称	项目特征描述	计量单位	工程量	综合单价	合计
1	030411001001	配管	1. 名称：热镀锌钢管 2. 材质：钢管 3. 规格：SC50	m	4.505	88.04	396.62
1.1	30412124	埋地敷设 公称直径≤50mm		m	4.505	88.04	396.62
2	030411001002	配管	1. 名称：热镀锌钢管 2. 材质：钢管 3. 规格：SC50	m	0.500	103.46	51.73
2.1	30412081	砖、混凝土结构明配 公称直径≤50mm		m	0.500	103.45	51.73
3	030411001003	配管	1. 名称：热镀锌钢管 2. 材质：钢管 3. 规格：SC32	m	3.800	59.11	224.62
3.1	30412079	砖、混凝土结构明配 公称直径≤32mm		m	3.800	59.11	224.62
4	030411001001	配管	1. 名称：热镀锌钢管 2. 材质：钢管 3. 规格：SC25	m	3.500	50.49	176.72
4.1	30412078	砖、混凝土结构明配 公称直径≤25mm		m	3.500	50.49	176.72
5	030411001002	配管	1. 名称：中型阻燃PVC管 2. 材质：塑料管 3. 规格：PVC16	m	21.758	10.05	218.67
5.1	30412178	砖、混凝土结构暗配 （外径≤16mm）		m	21.758	10.05	218.67
6	030505005001	敷设射频同轴电缆	1. 名称：射频同轴电缆 2. 规格：SDVC-75-9 3. 敷设方式：穿管敷设	m	11.285	5.16	58.23
6.1	30505120	管内穿放视频同轴电缆（≤φ9）		m	11.285	5.16	58.23

（续）

序号	项目编码	项目名称	项目特征描述	计量单位	工程量	金额（元）	
						综合单价	合计
7	030505005002	敷设射频同轴电缆	1. 名称：射频同轴电缆 2. 规格：SDVC-75-5 3. 敷设方式：穿管敷设	m	68.384	5.16	352.86
7.1	30505120	管内穿放视频同轴电缆（≤φ9）		m	68.384	5.16	352.86
8	030505006001	同轴电缆接头	1. 规格：SDVC-75-9 2. 连接方式：压接	个	2.000	11.25	22.50
8.1	30505124	有线电视接头（F型插头）		个	2.000	11.25	22.50
9	030505006002	同轴电缆接头	1. 规格：SDVC-75-5 2. 连接方式：压接	个	18.000	11.25	202.50
9.1	30505124	有线电视接头（F型插头）		个	18.000	11.25	202.50
10	030502003001	分线接线箱（盒）	1. 名称：电视前端箱 2. 规格：200×100×100 3. 材质：铁制 4. 安装方式：楼梯间明装，安装高度0.5m	个	1.000	27.90	27.90
10.1	30502008	分线接线箱（盒）安装过线（路）盒 半周长>200mm		个	1.000	27.90	27.90
11	030502003002	分线接线箱（盒）	1. 名称：有线电视接线盒 2. 材质：铁制 3. 规格：200×100×100 4. 安装方式：挂墙明装，安装高度0.3m	个	2.000	27.90	55.80
11.1	30502008	分线接线箱（盒）安装过线（路）盒 半周长>200mm		个	2.000	27.90	55.80
12	030502004002	电视、电话插座	1. 名称：电视插座盒 2. 安装方式：暗装，距地0.3m 3. 底盒材质、规格：PVC HD86DS	个	2.000	19.45	38.90
12.1	30505126	接线盒安装 安装开关（插座）盒		个	2.000	19.45	38.90
13	030411006001	电话出线盒、轨旁电话插销盒	1. 名称：电话出线盒 2. 安装方式：明装 3. 底盒材质、规格：PVC HD86DS	个	2.000	7.38	14.76
13.1	30413194	接线盒安装（明装普通接线盒）		个	2.000	7.38	14.76

（4）经过市场询价获得表 6-22 中未计价材料的市场价格（不含税），见表 6-23。

表 6-23　未计价材料的市场价格（不含税）　　　　　　　　（单位：元）

序号	材料名称	规格	价格	序号	材料名称	规格	价格
1	镀锌钢管	SC50	40.3	6	同轴电缆接头	SDVC-75	0.85
2	镀锌钢管	SC32	27.5	7	电视前端箱	200×100×100	24.78
3	镀锌钢管	SC25	23	8	分线接线盒	200×100×100	8
4	中型阻燃 PVC 管	De16	1.88	9	电视插座底盒	HD86DS	19.8
5	射频同轴电缆	SDVC-75	2.7				

6.5　火灾自动报警系统计量与计价

6.5.1　火灾自动报警系统基本知识

1. 火灾自动报警系统的组成

火灾自动报警系统由触发装置、报警装置、警报装置、控制装置和电源等组成，如图 6-18 所示。

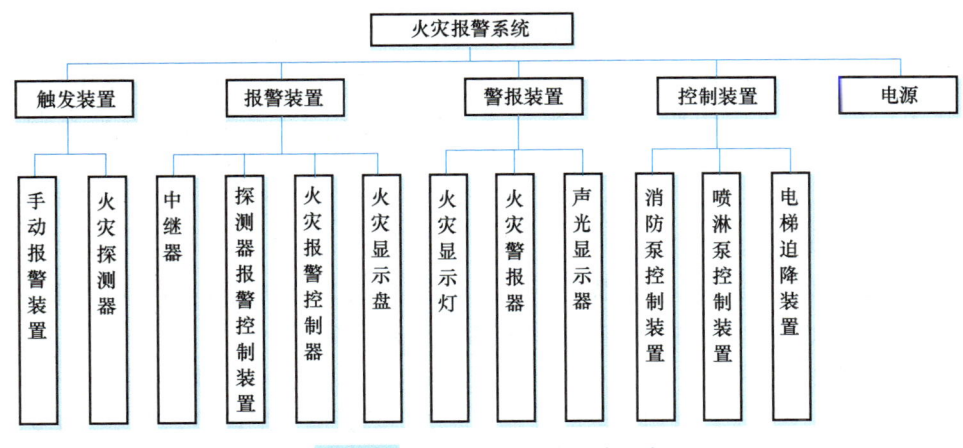

图 6-18　火灾自动报警系统组成

2. 火灾自动报警系统常用设备

1）触发装置。火灾探测器，根据其感测的参数不同，分为感烟火灾探测器、感温火灾探测器、感光火灾探测器、可燃气体探测器、复合式火灾探测器等，根据结构造型分类可分为点型和线型两类。

2）报警装置。火灾自动报警系统的核心报警装置是火灾报警控制器。报警装置按用途和设计使用要求分类，可分为区域报警控制器、集中报警控制器及通用报警控制器。

3）警报装置。在发生火灾时，警报装置发出声、光信号报警，提醒人们注意。警报装置主要有声光报警器、警铃、讯响器。

4）控制（联动）装置。在火灾自动报警系统中，当接收到来自触发器的火灾信号后，能自动或手动启动相关消防设备并显示其工作状态的装置，称为控制装置。控制装置主要有自动灭火系统的控制装置、室内消火栓的控制装置、防烟排烟控制系统的控制装置、空调通风系统的控制装置、防火门控制装置、电梯迫降控制装置等。

3. 多线制和总线制

多线制和总线制是指消防系统元件之间的接线及联络方式。每个探测器都需要一个回路与报警控制器相连，报警控制器靠回路电流（或指示灯）判断是哪个探测器发生动作；同样，每一个消防设备也需要一个回路与联动设备相连，这就是"多线制"。随着现场总线技术的发展，现在多个探测器或联动设备可以共用一个回路，报警控制器靠电路脉冲判断哪个探测器或设备发生动作，这就是所谓的"总线制"。总线制下，各器件需要进行编码，报警控制器依靠编码对器件进行识别。相关规范规定，消防水泵、防烟和排烟风机的控制设备除采用自动控制方式外，还应在消防控制室设置人工直接控制装置实现手动控制。总线制报警控制器依然保留了几路多线回路，称"多线盘"。

4. 模块和短路隔离器

模块是在模拟开关和数字总线间的元件，它把开关信号转换成数字信号，并通过总线传送给报警控制器，或者把报警控制器发出的指令转送给消防设备，使之产生动作，如广播切换、风阀开闭、非消防电源脱扣等。简而言之，模块的作用是信号转换和控制消防设备，它包括输入模块、输出模块和输入输出模块。

输入模块用于压力开关、水流指示器，它连接两条信号线；输出模块用于控制消防设备的开闭；单输入单输出模块用于配电箱、排烟阀、声光报警等，它连接两条信号线和两条电源线；双输入双输出模块用于卷帘门、电梯，它连接两条信号线和两条电源线。

常用模块套价如下：

1）总线制的感温、感烟、感光探测器，手动报警按钮，楼层显示器、声光报警器、消防电话，本身已经数字化，直接与信号总线连接，无须计模块。

2）单输入模块：常用于水流指示器、压力开关、信号蝶阀，套用"报警接口"模块。

3）单输入单输出模块：常用于排烟阀、送风阀、防火阀及配电箱，套用"单输出控制模块"。

4）双输入双输出模块：常用于二步降防卷帘门、双速水泵、双速排烟风机等双动作设备，套用"多输出控制模块"。

短路隔离器安装在传输总线上。当系统的某个分支短路时，短路隔离器可以自动将其两端呈高阻或开路状态，使之与整个系统隔离开，不损坏控制器，也不影响总线上其他部件的正常工作。

5. 报警控制器的"点"数

总线制中，每个回路所能挂接的编码器件数量因产品而异，大多在240个左右。而每个报警控制器所能带的回路数也是有限的,因而不同厂家、不同产品的总线报警控制器所能处理的地址编码数量是不一样的,这就是报警控制器的"容量"。容量以"点"为单位衡量,每一个地址编码算一个点。

6. 火灾自动报警系统的施工图

(1) 火灾自动报警系统工程施工图的组成

火灾自动报警系统工程施工图一般包括图纸说明、系统图、平面图和大样图。图6-19为火灾自动报警的系统图,图6-20为火灾自动报警系统的平面图。

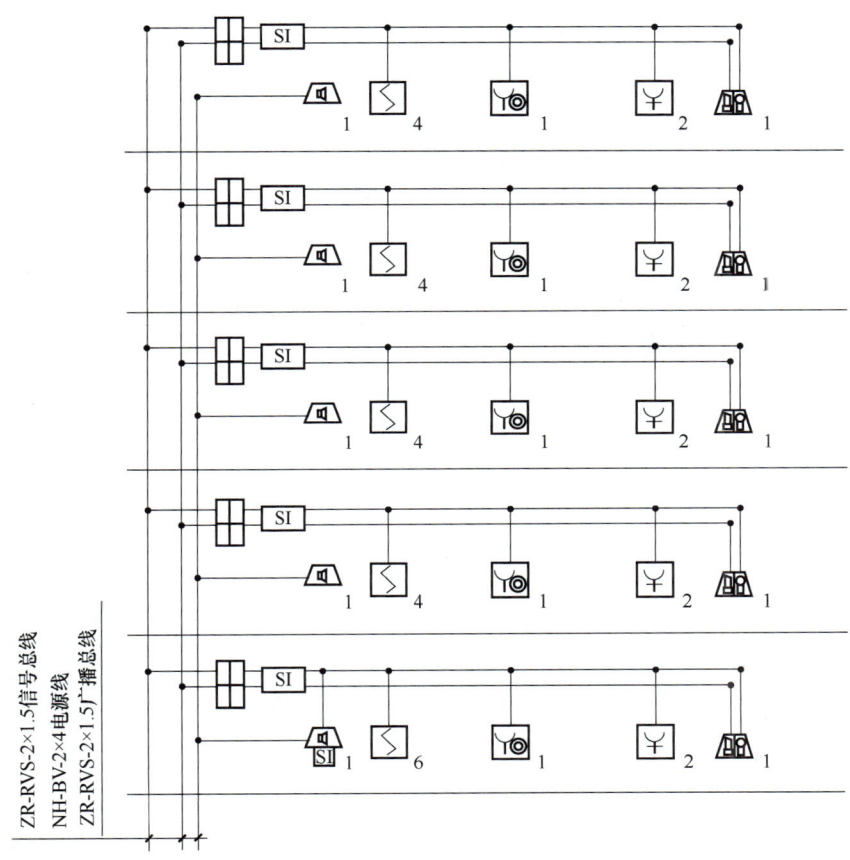

图6-19 火灾自动报警系统图

(2) 火灾自动报警系统工程施工图识读

从系统图(图6-19)上可以看到,组成消防系统的设备和元件从左到右依次为:消防端子、箱总线短路隔离器、消防广播、感烟探测器、手动报警按钮、消火栓启动按钮、声光报警器。

平面图(图6-20)中显示了各种消防设备和元件的类型、数量和位置。消防设备和元件有:消防信号箱、烟感探测器、水流指示器、信号蝶阀、手动报警按钮、消火栓启动按钮、声光报警器。

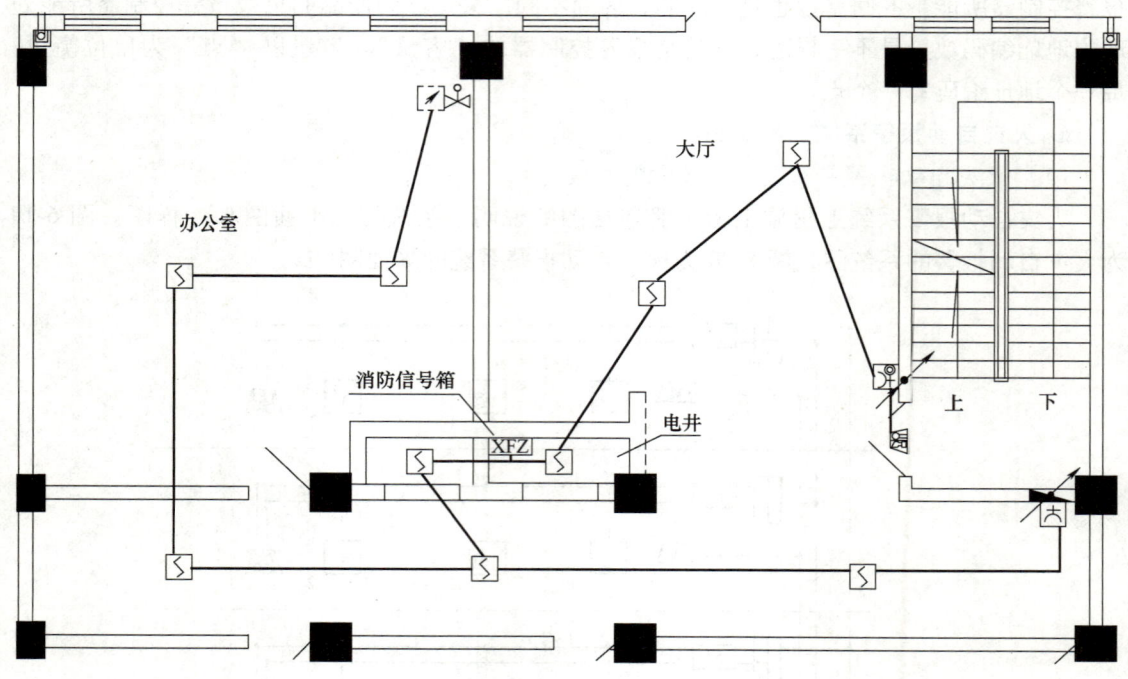

图 6-20 火灾自动报警系统的平面图

6.5.2 火灾自动报警系统工程量清单

(1) 火灾自动报警系统工程量清单项目 (表 6-24)

表 6-24 火灾自动报警系统工程 (编码：030904)

项目编码	项目名称	项目特征	计量单位	工程量计算规则	工作内容
030904001	点型探测器	名称；规格；线制；类型	个	按设计图示数量计算	探头安装；底座安装；校接线；编码；探测器调试
030904002	线型探测器	名称；规格；安装方式	m		探测器安装；接口模块安装；报警终端安装；校接线
030904003	按钮	名称；规格	个		安装；校接线；编码；调试
030904004	消防警铃				
030904005	声光报警器				
030904006	消防报警电话插孔（电话）	名称；规格；安装方式	个（部）		
030904007	消防广播（扬声器）	名称；功率；安装方式	个		

（续）

项目编码	项目名称	项目特征	计量单位	工程量计算规则	工作内容
030904008	模块（模块箱）	名称；规格；类型；输出形式	个（台）	按设计图示数量计算	安装；校接线；编码；调试
030904009	区域报警控制箱	多线制；总线制；安装方式；控制点数量；显示器类型	台		本体安装；校接线、摇测绝缘电阻；排线、绑扎、导线标识；显示器安装；调试
030904010	联动控制箱				
030904011	远程控制箱（柜）	规格；控制回路			
030904012	火灾报警系统控制主机	规格、线制；控制回路；安装方式			安装；校接线；调试
030904013	联动控制主机				
030904014	消防广播及对讲电话主机（柜）				
030904015	火灾报警控制微机（CRT）	规格；安装方式			安装；调试
030904016	备用电源及电池主机（柜）	名称；容量；安装方式	套		

(2) 火灾自动报警系统清单项目说明

1) 消防报警系统配管、配线、接线盒均应按《通用安装工程工程量计算规范》（GB 50856—2013）"附录 D 电气设备安装工程"相关项目编码列项。

2) 消防广播及对讲电话主机包括功放、录音机、分配器、控制柜等设备。

3) 报警联动一体机按消防报警系统控制主机计算。

4) 点型探测器包括火焰、烟感、温感、红外光束、可燃气体探测器等。

(3) 消防系统调试清单项目（表6-25）

表6-25 消防系统调试（编码：030905）

项目编码	项目名称	项目特征	计量单位	工程量计算规则	工作内容
030905001	自动报警系统装置调试	点数；线制	系统	按设计图示数量计算	系统装置调试
030905002	水灭火系统控制装置调试				
030905003	防火控制装置调试	名称；类型	个		调试

231

(续)

项目编码	项目名称	项目特征	计量单位	工程量计算规则	工作内容
030905004	气体灭火系统装置调试	试验容器规格；气体试喷	组	按调试、检验和验收所消耗的试验容器总数计算	模拟喷气试验；备用灭火器贮存容器切换操作试验；气体试喷

（4）消防系统调试清单项目说明

1）自动报警系统包括各种由探测器、报警按钮、报警控制器组成的报警系统；按不同点数以系统计算。

2）水灭火系统控制装置，是由消火栓、自动喷水灭火等组成的灭火系统装置；按不同点数以系统计算。

3）气体灭火系统装置调试，是由七氟丙烷、IG541、二氧化碳等组成的灭火系统装置；按气体灭火系统装置的瓶头阀以点计算。

4）防火控制装置联动调试，包括电动防火门、防火卷帘门、正压送风阀、排烟阀、防火控制阀等防火控制装置。

6.5.3 火灾自动报警系统预算定额说明

1. 工程量计算规则（部分）

1）点型探测器按设计图示数量计算，不分线制，不分规格、型号、安装方式与位置，以"个""对"为计量单位。探测器安装包括了探头和底座的安装及本体调试。红外光束探测器是成对使用的，在计算时一对为两只，定额中包括了探头支架安装和探测器的调试、对中。

2）各种按钮按设计图示数量，以"个"为计量单位，按照在轻质墙体和硬质墙体上安装两种方式综合考虑，执行时不得因安装方式不同而调整。

3）消防警铃、声光报警器按设计图示数量，以"个"为计量单位。

4）消防报警电话插孔（电话）安装按图示数量，以"个"为计量单位，按照在轻质墙体和硬质墙体上安装两种方式，执行时不得调整。

5）消防广播（扬声器）不分规格、型号，区分不同安装方式，以"个"为计量单位。

6）火灾报警联动一体机、火灾报警器、多线联动控制器按设计图示数量计算，区分不同点数、安装方式，以"台"为计量单位。报警联动控制设备的点数是指设备本身的容量，而与设备所连接的实际点数无关。

7）消防广播控制柜是指成套消防广播设备的成品机柜，不分规格、型号以"台"为计量单位。

8）消防电话主机按"路"数不同，以"台"为计量单位。

9）火灾报警控制微机安装包括 PC 机、彩色显示器、打印机等成套装置，以"台"为计量单位。

10）输入模块是指起到监视、报警作用或者能连接非编码探测器的模块，区分单输入和多输入两种，不分安装方式，以"个"为计量单位计算。

11）输出模块（中继器）是指起到控制作用的模块，区分单输出和多输出两种，不分安装方式，以"个"为计量单位计算。

12）输入输出模块是指能起控制作用并接收受控设备动作后的反馈信号的模块，区分单输入单输出和多输入多输出两种，不分安装方式，以"个"为计量单位计算。

2. 定额项目所包括的内容

本章（火灾自动报警系统，下同）定额内容包括点型探测器、线型探测器、按钮、消防警铃、声光报警器、空气采样型探测器、消防报警电话插孔（电话）、消防广播（扬声器）、消防专用模块（模块箱）、远程控制箱（柜）、火灾报警器、多线联动控制器、消防广播及电话主机（柜）、火灾报警控制微机、备用电源及电池主机柜、报警联动控制一体机的安装工程。

【例6-4】 已知某老年活动中心选用区域火灾报警控制系统，区域型火灾报警控制器设置在一层管理室，消防端子箱和广播端子箱位于二层楼梯口处，明装。消防系统设置专用电话、火灾探测器、手动报警器等，消防报警信号引至消防控制中心，并显示报警部位。

火灾自动报警系统工程量清单编制

在各房间和公共空间设感烟探测器，在出入口设手动报警按钮、消防电话插孔及声光报警装置。消防报警、消防电话等的线路穿SC20、SC15管沿建筑物墙、地面、顶板暗敷设。

结合火灾自动报警系统工程电缆表（表6-26）、工程图例（表6-27）、系统图（图6-21）、平面图（图6-22），试编制本例工程二层的火灾自动报警系统工程量清单并报价。

表6-26 火灾自动报警工程电缆表

序号	项目名称	项目特征	计量单位
1	—S—	报警总线	NHRVS-2×1.5SC15CC
2	—D—	电源线	NHBV-2×2.5SC20CC
3	—FH—	报警电话线	NHRVS-2×1.0 SC15FC，WC
4	—B—	消防广播线	NHRVV-3×1.5SC15CC，WC

表6-27 火灾自动报警工程图例

序号	图例	设备名称	规格型号	安装方式	单位
1	Z	区域型火灾报警控制器	600×500×240	距地1.4m暗装	台
2	F	消防端子箱	400×300×150	距地1.4m暗装	台
3	B	广播端子箱	300×200×80	距地1.4m暗装	台
4		感烟探测器		吸顶安装	个
5		报警电话		距地1.4m暗装	个
6		带电话插孔的手动报警按钮		距地1.4m暗装	个
7		声光报警器		距地2.5m安装	个

（续）

序号	图例	设备名称	规格型号	安装方式	单位
8		吸顶式扬声器		吸顶安装	个
9		水流指示器		距顶棚0.8m	个
10		消火栓启泵按钮		消火栓箱内，距地1.6m	个
11	I	输入模块		距顶棚0.8m	个
12	SI	短路隔离器		吸顶安装	个

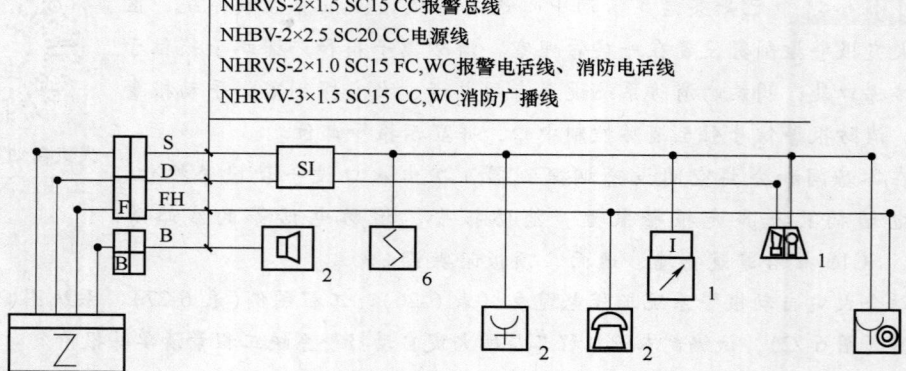

图 6-21　火灾自动报警系统图

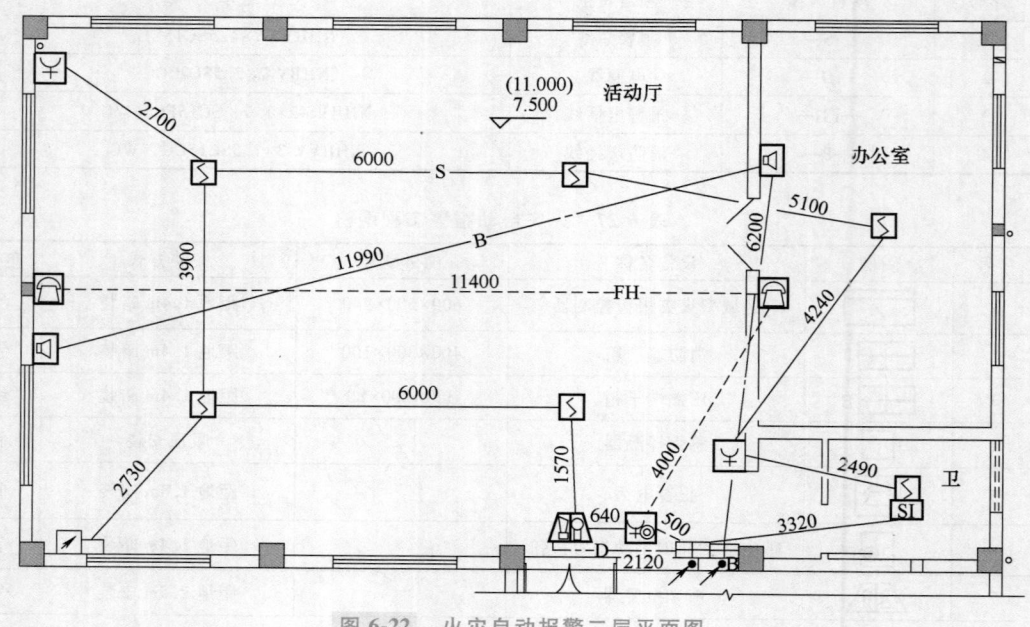

图 6-22　火灾自动报警二层平面图

解：1）根据图例和系统图可知本例工程的设备元件。

2）本例工程的4条线路，除电源线穿SC20的钢管外，其他均穿SC15的钢管，应分别列项计算工程量。

3）本工程有四条线路，应注意配线计算工程量时应考虑与箱连接时的预留长度。

由上分析，可得：

（1）火灾自动报警系统工程量计算见表6-28。

表6-28 工程量计算表

序号	名称	计量单位	工程量	计算式
1	消防端子箱	台	1	1
2	广播端子箱	台	1	1
3	短路隔离器	个	1	1
4	感烟探测器	个	6	6
5	消火栓启泵按钮	个	2	2
6	输入模块	个	1	1
7	水流指示器	个	1	1
8	手动报警按钮	个	1	1
9	声光报警器	个	1	1
10	消防电话	个	2	2
11	吸顶式扬声器	个	2	2
12	配管SC15	m	89.78	{→(3.32+2.49+4.24+5.1+6+2.7+3.9+2.73+6+1.57+0.64)+↑[(3.5-1.4-0.3)+2×(3.5-1.6)+0.8+(3.5-2.5)+(3.5-1.4)]}【S线路：48.19m】+[→(0.5+4+11.4)+↑(1.4+3×1.4)]【FH线路：21.5m】+[→(6.2-11.99)+↑(3.5-1.4-0.2)]【B线路：20.09m】
13	配管SC20	m	4.92	{→2.12+↑[(3.5-1.4-0.3)+(3.5-2.5)]}
14	S：报警总线 NHRVS-2×1.5	m	48.89	48.19+(0.4+0.3)
15	D：电源线 NHBV-2×2.5	m	11.24	2×[4.92+(0.4+0.3)]
16	FH：报警电话线 NHRVS-2×1.0	m	22.2	21.5+(0.4+0.3)
17	B：消防广播线 NHRVV-3×1.5	m	20.59	20.09+(0.3+0.2)
18	自动报警系统调试，多线制，14点	系统	1	1
19	消防广播系统调试消防扬声器、电话插孔共3只	系统	1	1

（2）火灾自动报警系统分部分项工程工程量清单见表6-29。

表6-29 分部分项工程工程量清单表

序号	项目编码	项目名称	项目特征描述	计量单位	工程量
1	030502003001	分线接线箱（盒）	1. 名称：消防端子箱 2. 规格：400×300×150 3. 安装方式：距地1.4m暗装	台	1.000
2	030502003002	分线接线箱（盒）	1. 名称：广播端子箱 2. 规格：300×200×80 3. 安装方式：距地1.4m暗装	台	1.000
3	030904008001	模块（模块箱）	名称：短路隔离器	个	1.000
4	030904001001	点型探测器	1. 名称：感烟探测器 2. 类型：吸顶式	个	6.000
5	030904003001	按钮	名称：消火栓启泵按钮	个	2.000
6	030904008002	模块（模块箱）	1. 名称：单输入模块 2. 规格：SAN1710 3. 类型：水流指示器单输入模块	个	1.000
7	030901006001	水流指示器	名称：水流指示器接线	个	1.000
8	030904003002	按钮	名称：手动报警按钮	个	1.000
9	030904005001	声光报警器	名称：声光报警器	个	1.000
10	030904014001	消防广播及对讲电话主机（柜）	1. 安装方式：距地1.4m暗装 2. 控制回路：NHRVS-2×1.0	个	2.000
11	030904007001	消防广播（扬声器）	1. 名称：消防扬声器 2. 安装方式：吸顶安装	个	2.000
12	030411001001	配管	1. 名称：焊接钢管SC15 2. 材质：焊接钢管 3. 规格：SC15	m	89.780
13	030411001002	配管	1. 名称：焊接钢管SC20 2. 材质：焊接钢管 3. 规格：SC20	m	4.920
14	030411004001	配线	1. 名称：报警总线（双绞线） 2. 规格：2×1.5 3. 型号：NHRVS	m	48.890
15	030411004002	配线	1. 名称：报警电话线（双绞线） 2. 规格：2×1.0 3. 型号：NHRVS	m	22.200
16	030411004003	配线	1. 名称：电源线 2. 规格：2×2.5 3. 型号：NHBV	m	11.240
17	030411004004	配线	1. 名称：消防广播线 2. 规格：3×1.5 3. 型号：NHRVV	m	20.590
18	030905001001	自动报警系统调试	点数：自动报警系统调试，多线制，14点	系统	1.000
19	080903021001	消防广播、消防通信、电梯调试		只	3.000

（3）本例火灾自动报警系统分部分项工程工程量清单计价（含定额）见表6-30。

表6-30 分部分项工程工程量清单计价表（含定额）

序号	项目编码	项目名称	项目特征描述	计量单位	工程量	金额（元）	
						综合单价	合计
1	030502003001	分线接线箱（盒）	1. 名称：消防端子箱 2. 规格：400×300×150 3. 安装方式：距地1.4m暗装	台	1.000	126.97	126.97
1.1	30502005	分线接线箱（盒）安装接线箱 半周长≤700mm		台	1.000	126.97	126.97
2	030502003002	分线接线箱（盒）	1. 名称：广播端子箱 2. 规格：300×200×80 3. 安装方式：距地1.4m暗装	个	1.000	126.97	126.97
2.1	30502005	分线接线箱（盒）安装接线箱 半周长≤700mm		个	1.000	126.97	126.97
3	030904008001	模块（模块箱）	名称：短路隔离器	个	1.000	77.26	77.26
3.1	30503201	现场控制设备（输入模块≤4路）		个	1.000	77.26	77.26
4	030904001001	点型探测器	1. 名称：感烟探测器 2. 类型：吸顶式	个	6.000	51.63	309.78
4.1	30904001	点型探测器安装（感烟探测器）		个	6.000	51.63	309.78
5	030904003001	按钮	名称：消火栓启泵按钮	个	2.000	263.01	526.02
5.1	30904010	按钮安装（消火栓报警按钮）		个	2.000	263.01	526.02
6	030904008002	模块（模块箱）	1. 名称：单输入模块 2. 规格：SAN1710 3. 类型：水流指示器单输入模块	个	1.000	77.26	77.26
6.1	30503201	现场控制设备（输入模块≤4路）		个	1.000	77.26	77.26
7	030901006001	水流指示器	名称：水流指示器接线	个	1.000	21.02	21.02
7.1	30904066	消防控制装置接线（水流指示器）		个	1.000	21.02	21.02

(续)

序号	项目编码	项目名称	项目特征描述	计量单位	工程量	金额（元）	
						综合单价	合计
8	030904003002	按钮	名称：手动报警按钮	个	1.000	115.05	115.05
8.1	30904009	按钮安装（火灾报警按钮）		个	1.000	115.05	115.05
9	030904005001	声光报警器	名称：声光报警器	个	1.000	161.31	161.31
9.1	30904013	消防警铃、声光报警器安装（声光报警器）		个	1.000	161.31	161.31
10	030904014001	消防广播及对讲电话主机（柜）	1. 安装方式：距地1.4m暗装 2. 控制回路：NHRVS-2×1.0	个	2.000	129.90	259.80
10.1	30904019	消防报警电话插孔（电话）安装（电话分机）		个	2.000	129.90	259.80
11	030904007001	消防广播（扬声器）	1. 名称：消防扬声器 2. 安装方式：吸顶安装	个	2.000	97.60	195.20
11.1	30904021	消防广播（扬声器）安装（扬声器吸顶式（3~5W））		个	2.000	97.60	195.20
12	030411001001	配管	1. 名称：焊接钢管SC15 2. 材质：焊接钢管 3. 规格：SC15	m	89.780	16.32	1465.21
12.1	30412034	钢管敷设（砖、混凝土结构暗配 公称直径≤15mm）		m	89.780	16.32	1465.21
13	030411001002	配管	1. 名称：焊接钢管SC20 2. 材质：焊接钢管 3. 规格：SC20	m	4.920	19.47	95.79
13.1	30412035	钢管敷设（砖、混凝土结构暗配 公称直径≤20mm）		m	4.920	19.47	95.79
14	030411004001	配线	1. 名称：报警总线（双绞线） 2. 规格：2×1.5 3. 型号：NHRVS	m	48.890	3.54	173.07
14.1	30413040T	穿多芯软导线（二芯单芯导线截面面积≤1.5mm^2）		m	48.890	3.54	173.07

（续）

序号	项目编码	项目名称	项目特征描述	计量单位	工程量	金额（元）	
						综合单价	合计
15	030411004002	配线	1. 名称：报警电话线（双绞线） 2. 规格：2×1.0 3. 型号：NHRVS	m	22.200	3.02	67.04
15.1	30413039	穿多芯软导线（二芯单芯导线截面面积≤1mm^2）		m	22.200	3.02	67.04
16	030411004003	配线	1. 名称：电源线 2. 规格：2×2.5 3. 型号：NHBV	m	11.240	3.77	42.37
16.1	30413001	穿照明线（铝芯导线截面≤2.5mm^2）		m	11.240	3.77	42.37
17	030411004004	配线	1. 名称：消防广播线 2. 规格：3×1.5 3. 型号：NHRVV	m	20.590	5.31	109.33
17.1	30413045T	穿多芯软导线（四芯单芯导线截面面积≤1.5mm^2）		m	20.590	5.31	109.33
18	030905001001	自动报警系统调试	点数：自动报警系统调试，多线制，14点	系统	1.000	2826.02	2826.02
18.1	30905001	自动报警系统调试（64点以内）		系统	1.000	2826.02	2826.02
19	080903021001	消防广播、消防通信、电梯调试		只	3.000	38.08	114.24
19.1	30905010	火灾事故广播、消防通信系统调试（广播喇叭及音箱、电话插孔）		只	3.000	38.08	114.24

（4）经过市场询价，获得表6-30中未计价材料的市场价格（不含税），见表6-31。

表6-31 未计价材料的市场价格（不含税） （单位：元）

序号	材料名称	规格	价格	序号	材料名称	规格	价格
1	焊接钢管	DN15	6.4	8	扬声器	吸顶安装	35
2	焊接钢管	DN20	8.346	9	绝缘电线	NHBV-2×2.5	1.75
3	感烟探测器	吸顶式	7.9	10	铜芯多股绝缘电线	NHRVS-2×1.5	1.72
4	火灾报警按钮	吸顶式	32.93	11	铜芯多股绝缘电线	NHRVS-2×1.0	1.34
5	消火栓报警按钮		39.53	12	铜芯多股绝缘电线	NHRVV-3×1.5	2.7
6	声光报警器		58.09	13	消防端子箱	400×300×150	48
7	消防专用电话分机		76.92	14	广播端子箱	300×200×80	28

复习题

1. 简答题

(1) 建筑智能化系统由哪三个系统组成?

(2) 简述报警联动控制设备的点数的含义。

(3) 请写出五个火灾报警系统中常见的设备或元件名称。

2. 计算题

(1) 已知某计算机及网络系统配有 4 台应用系统服务器;2 台 96 芯 LC 光纤配线架;1 台内网总配线机柜;内网核心交换机 2 台;防火墙 1 台;路由器 1 台。其他不计,要求对计算机及网络系统联调及试运行。试列出此计算机及网络系统分部分项工程工程量清单。

(2) 已知某老年活动中心的综合布线系统工程,请结合设备材料表(表 6-32)、系统图(图 6-23)及二、三层和四层平面图(图 6-24、图 6-25),试编制电话、有线电视系统工程量清单并报价。

表 6-32 某老年活动中心电话、有线电视和网络系统设备材料表

序号	名称	型号及规格	单位	数量	图例	安装高度	备注
1	有线电视前端箱	4200×4900×200	台	见预算	VH	距地 0.5m	楼梯间明装
2	有线电视接线盒(接线箱)	200×100×100	台	见预算	▭	距地 0.3m	挂墙明装
3	电视出线盒	HD86DS	个	见预算		距地 0.3m	明装
4	电视插座		个	见预算			
5	分配器	分配器	个	见预算			
6	放大器	线路放大器	个	见预算	▷		
7	分支器	二分支器	个	见预算			
8	射频电缆	SDVC-75-9-5	m	见预算			
9	射频电缆	SDVC-75-7-5 SDVC-75-5-5	m	见预算			
10	电话交接箱	STO-10(400×300×200)	个	见预算		距地 0.5m	竖井内挂墙明装
11	电话分线盒	200×100×100	个	见预算		距地 0.5m	竖井内挂墙明装
12	电话出线盒	HD86DH	个	见预算	TP	距地 0.3m	明装
13	电话干线	HYA-n×(2×0.5)	m	见预算			竖井内明敷
14	电话支线	HBYJ-2×0.5	m	见预算			沿地暗敷
15	热镀锌钢管	SC15-150 系列	m	见预算			干管
16	中型阻燃 PVC 管	PVC16-63 系列	m	见预算			水平管

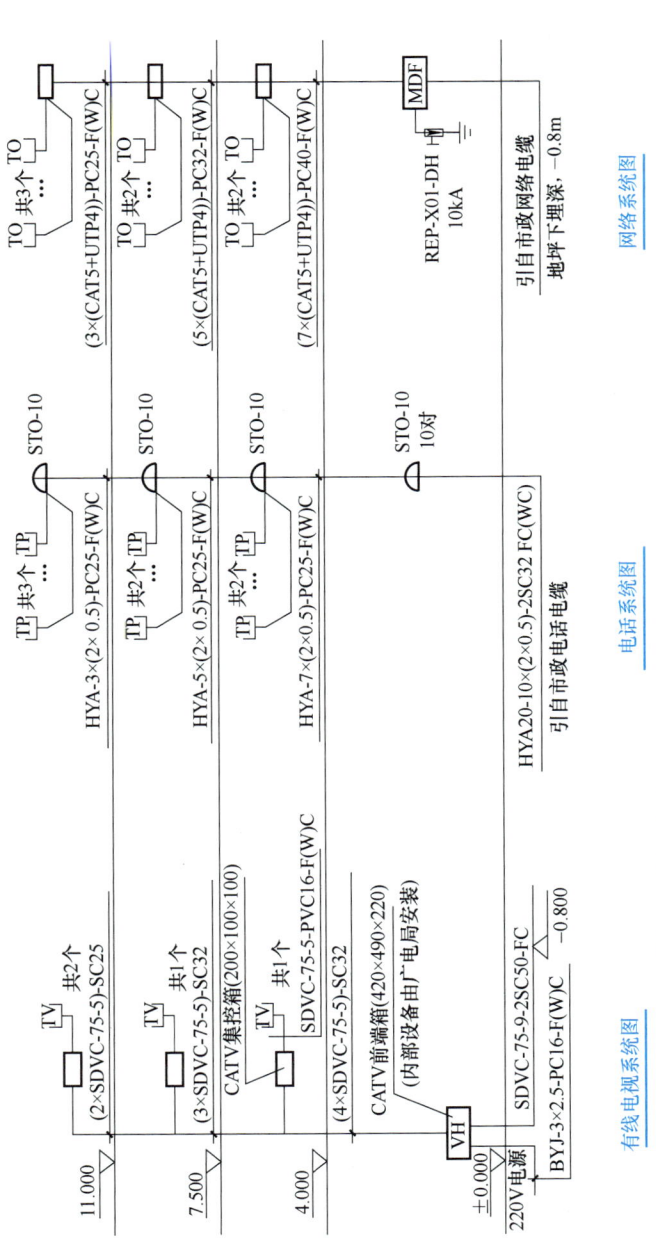

图 6-23 某老年活动中心电话、有线电视和网络系统图

注：CATV 系统仅预埋管线，系统由广电部门安装调试。

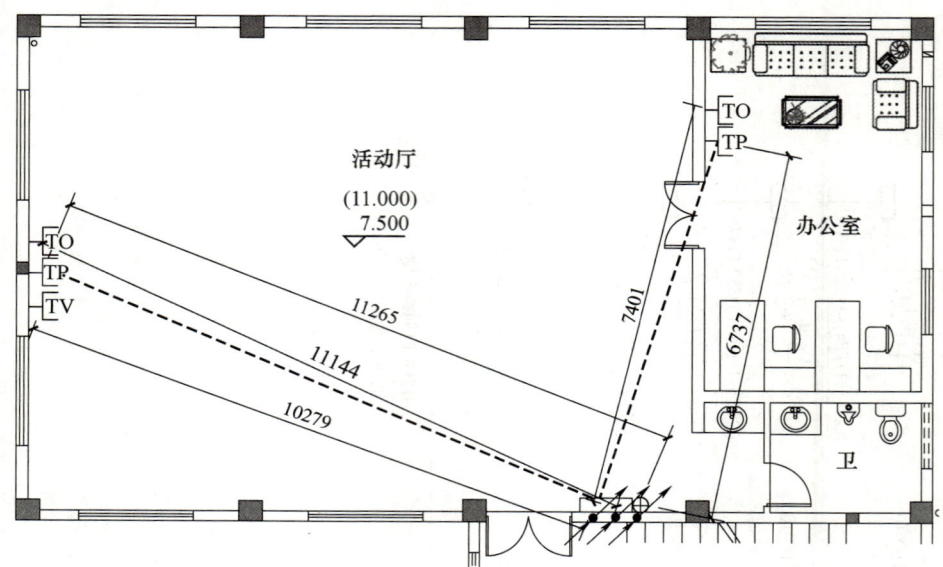

图 6-24 某老年活动中心电话、有线电视和网络系统二、三层平面图

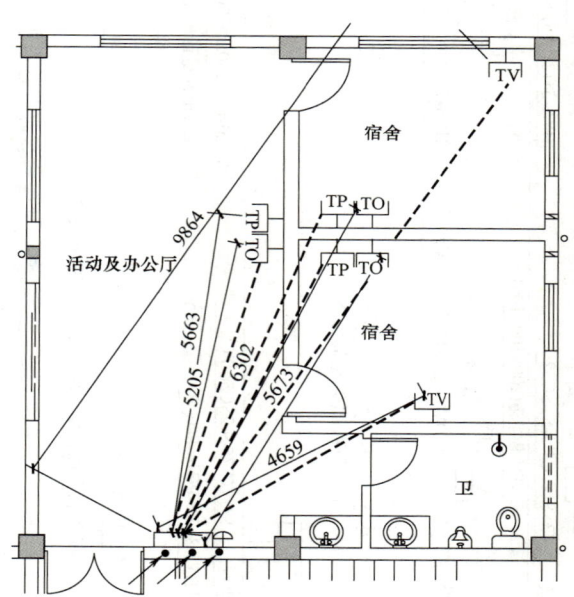

图 6-25 某老年活动中心电话、有线电视和网络系统四层平面图

（3）已知某老年活动中心的火灾自动报警系统工程，请结合工程图例（表 6-27）、系统图（图 6-21）及三层平面图（图 6-26），试编制本例工程三层的火灾自动报警系统工程量清单并报价。

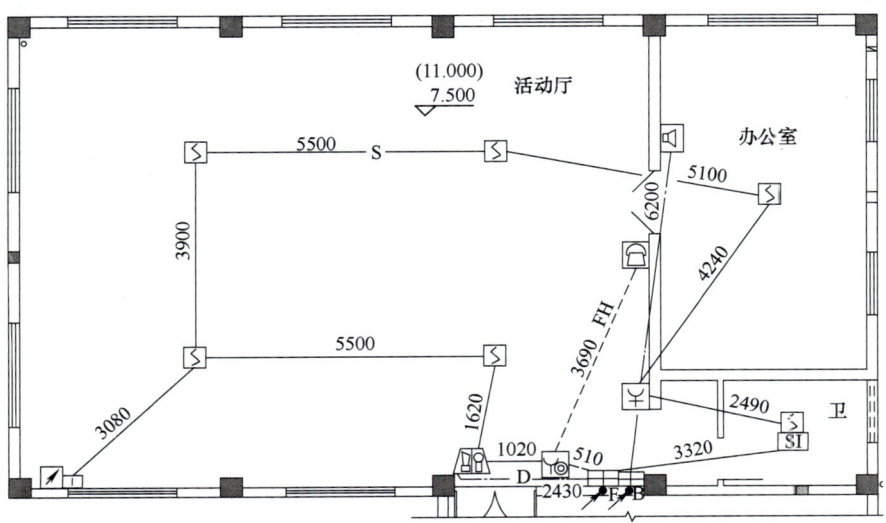

图 6-26 火灾自动报警系统三层平面图

第 7 章

工程计价软件的应用

内容简介

本章主要以晨曦计价软件为例介绍工程计价软件的应用，主要包括工程计价软件功能特点、工程计价软件的基本流程及计价软件定额换算操作实例。选取本书第 1~6 章相关教学案例展开说明，帮助读者能进一步提升理论及软件的综合应用能力。

7.1 工程计价软件的功能特点

工程计价工作是一项相对复杂的计算过程，近年来运用工程计价软件完成计价程序可以显著地提高作业的效率。20 世纪 90 年代以来，工程造价管理软件得以广泛采用，成为工程计价的有效工具。

工程计价软件是在工程预结算中进行清单编制、定额套用、工料分析、造价汇总和项目管理等工作的一种应用软件。工程计价软件的种类比较多，目前主要有广联达、晨曦和海迈等品牌。由于目前国内各地区采用的定额不同，工程计价软件的应用有很大的地区性和行业性的差异。各类工程计价软件在各地的应用一般要进行本地化开发，要挂接当地现行的计价定额、信息价格或市场价格，并按当地建设行政主管部门规定的程序进行运算，但基本操作原理都是相同的。工程计价软件可以参照当地建设行政主管部门发布的工料机价格信息及同期市场价格，直接计算出直接工程费，再按规定的计算方法计算措施费、其他项目费、管理费、利润、规费、税金，汇总确定建筑安装工程造价。

工程计价软件的功能设置与实操习惯相结合可简化软件操作，以晨曦工程计价软件为例，其功能特点主要体现在以下几个方面：

1. 建设工程造价的分级管理

工程造价编制的对象一般为建设项目或单项工程，一个单项工程由若干个单位工程组成，其中单位工程是编制工程造价的基本单位。工程计价软件从编制单位工程预算造价入

第 7 章 工程计价软件的应用

手,按照规定的程序在计算单位工程造价基础上逐级计算并汇总出单项工程造价和建设项目造价,对项目进行新建、查询、选择、修改、保存、密码设置、删除、复制、备份、恢复等操作。

2. 进行清单计价和定额计价

在计价软件中输入计价定额编号或工程量清单编号,可直接调用清单及定额子目,实现工程量自动套算定额价或清单价。也可在"清单导航"及"定额导航"选项卡中根据清单及定额章节顺序,选择清单及定额子目;同时,根据项目特征,还可对所选的清单及定额子目进行换算、按附注调整等子目处理,对已存入计价系统管理内的定额库进行查询、修改、调整、换算和补充等管理操作。定额换算包括基本系数换算、定额叠加、肯定换算、混凝土强度换算、砂浆强度换算和增加费换算等。

3. 汇总要素工程量调整价差

在完成清单计价和定额计价基础上,工程计价软件能够自动汇总工料机三要素工程量,并通过设置各地区信息价根据信息价和定额基价之间的差异自动调整要素价格,此外还可以通过输入工料机的市场价格自动实现三个要素的价差调整。

4. 根据工程实际合理取费

全国各地的工程预算定额和计价方法不同,其取费定额也不同,各种工程计价软件均能根据各地不同计价定额提供当地所有工程类型的取费模板,以便使用者在使用计价软件时可以通过设置取费条件,在取费表中根据工程造价编制的目的合理定义取费项目,根据工程项目的实际情况对费率进行修正。系统根据设置的取费条件,自动完成管理费、利润、措施费、规费和税金等税费的计取,进而自动完成工程造价的计算。

5. 工程项目计价报表的输出

工程项目计价报表是工程造价编制的最终结果和表现形式,主要包括工程项目造价汇总表、单位工程造价汇总表、分部分项工程清单计价表、分部分项工程清单综合单价分析计算表、措施项目清单与计价表、主要材料项目与价格表、规费税金项目清单与计价表等。工程计价软件可根据使用者的需要设计封面、编制说明及输出各种式样的报表,有的计价软件还可以根据需要设计不同的报表格式。此外,工程计价软件还可以根据需求进行项目进度管理和结算审核管理。

7.2　工程计价软件的基本操作流程

不同品牌的工程计价软件都有相似的操作流程和类似的操作界面,以晨曦工程计价软件为例,其操作流程为新建工程文件→编制工程概况→计价依据设置→编制说明→取费设置→分部分项设置→单价措施设置→总价措施费设置→其他费设置→材料汇总→造价汇总→打印→造价指标分析等,具体如图7-1所示。

7.2.1　新建工程项目

根据工程属性选择相应的专业,进入新建工程页面,如图7-2所示。

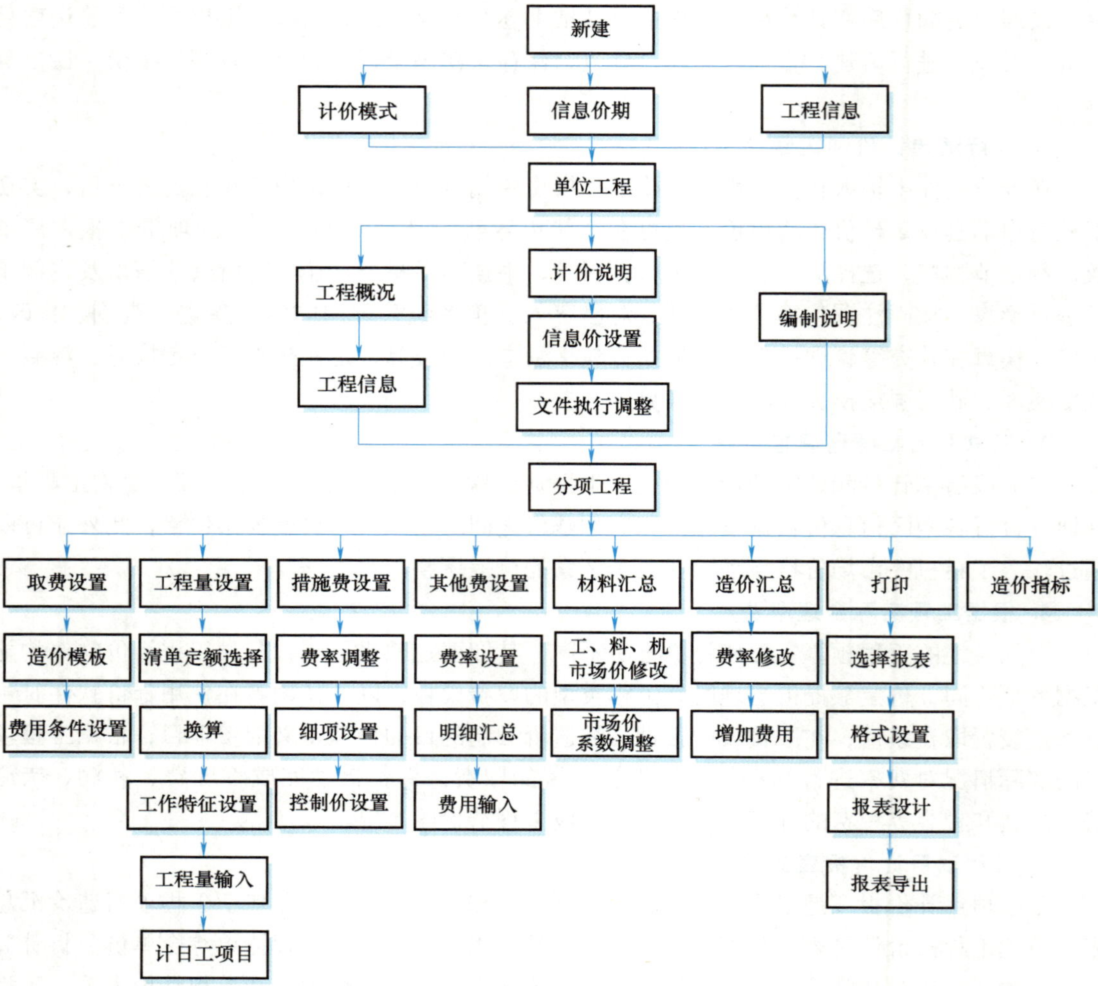

安装工程计量与计价

```
                    新建
                     │
      ┌──────────────┼──────────────┐
      ▼              ▼              ▼
   计价模式       信息价期        工程信息
                     │
                     ▼
                  单位工程
                     │
      ┌──────────────┼──────────────┐
      ▼              ▼              ▼
   工程概况       计价说明       编制说明
                     │
   工程信息       信息价设置
                     │
                 文件执行调整
                     │
                     ▼
                  分项工程
```

取费设置	工程量设置	措施费设置	其他费设置	材料汇总	造价汇总	打印	造价指标
造价模板	清单定额选择	费率调整	费率设置	工、料、机市场价修改	费率修改	选择报表	
费用条件设置	换算	细项设置	明细汇总	市场价系数调整	增加费用	格式设置	
	工作特征设置	控制价设置	费用输入			报表设计	
	工程量输入					报表导出	
	计日工项目						

图 7-1　晨曦工程计价软件操作流程

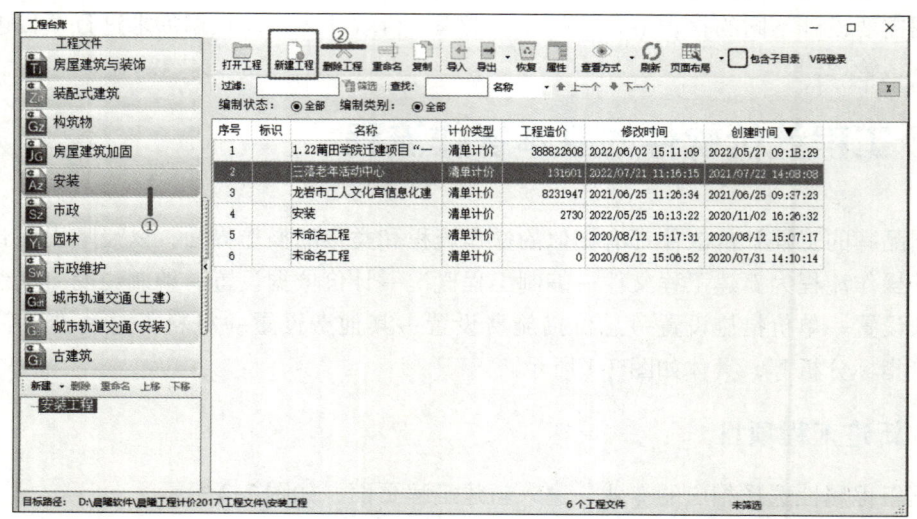

图 7-2　工程计价软件新建工程页面

1）专业性质：根据工程属性选择【安装】专业新建项目。
2）工程列表：单击【新建工程】后，进入"新建工程"属性编辑页面。
3）工程名称：在工程名称栏目内填入所编制的项目名称"案例工程"。
4）清单规范：选择 2013 版清单。
5）信息价：选择福州 2022 年 4 月材料综合价格及对应机械台班。
6）确定新建：单击<确定新建>完成项目新建操作，如图 7-3 所示。

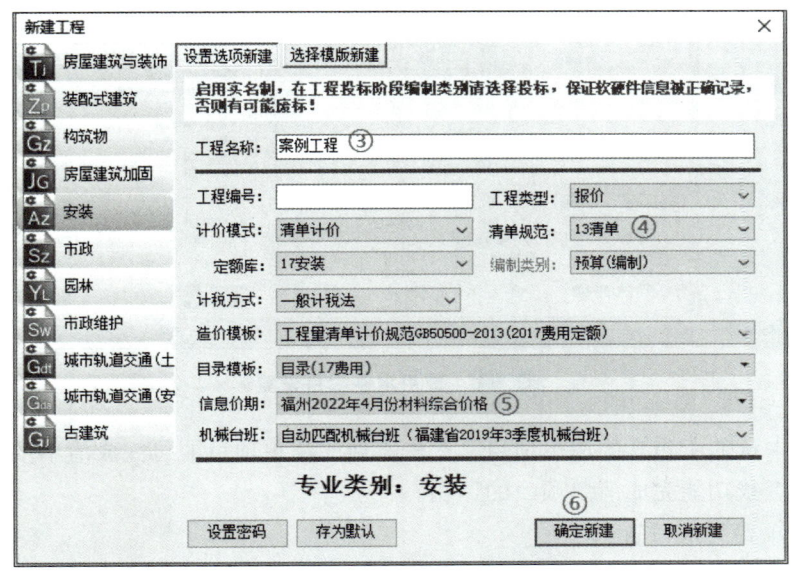

图 7-3　新建项目计价模式选项

7.2.2　费用定额栏目设置

在工程计价软件"取费设置"选项卡内，可以根据工程的实际情况选择所需要的造价模板和有关规定，设置费用定额栏目各项费用费率。一般系统默认的费率为根据地方计价依据文件确认的费率，用户可以根据工程造价编制的目标、工程实际情况和相关资料进行适当调整。在后期进行造价计算时，工程计价软件自动根据设置的费率进行计算，如图 7-4 所示。当默认的综合单价计算程序不能满足实际需要时，也可以自行修改综合单价计算程序来完成计算。

7.2.3　清单和定额项目的调用

1. 清单项目的调用

（1）直接输入

在"项目编号"中直接输入清单编号，如 030408003，软件自动根据清单编码自动调用出该清单项目名称、单位、工作特征和清单指引等相关信息。

（2）导航调用

在【属性编辑区】选择"清单导航"进入清单项目选择页面，选择相应章节，清单列

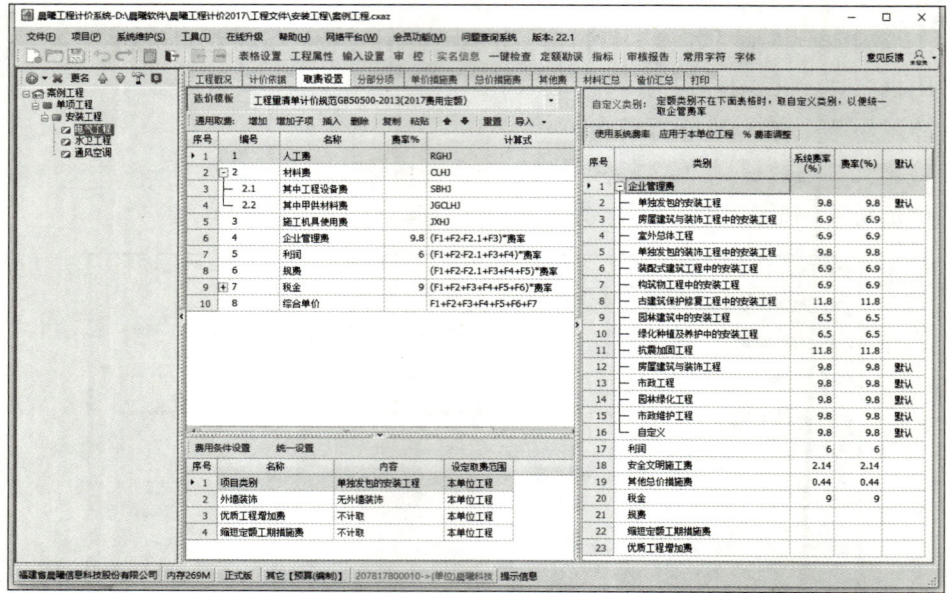

图 7-4　费用定额栏目设置

表中会显示出本章节所包含的清单项目，双击需要的清单项目即可完成清单项目的调用。此外还可以通过查找功能完成清单项目的调用。

（3）清单项目特征设置

1）列表特征。软件根据《通用安装工程工程量计算规范》（GB 50586—2013）列出清单项目所对应的特征项目，并提供了常用的特征描述；用户可以在特征描述下拉菜单选择需要的特征描述，也可以直接在特征描述处输入所需要的内容。

2）文本特征。文本特征一种纯文本的特征编辑模式，当需要从其他文档中复制多条项目特征时，采用文本特征可以提高工作效率。

2. 定额项目的调用

1）在【分部分项】界面中选择一条清单项目后，单击属性编辑区的"清单指引"，在左边选择"工作内容"，右边就会列出该工作内容所对应的定额项目，双击需要的定额项目即可完成该定额的调用。

2）直接输入。在清单项目下一行输入定额编码，如 30412028，软件自动根据定额编码调用出定额名称、单位、消耗量组成等定额信息。

3）导航调用。在【属性编辑区】选择"定额导航"选项卡进入定额选择界面，选择所需章节后，定额项目列表会显示出该章节所包含的定额项目，双击需要的定额项目即可完成定额项目的调用，也可以通过查找完成定额项目的调用。

7.2.4　工程量的输入

1）直接输入。在【分部分项】界面的"工程量"列可以直接输入需要的数值。

2）通过计算式输入。目前晨曦计价软件内储存有常用的工程量计算式。

第 7 章 工程计价软件的应用

单击【分部分项】界面工具栏中的"计算式",便可输入工程量的详细计算式,系统自动将计算结果更新到工程量中。

7.2.5 定额换算

定额换算包括基本换算、肯定换算、智能叠加换算、混凝土/砂浆换算、换算恢复、增加费换算、总价措施费调整和其他费用调整等内容。

7.2.6 数据输出

工程编辑完成后,可以单击<打印>进入到报表打印界面完成报表数据打印输出(图 7-5)。根据工程造价文件编制的目选择所需要的报表类型,单击"Excel"选择表格储存的路径后,即可完成工程造价文件数据输出。

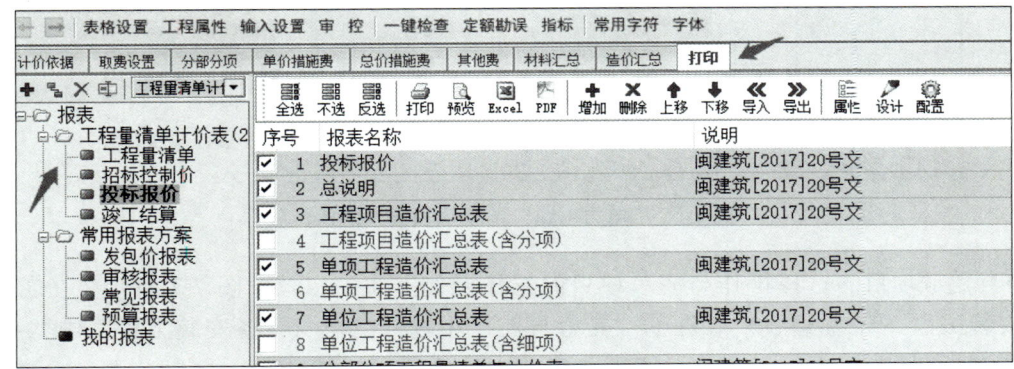

图 7-5 工程造价报表的选择与输出

7.3 工程计价软件定额换算操作

在完成清单工程量和定额工程量的计算并完成项目计价设置之后,可以利用工程计价软件进行计价操作。下面结合第 2~6 章部分例题,利用晨曦工程计价软件对例题中案例工程完成的清单与定额工程量进行计价。

7.3.1 材料价格输入

根据【例 2-2】可知:成套配电箱(含浪涌保护器)的不含税价为 2854 元;铜芯聚氯乙烯绝缘聚氯乙烯护套电力电缆(YJV-0.6/1kV-4×16)的不含税价为 40.01 元。根据题意计算电力电缆的清单及定额工程量为 5.433m、配电箱 1 台。运用晨曦计价软件编制其工程量清单并报价的步骤如下:

1) 单击【分部分项】,进行项目清单定额的套用及其工程量输入。如图 7-6 所示,根据单位工程的分类,将混凝土工程量归类至【电气工程】。

2) 在计价软件"清单导航",选择"13 安装工程(2017 福建版)"中的"电气设备安装工程"选项,选择"电缆安装",在③处双击所选的清单编码为"030408001 电力电缆"项目,即可完成清单项目设置的操作(图7-6)。

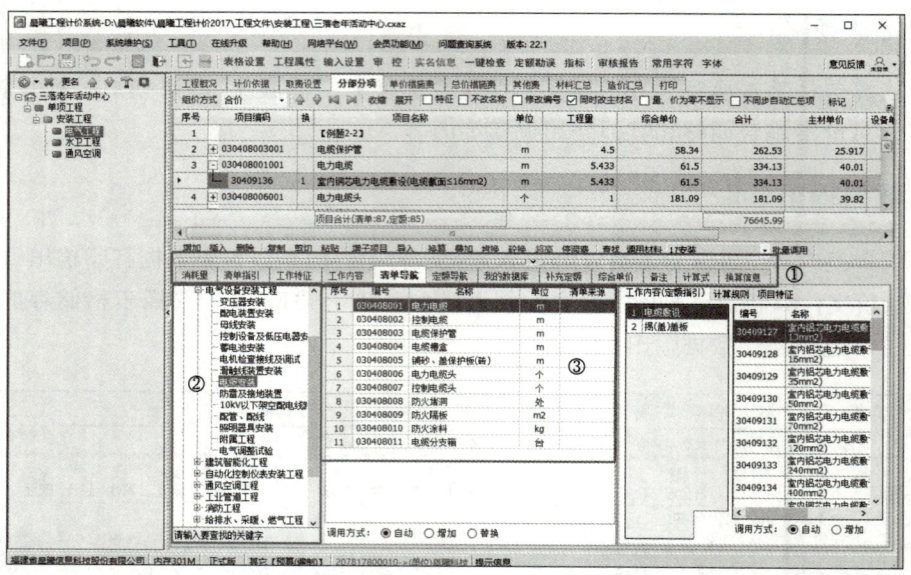

图7-6 "电力电缆"清单项目设置的操作

3)定额项目的选择操作与清单项目的选择操作方式一致。如图7-7所示,在①选择"13 安装工程(17 福建版)",在②"定额导航"中选择"电气设备安装工程"中"4.9.4 电力电缆敷设",根据编制要求,双击选择③中编号为"30409136 室内铜芯电力电缆敷设(电缆截面≤16mm^2)"定额,完成定额项目设置。

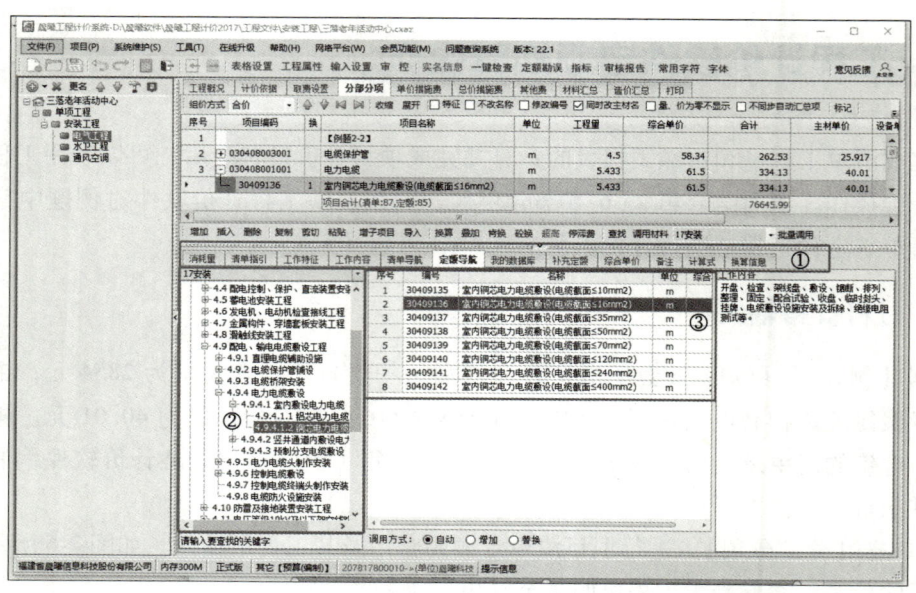

图7-7 "电力电缆"定额项目设置的操作

双击选择该定额后，会出现如图 7-8 所示的操作向导。

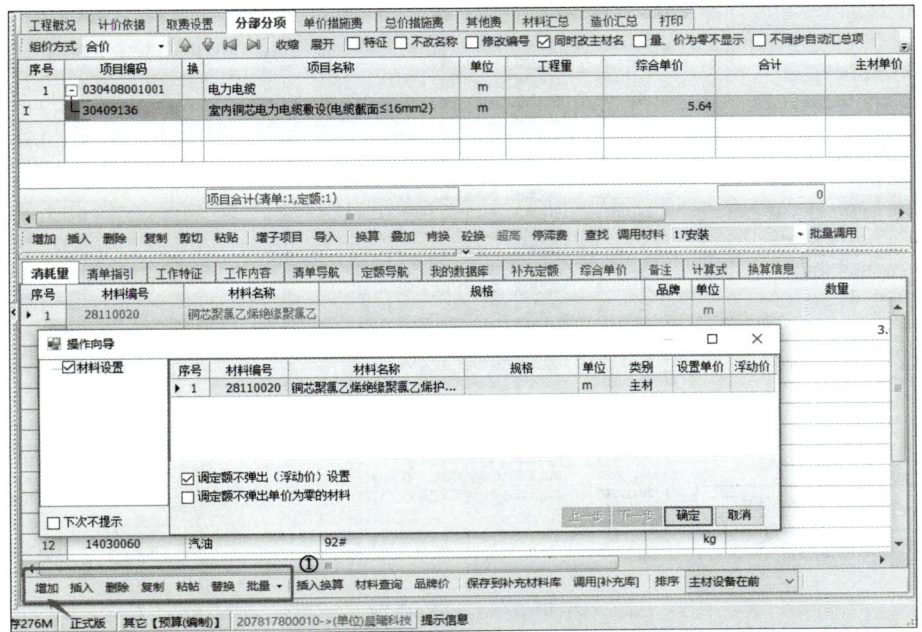

图 7-8 "电力电缆"定额消耗量表

4）定额消耗量分析。根据图 7-8 所示可知，定额"30409136 室内铜芯电力电缆敷设（电缆截面≤16mm^2）"中未提供材料"铜芯聚氯乙烯绝缘聚氯乙烯护套电力电缆"的价格，因此，在实际组价操作中，调用定额后应重点分析该定额的组成，检查该定额消耗量组成是否满足实际项目要求，并检查各消耗量单价是否齐全。

本题根据项目要求，使用的电力电缆规格为 YJV-0.6/1kV-4×16 铜芯聚氯乙烯绝缘聚氯乙烯护套电力电缆，而定额本身所含的"铜芯聚氯乙烯绝缘聚氯乙烯护套电力电缆"未注明规格及对应材料单价，因此并不符合项目要求。

5）材料价格输入。用户有多种方式查询材料价格，首先用户可直接在软件信息价库中查询，具体操作如下：单击图 7-8 中①"增加"，进入"材料查询"页面，在图 7-9 中②处，输入关键字，系统可将符合关键字要求的材料在页面中显示，用户只需要根据材料的名称及规格，点选符合要求的即可。

根据上述操作，可知系统的"材料查询"中，未找到符合要求的材料及对应材料单价，因此，单击<取消>退出操作。

经过市场询价得到 YJV-0.6/1kV-4×16 铜芯聚氯乙烯绝缘聚氯乙烯护套电力电缆的价格有两种：①不含税价为 40.01 元/m；②含税价为 45.21 元/m。

退出"材料查询"后，在定额消耗量对应的"材料单价"中输入市场所询的不含税价"40.01"，即可直接更改材料单价，如图 7-10 所示。

在"更改材料单价设定"操作中，用户应根据实际情况设置<仅在本单项目中单独使用>或者<在本工程所有项目中使用>。

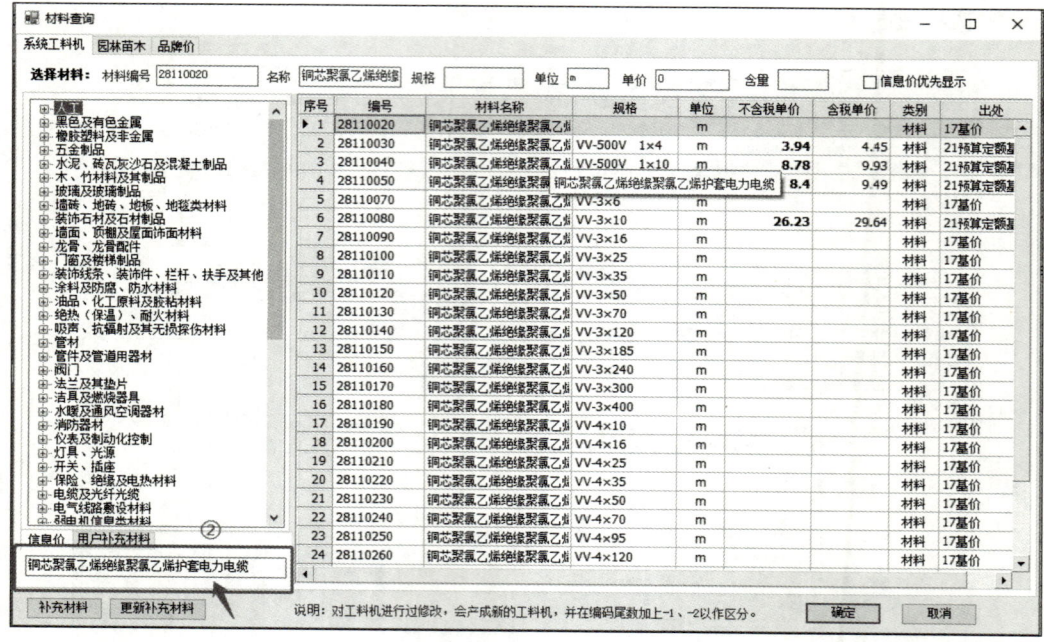

图 7-9　材料查询

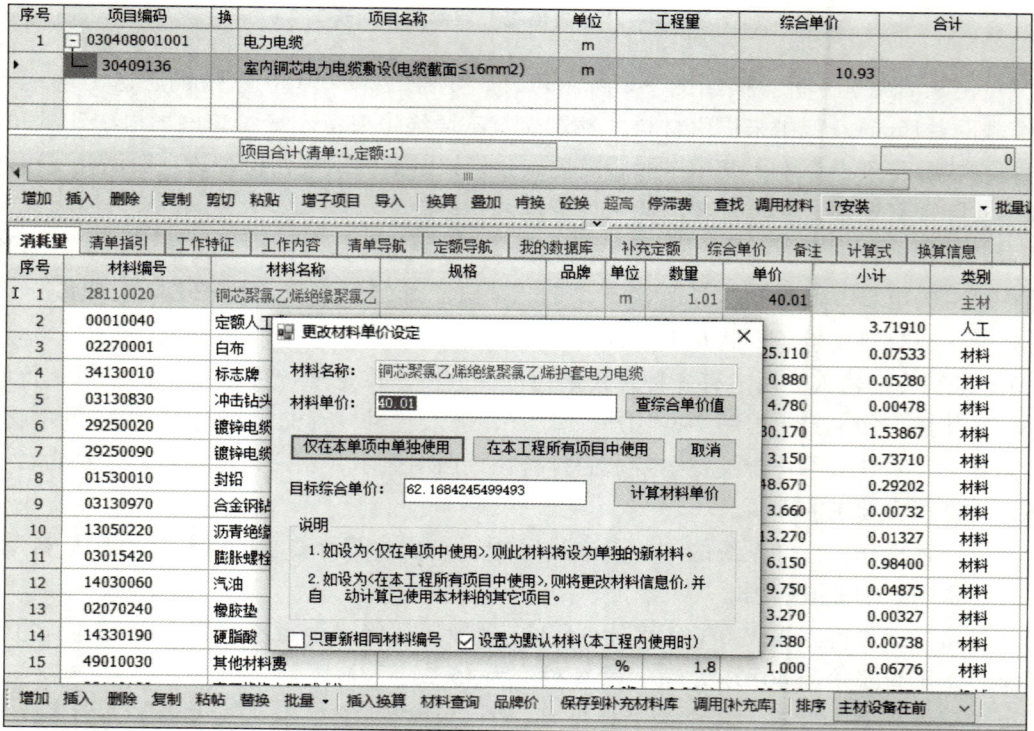

图 7-10　更改材料单价

<仅在本单项目中单独使用>是指仅在本定额子目中单独使用，不影响其他定额子目。

<在本工程所有项目中使用>是指在整个项目中，凡有涉及该材料，均按照所填入的材料价格执行。

根据上述操作，即可完成该清单组价，如图 7-11 所示。

3	030408001001		电力电缆	m	5.433	61.5	334.13	40.01
	30409136	1	室内铜芯电力电缆敷设(电缆截面≤16mm2)	m	5.433	61.5	334.13	40.01
			项目合计(清单:87,定额:85)				76645.99	

增加　插入　删除　复制　剪切　粘贴　增子项目　导入　换算　叠加　肯换　砼换　超高　停滞费　查找　调用材料　17安装　批量调用

消耗量　清单指引　工作特征　工作内容　清单导航　定额导航　我的数据库　补充定额　综合单价　备注　计算式　换算信息

序号	材料编号	材料名称	规格	品牌	单位	数量	单价	小计	类别
1	28110020-2	铜芯聚氯乙烯绝缘聚氯乙烯护套电力电缆	YJV-0.6/1KV-4×16		m	1.01	40.010	40.41010	主材
2	00010040	定额人工费			元	3.08*1.1293		3.47824	人工
3	02270001	白布			kg	0.003	25.110	0.07533	材料
4	34130010	标志牌	塑料扁形		个	0.06	0.880	0.05280	材料
5	03130830	冲击钻头	Φ8		个	0.001	4.780	0.00478	材料
6	29250020	镀锌电缆吊挂	3.0×50		套	0.051	30.170	1.53867	材料
7	29250090	镀锌电缆卡子	2×35		套	0.234	3.150	0.73710	材料
8	01530010	封铅	含铅65% 锡35%		kg	0.006	48.670	0.29202	材料
9	03130970	合金钢钻头	Φ10		个	0.002	3.660	0.00732	材料
10	13050220	沥青绝缘漆			kg	0.001	13.270	0.01327	材料
11	03015420	膨胀螺栓	M6		个	0.16	6.150	0.98400	材料
12	14030060	汽油	92#		kg	0.005	9.750	0.04875	材料
13	02070240	橡胶垫	δ2		m2	0.001	3.270	0.00327	材料
14	14330190	硬脂酸	一级		kg	0.001	7.380	0.00738	材料
15	49010030	其他材料费			%	1.8	1.000	0.06776	材料
16	98110100	高压绝缘电阻测试仪			台班	0.0014	39.840	0.05578	机械
17	99090310	汽车式起重机	提升质量8t		台班	0.0007	621.620	0.43513	机械
18	99070520	载货汽车	装载质量5t		台班	0.0007	384.650	0.26926	机械

图 7-11　组价结果

其他材料价格的输入同上述操作。

7.3.2　定额消耗量分析

根据【例 3-3】可知：卫生间 A 卫生器具的工程量：洗脸盆 1 组，壁挂式小便器 1 组，连体式坐便器 1 组。运用晨曦计价软件编制其工程量清单并报价的步骤如下：

第一步根据上述步骤正确调用卫生器具洗脸盆的清单及定额子目，如图 7-12 所示。

2	031004003001	洗脸盆	组	1	154.05	154.05
	31006012	洗脸盆(挂墙式 组成安装 单嘴)	组	1	154.05	154.05
		项目合计(清单:2,定额:2)				154.05

增加　插入　删除　复制　剪切　粘贴　增子项目　导入　换算　叠加　肯换　砼换　超高　停滞费　查找　调用材料　17安装　批量调用

消耗量　清单指引　工作特征　工作内容　清单导航　定额导航　我的数据库　补充定额　综合单价　备注　计算式　换算信息

序号	材料编号	材料名称	规格	品牌	单位	数量	单价	小计	类别	供应方式
1	03070660	长颈水嘴	DN15		个	1.01			主材	
2	18031880	螺纹管件	DN15		个	1.01			主材	
3	21090001	洗脸盆			个	1.01	55.210	55.76210	主材	
4	03070930	洗脸盆排水附件			套	1.01			主材	
5	00010040	定额人工费			元	1*1.2075		47.22533	人工	
6	03130810	冲击钻头	Φ8~16		个	0.066	7.430	0.49038	材料	
7	34110030	电			kW·h	0.096	0.660	0.06336	材料	
8	13350560	防水密封胶			kg	0.15	10.070	1.51050	材料	
9	02130050	聚四氟乙烯生料带	宽20		m	2.72	0.110	0.29920	材料	
10	03131110	锯条	综合		根	0.1	0.440	0.04400	材料	
11	03015360	膨胀螺栓	M6-12×50-120		套	6.18	1.680	10.38240	材料	
12	34110080	水			m3	0.02	3.280	0.06560	材料	
13	21310080	洗脸盆托架			副	1.01	5.000	5.05000	材料	
14	49010030	其他材料费			%	3	1.000	0.53716	材料	

图 7-12　洗脸盆清单定额子目（调整前）

根据图 7-12 可知，系统中定额"31006012 洗脸盆（挂墙式 组成安装 单嘴）"消耗量的主材包括长颈水嘴、螺纹管件、洗脸盆、洗脸盆排水附件，且上述主材的单价为空。

由此可知，定额消耗量并不是按照成品洗脸盆编制的。但是根据工程项目的实际，业主提供的卫生洁具材料价格或者市场咨询的价格，多为成品价格，因此在实际项目组价操作中要特别注意此类问题。结合市场咨询可知洗脸盆（含配套龙头、角阀、金属软管、下水器等附件）的市场价格（不含税）为 435.0 元/个。

下一步，删除长颈水嘴、螺纹管件、洗脸盆排水附件三项主材后补充成品洗脸盆的价格信息（其余消耗量信息保持不变）即可完成本例工程洗脸盆工程量清单及定额组价，结果如图 7-13 所示。

图 7-13　洗脸盆清单定额子目（调整后）

7.3.3　执行脚手架搭拆费及超高增加费

根据《福建省通用安装工程预算定额（2017版）》中《第四册　电气设备安装工程》册说明的以下表述进行操作：

1）脚手架搭拆费按定额人工费（不包括本册定额第十七章"电气设备调试工程"中人工费，不包括装饰灯具安装工程中人工费）5%计算，其费用中人工费占 35%。电压等级小于或等于 10kV 架空输电线路工程，不单独计算脚手架费用。

2）建筑物超高增加费：指在建筑物层数大于 6 层或建筑物高度大于 20m 的工业与民用建筑物上进行安装时，按表 7-1 计算，建筑物超高增加的费用，其费用中人工费占 65%。

表 7-1　超高系数表

建筑物高度/m	≤40	≤60	≤80	≤100	≤120	≤140	≤160	≤180	≤200
建筑层数/层	≤12	≤18	≤24	≤30	≤36	≤42	≤48	≤54	≤60
按人工费的百分比（%）	2	5	9	14	20	38	38	38	44

以楼地面为基准面计算操作高度的，包括《第四册　电气设备安装工程》《第五册　建筑智能化工程》《第六册　自动化控制仪表安装工程》《第七册　通风空调工程》《第九

第7章 工程计价软件的应用

册 消防工程》《第十册 给排水、采暖、燃气工程》等六册定额。

根据编制要求，本项目应执行的脚手架搭拆费及建筑物超高增加费，在软件中的操作步骤介绍如下：

单击图7-14中①【条件】，进入费用执行设置的界面，如图7-15所示，在②处根据项目编制条件要求，勾选所要执行的费用，如本项目中勾选执行"BJ-4 电气设备安装工程脚手架搭拆费"及"BG-401 电气设备超高增加费 建筑层数≤12层 檐高≤40m"，再单击③<执行换算>，最后单击<关闭>即可完成操作，结果如图7-16、图7-17所示。

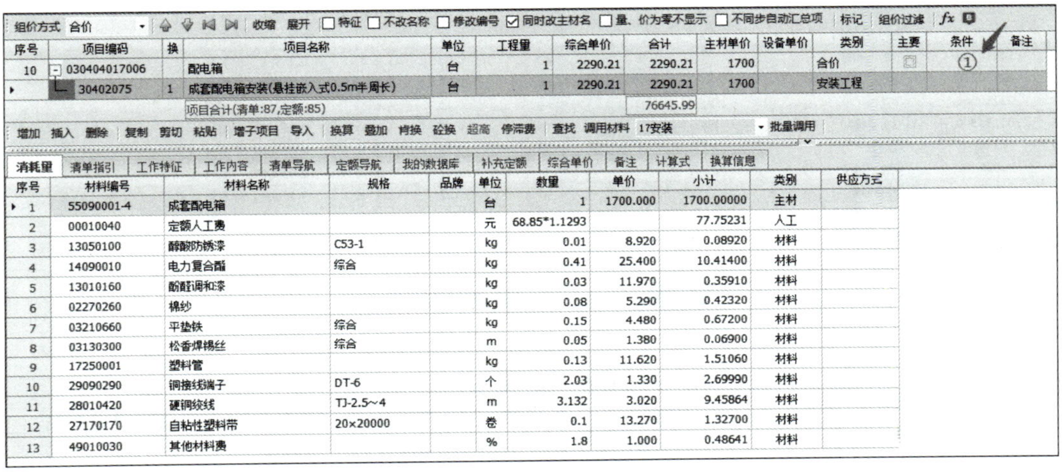

图 7-14 配电箱分部分项清单

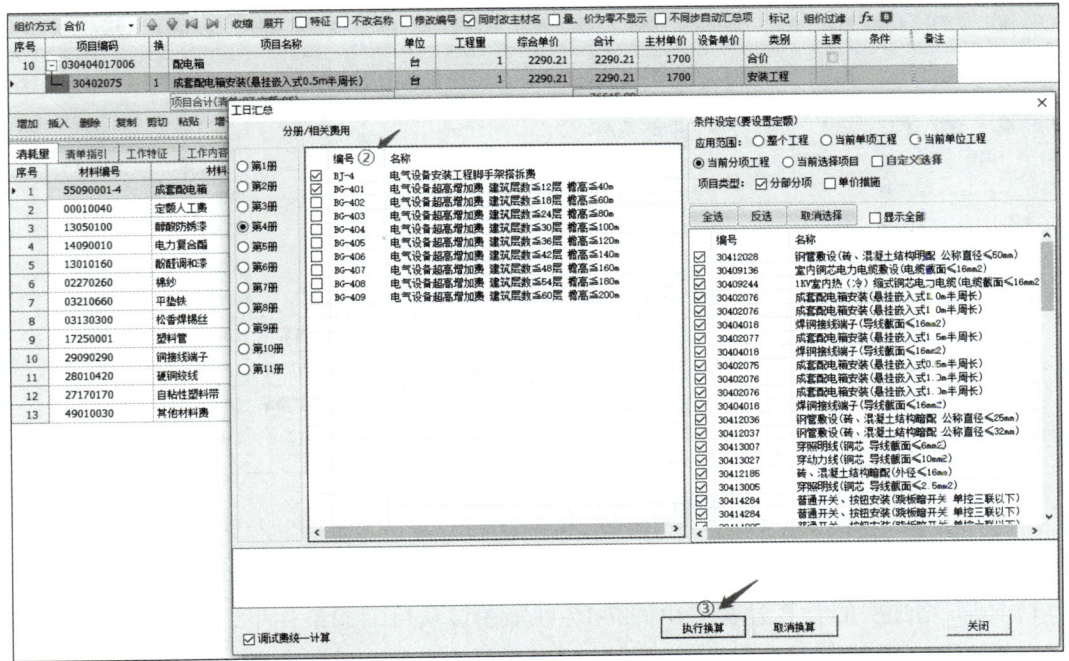

图 7-15 费用执行

组价方式 合价 收缩 展开 特征 不改名称 修改编号 同时改主材名 量、价为零不显示 不同步自动汇总项 标记 组价过滤

序号	项目编码	换	项目名称	单位	工程量	综合单价	合计	主材单价	设备单价	类别	主要	条件
10	030404017006		配电箱	台	1	2292.2	2292.2	1700		合价		
	30402075	1	成套配电箱安装(悬挂嵌入式0.5m半周长)	台	1	2290.21	2290.21	1700		安装工程		BJ-4;BG-401
	BG-401		电气设备超高增加费 建筑层数≤12层 檐高≤40m	元	1.5550462	1.28	1.99			自定义		自动汇总

项目合计(清单:87,定额:155) 76961.6

增加 插入 删除 复制 剪切 粘贴 增子项目 导入 换算 叠加 肯换 砼换 超高 停滞费 查找 调用材料 17安装 批量调用

消耗量 清单指引 工作特征 工作内容 清单导航 定额导航 我的数据库 补充定额 综合单价 备注 计算式 换算信息

序号	材料编号	材料名称	规格	品牌	单位	数量	单价	小计	类别	供应方式
1	55090001-4	成套配电箱			台	1	1700.000	1700.00000	主材	
2	00010040	定额人工费			元	68.85*1.1293		77.75231	人工	
3	13050100	醇酸防锈漆	C53-1		kg	0.01	8.920	0.08920	材料	
4	14090010	电力复合酯	综合		kg	0.41	25.400	10.41400	材料	
5	13010160	酚醛调和漆			kg	0.03	11.970	0.35910	材料	
6	02270260	棉纱			kg	0.08	5.290	0.42320	材料	
7	03210660	平垫铁	综合		kg	0.15	4.480	0.67200	材料	
8	03130300	松香焊锡丝	综合		m	0.05	1.380	0.06900	材料	
9	17250001	塑料管			kg	0.13	11.620	1.51060	材料	
10	29090290	铜接线端子	DT-6		个	2.03	1.330	2.69990	材料	
11	28010420	硬铜绞线	TJ-2.5~4		m	3.132	3.020	9.45864	材料	
12	27170170	自粘性塑料带	20×20000		卷	0.1	13.270	1.32700	材料	
13	49010030	其他材料费			%	1.8	1.000	0.48641	材料	

图 7-16　超高增加费费用执行结果

工程概况 计价依据 取费设置 分部分项 单价措施费 总价措施费 其他费 材料汇总 造价汇总 打印

组价方式 合价 收缩 展开 特征 不改名称 修改编号 同时改主材名 量、价为零不显示 不

序号	项目编码	换	项目名称	单位	工程量	综合单价	合计
1	031301017001		脚手架搭拆	项	1	795	795
	BJ-4		电气设备安装工程脚手架搭拆费	元	621.0970015465	1.28	795

项目合计(清单:1,定额:1) 795

增加 插入 删除 复制 剪切 粘贴 增子项目 导入 换算 叠加 肯换 砼换 超高 停滞费 查找 调用材料 17安装

消耗量 清单指引 工作特征 工作内容 清单导航 定额导航 我的数据库 补充定额 综合单价 备注 计算式 换算信

增加 插入 删除 复制 粘贴 上移 下移 导出 导入

序号	编号	名称	费率%	合价	计算式	变量
1	1	人工费		0.35	RGHJ	RGF
2	2	材料费		0.65	CLHJ	CLSBF
3	3	施工机具使用费			JXHJ	JXF
4	4	企业管理费	9.8	0.1	(F1+F2-F2.1+F3)*费率	QYGLF
5	5	利润	6	0.07	(F1+F2-F2.1+F3+F4)*费率	LIRU
6	6	规费			(F1+F2-F2.1+F3+F4+F5)*...	GF
7	7	税金	9	0.11	(F1+F2+F3+F4+F5+F6)*费率	SJ
8	8	综合单价		1.28	F1+F2+F3+F4+F5+F6+F7	ZHFY

图 7-17　脚手架搭拆费费用执行结果

超高增加费和脚手架搭拆费计算过程解析如下：

1）超高增加费的计算过程。由图 7-16 可知在该项目编制条件下，定额“30402075 成套配电箱安装（悬挂嵌入式 0. 5m 半周长）”消耗量的定额人工费为 77. 75231 元。根据《福

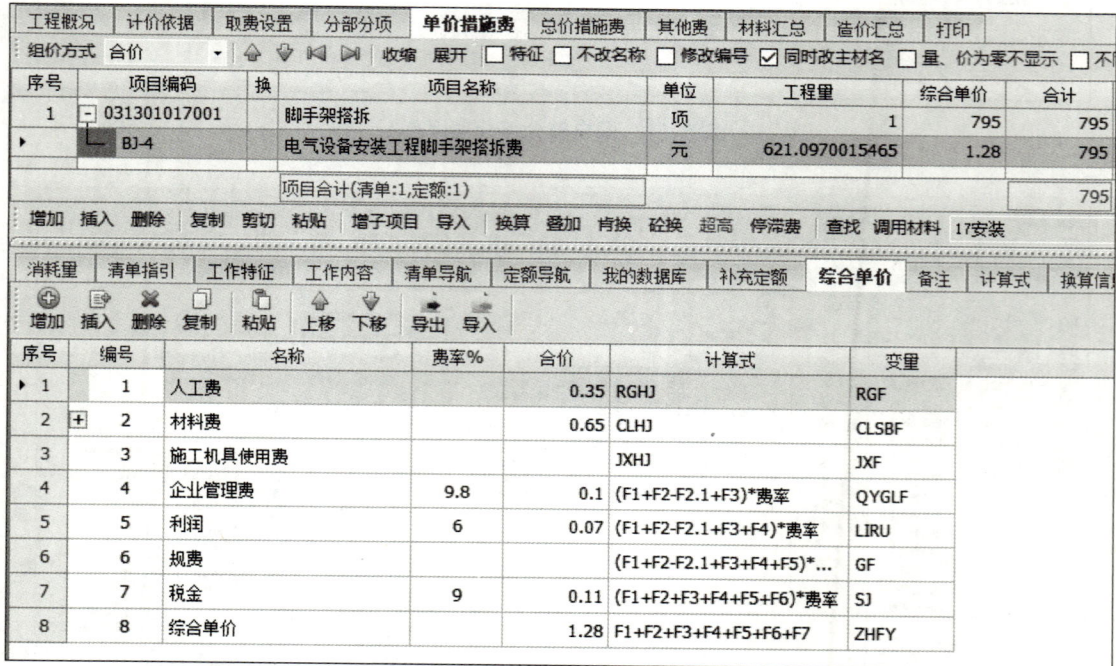

建省通用安装工程预算定额（2017版）》的《第四册　电气设备安装工程》册说明，结合表 7-1 中的超高系数，可知该编制条件下：

$$建筑物超高增加费 = 77.75231 元 \times 2\% = 1.5550462 元$$

定额规定："建筑物超高增加的费用，其费用中人工费占 65%，其他材料费占 35%"，如图 7-18 所示，合计人工费及其他材料费系数为 1。根据现行计价规范可知，所使用的清单/定额单价为全费用综合单价，因此以上计算的"建筑物超高增加费 = 77.75231 元 × 2% = 1.5550462 元"仅为人工费及其他材料费，并不是全费用综合单价，因此该计算结果并不能满足规范要求，还应进一步对数据进行调整。

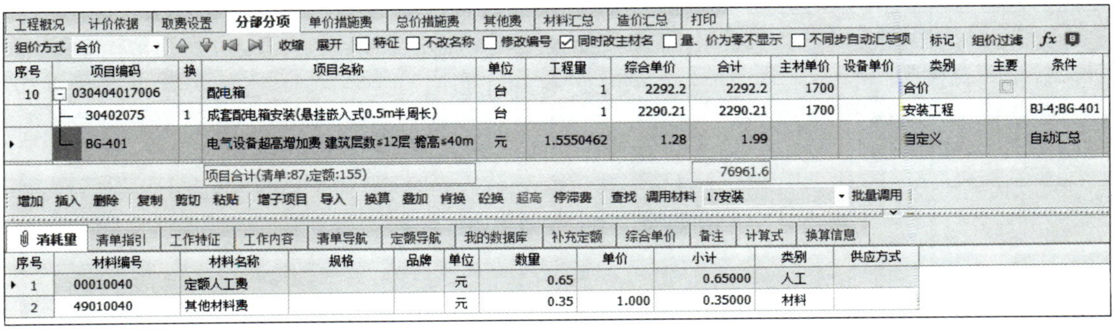

图 7-18　"电气设备超高增加费"消耗量分析表

由图 7-19 可知，"BG-401　电气设备超高增加费　建筑层数≤12层　檐高≤40m"的全费用综合单价为 1.28 元/元。

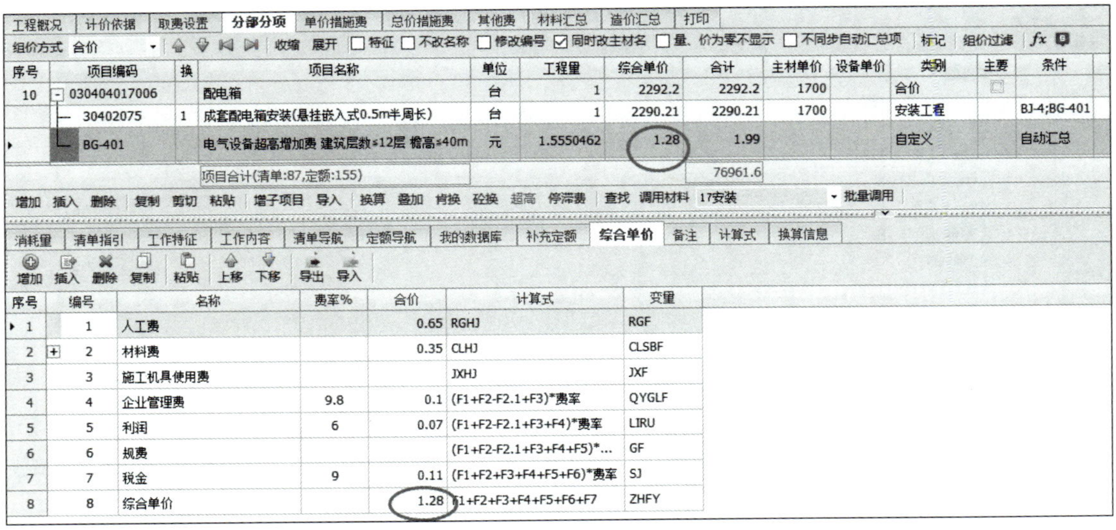

图 7-19　电气设备超高增加费综合单价表

根据上述内容可知，实际建筑物超高增加费计算如下

$$(77.75231 \times 2\% \times 1.28) 元 = 1.99 元$$

2）脚手架搭拆费的计算过程。脚手架搭拆费的计算过程与超高增加费的计算过程相

似，但需要注意的是，脚手架搭拆费为单价措施费项目，因此在计算及查看脚手架搭拆费时软件的操作界面应切换至单价措施费界面。

7.3.4 总价措施费换算

在计价软件中总价措施项目的费率一般根据工程的取费情况自动获取，也可以通过在“总价措施费”选项卡中改变取费设置中的费用条件来影响措施项目的费率，还可以直接输入所需要的费率。费率被修改后在计价软件中会以不同的底色加以区别显示，如图 7-20 所示的“10. 5”。

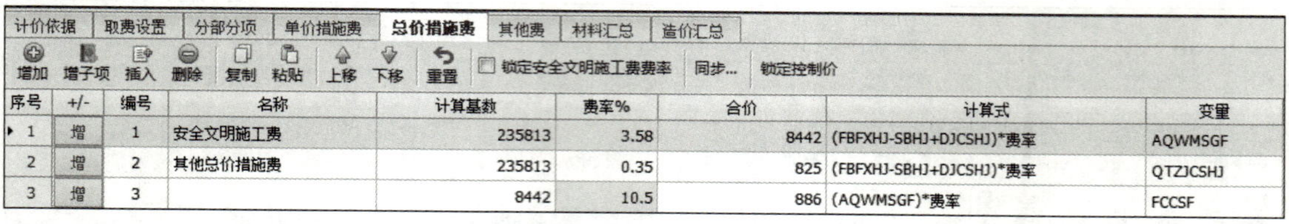

序号	+/-	编号	名称	计算基数	费率%	合价	计算式	变量
1	增	1	安全文明施工费	235813	3.58	8442	(FBFXHJ-SBHJ+DJCSHJ)*费率	AQWMSGF
2	增	2	其他总价措施费	235813	0.35	825	(FBFXHJ-SBHJ+DJCSHJ)*费率	QTZJCSHJ
3	增	3		8442	10.5	886	(AQWMSGF)*费率	FCCSF

图 7-20　总价措施费调整结果

7.3.5 其他费用换算

其他费包含了暂列金、专业工程暂估价、总承包服务费，可在计价软件的“其他费”选项卡中进行设置，如图 7-21 所示。

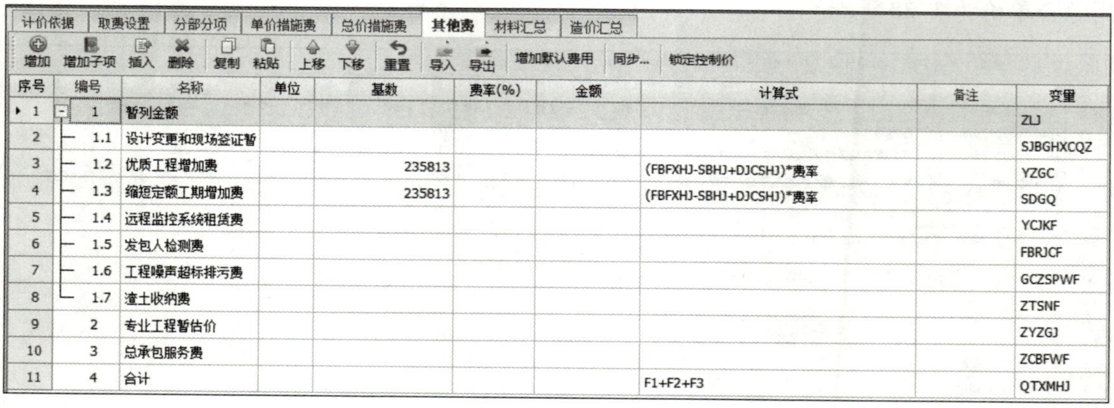

序号	编号	名称	单位	基数	费率(%)	金额	计算式	备注	变量
1	1	暂列金额							ZLJ
2	1.1	设计变更和现场签证暂							SJBGHXCQZ
3	1.2	优质工程增加费		235813			(FBFXHJ-SBHJ+DJCSHJ)*费率		YZGC
4	1.3	缩短定额工期增加费		235813			(FBFXHJ-SBHJ+DJCSHJ)*费率		SDGQ
5	1.4	远程监控系统租赁费							YCJKF
6	1.5	发包人检测费							FBRJCF
7	1.6	工程噪声超标排污费							GCZSPWF
8	1.7	渣土收纳费							ZTSNF
9	2	专业工程暂估价							ZYZGJ
10	3	总承包服务费							ZCBFWF
11	4	合计					F1+F2+F3		QTXMHJ

图 7-21　其他费用换算设置

进入“材料汇总”选项卡，可对查看项目所涉及材料的相关信息，并可根据实际情况修改材料市场价格。进入“造价汇总”选项卡，可查看项目总造价，如图 7-22 所示。

7.3.6 报表导出

切换至【打印】界面，根据实际要求，可在①处选择所需的报表，再在②处选择导出报表的类型，如选择导出“Excel”格式文件后，再选择文件保存的路径，单击<保存>即可完成项目数据报表的导出（图 7-23）。

第 7 章 工程计价软件的应用

序号	编号	名称	计算基数	费率%	控制价	合价	计算式
1	1	分部分项工程费	135172			135172	FBFXHJ
2	2	措施项目费	4061			4061	CSFYHJ
3	2.1	总价措施项目费	3266			3266	ZJCSHJ
4	2.	安全文明施工费	2492			2492	AQWMSGF
5	2.	其他总价措施费	512			512	QTZJCSHJ
6	2.2	单价措施项目费	795			795	DJCSHJ
7	3	其他项目费					QTXMHJ
8	3.1	暂列金额					ZLJ
9	3.2	专业工程暂估价					ZYZGJ
10	3.3	总承包服务费					ZCBFWF
11	4	总造价	139233			139233	F1+F2+F3
12		人工费合计	28305			28305	RGHJ
13		材料费合计	78731			78731	CLHJ
14		其中主材费合计	45955			45955	ZCHJ
15		其中工程设备费合计	19487			19487	SBHJ
16		其中甲供材料费含税合计					SHJGCLHJ
17		施工机具使用费	2873			2873	JXHJ
18		企业管理费合计	8863			8863	QYGLF
19		利润合计	5966			5966	LIRU
20		规费合计					GF
21		税金合计	11231			11231	SJ

图 7-22 造价汇总

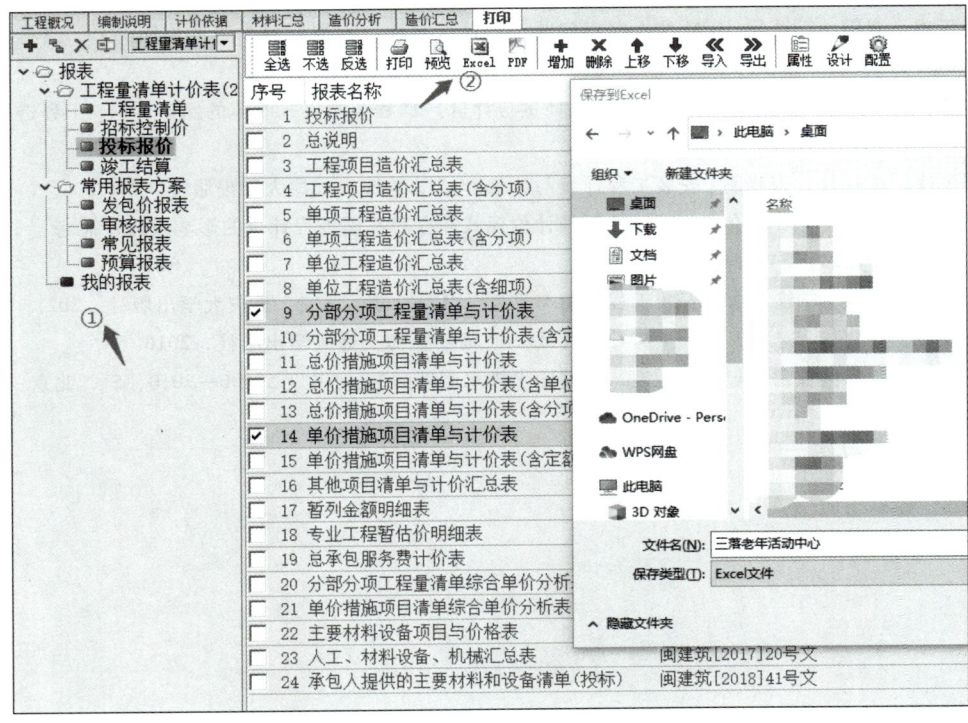

图 7-23 报表导出

参考文献

[1] 李杰. 建筑工程计量与计价［M］. 北京：高等教育出版社，2020.

[2] 李海凌，卢永琴. 安装工程计量与计价［M］. 3版. 北京：机械工业出版社，2022.

[3] 丰艳萍，严景宁，夏晖. 安装工程计量与计价［M］. 北京：机械工业出版社，2014.

[4] 吴心伦. 安装工程计量与计价［M］. 3版. 重庆：重庆大学出版社，2018.

[5] 景巧玲，冯钢. 安装工程计量与计价［M］. 北京：北京大学出版社，2016.

[6] 刘庆山. 建筑安装工程预算［M］. 2版. 北京：机械工业出版社，2018.

[7] 陈宗丽，蒋月定. 安装工程计量与计价［M］. 北京：化学工业出版社，2017.

[8] 刘钦. 建筑安装工程预算［M］. 北京：机械工业出版社，2019.

[9] 樊文广，谭翠萍. 建筑安装工程计量与计价［M］. 北京：机械工业出版社，2017.

[10] 王慧玲，刘阳，王英华. BIM技术在《安装工程计量与计价》课程教学中的应用［J］. 建材与装饰，2018（49）：225.

[11] 李杰，韩莎莎，戴一璟，等.《安装工程计量与计价》课程教学模式改革的探索［J］. 工程造价管理，2019（2）：75-79.

[12] 刘冬峰，李一凡，宋晓刚. 安装工程计量与计价［M］. 天津：天津大学出版社，2017.

[13] 马永林. 工程量清单计价与定额计价两种计价模式并存对我国工程计价的影响及改革思考［J］. 工程造价管理，2022（3）：38-43.

[14] 代端明，卢燕芳. 建筑水电安装工程识图与算量［M］. 2版. 重庆：重庆大学出版社，2021.

[15] 王亚玲，钱建华. 安装工程计量与计价［M］. 上海：上海交通大学出版社，2016.

[16] 中华人民共和国住房和城乡建设部. 建筑给水排水制图标准：GB/T 50106—2010［S］. 北京：中国建筑工业出版社，2010.